영상 편집의 기본부터 실전 모션 그래픽까지

Premiere Pro CC
After Effects CC

영상 편집의 기본부터 실전 모션 그래픽까지

Premiere Pro CC
After Effects

영상 편집의 기본부터 실전 모션 그래픽까지

Premiere Pro CC
After Effects

프리미어 프로 &
애프터 이펙트 CC

영상 편집의 기본부터 실전 모션 그래픽까지

프리미어 프로 &
애프터 이펙트 CC

초판 인쇄일 2018년 7월 13일
초판 발행일 2018년 7월 20일

지은이 김성욱
발행인 박정모
등록번호 제9-295호
발행처 도서출판 혜지원
주소 (10881) 경기도 파주시 회동길 445-4(문발동 638) 302호
전화 031)955-9221~5 팩스 031)955-9220
홈페이지 www.hyejiwon.co.kr

기획 · 진행 최춘성
디자인 김보리
표지디자인 전은지
영업마케팅 김남권, 황대일, 서지영
ISBN 978-89-8379-964-7
정가 25,000원

이 도서의 국립중앙도서관 출판시도서목록(CIP)은 서지정보유통지원시스템 홈페이지(http://seoji.nl.go.kr)와 국가자료공동목록시스템 (http://www.nl.go.kr/kolisnet)에서 이용하실 수 있습니다.(CIP제어번호 : CIP2018019038)

영상 편집의 기본부터 실전 모션 그래픽까지

프리미어 프로 &
애프터 이펙트 CC

김성욱 지음

혜지원

머리말

스마트폰으로도 4K 동영상을 촬영할 수 있을 정도로 보편화된 고화질 동영상 촬영기기로 인해 동영상은 전문인의 업무나 특정인의 취미를 벗어나 일반인에게도 일상의 일부가 된 시대가 되었습니다.

하지만 소중하게 촬영한 동영상을 제대로 활용하려면 추가 작업이 필요합니다.
즉, 불필요한 장면을 잘라내거나 특정 장면에 대한 설명을 위한 자막을 넣고, 색상 보정과 다양한 효과를 적용하는 등의 작업이 뒤따라야 한다는 것입니다.

이 책은 영상의 기본 편집에 대한 용어 및 이해를 기반으로 가장 많은 효과와 효율을 자랑하는 어도비 프리미어 프로 CC와 애프터 이펙트 CC를 통해 자유롭게 영상을 편집할 수 있도록 구성하였습니다. 다양한 효과와 독특한 창작을 위한 각종 도구를 설명하고 이를 활용한 여러 예제를 다루고 있습니다. 또한, 무조건 복잡한 예제를 익히기보다 단순하면서도 기본기를 쌓을 수 있는 단순한 예제부터 시작하여 차근차근 수준을 높여갈 수 있도록 구성하였습니다.

아무쪼록 좀 더 쉽고 편하게 프리미어 프로 CC와 애프터 이펙트 CC를 이해하고 학습함으로써 자신만의 결과물을 완성해 나갈 수 있기를 바랍니다.

많이 늦은 원고에도 인내와 배려로 함께 해주신 혜지원 사장님 이하, 편집부 직원 여러분께 깊은 감사를 드립니다. 모두의 노력이 독자 여러분에게 좋은 결실로 다가갈 수 있기를 소망합니다.

저자 김성욱

책의 구성

● Chapter

주제에 따른 주요 항목으로 구분되며 프리미어 프로 CC,
애프터 이펙트 CC의 다양한 기능들을 소개합니다.

● 잠깐만!

본문에서 설명한 내용 중 더 자세히 알아 두어야 할 사항
들을 설명하였습니다.

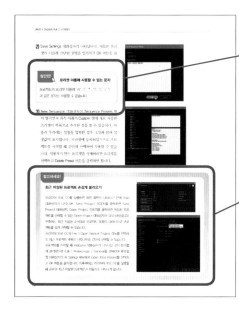

● 참고하세요!

반드시 알아야 할 내용을 소개하였습니다. 또한 꼭 기억
해야 할 용어나 개념 등을 자세히 설명했습니다.

예제 파일 안내

예제에 사용되는 파일과 작업 결과로 만들어진 완성 파일은 헤지원 홈페이지(http://www.hyejiwon. co.kr)의 자료실에서 다운로드받으실 수 있습니다.

압축 파일을 풀면 세 개의 폴더가 나타나며 다음과 같은 파일이 포함되어 있습니다.

◉ Source 폴더

예제에 필요한 동영상, 이미지, 오디오 파일이 포함되어 있습니다.

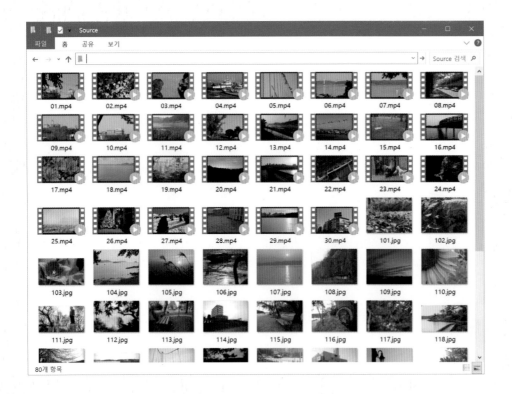

● Example 폴더

예제의 결과로 생성된 동영상 파일이 포함되어 있습니다.

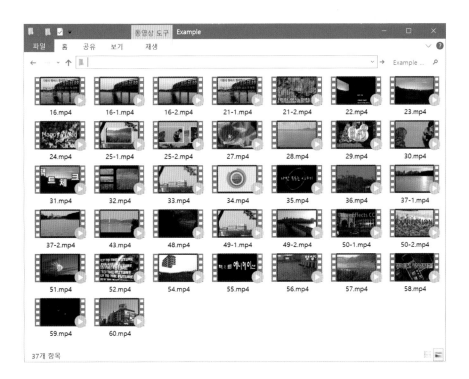

● etc 폴더

예제에 사용되는 부수적인 파일이 포함되어 있습니다.

목차

PART 02 여러 편집 기능을 익히고 파일 생성하기

PART 03 | 이펙트와 모션, 합성 등 고급 효과 익히기

PART 05 다양한 실전 영상 만들기

PART 06   애프터 이펙트 시작하기

PART 07   마스크와 이펙트 사용하기

PART 08 　3D 컴포지팅과 익스프레션

PART 09 여러 효과로 다양한 영상 만들기

01 P.A.R.T 프리미어 프로 CC 시작하기

프리미어 프로 CC를 통한 영상 편집을 시작하기 전에 반드시 이해해야 할 영상 관련 용어 및 코덱에 대해 학습한
다음, 기본적인 편집 과정과 전반적인 작업 과정 및 다양한 프리뷰 방식에 대해 알아 봅니다.

Chapter 01

영상과 코덱 이해하기

영상 편집을 위해서는 기본적으로 영상과 코덱에 대한 이해가 필요합니다.
우리가 흔히 영상 또는 동영상이라고 부르는 것의 실체와 이에 적용되는 코
덱에 대해 알아 보겠습니다.

01 영상이란?

연속된 동작을 갖는 여러 그림이 빠르게 전환되면 마치 움직이는 것처럼 보이게 됩니다. 이렇게 연속된
그림이 모여서 영상을 구성하게 되며, 영상을 구성하고 있는 그림 하나하나를 프레임(Frame)이라고 부
릅니다. 사람의 눈에 자연스러운 느낌을 갖게 하려면 초당 25~30장의 속도로 그림이 나타나야 합니다.

다음 그림은 언뜻 동일한 것처럼 보이지만 실제로는 미세하게 다른 그림입니다. 초당 30장으로 구성된
동영상의 각 프레임 중 8장만 보여준 것이며, 이렇게 순간적으로 변화하는 여러 프레임으로 인해 움직이
는 것처럼 보입니다.

02 다양한 영상 포맷 살펴보기

캠코더나 디지털 카메라 등의 영상 촬영기기로 촬영한 영상은 용도에 따라 특정 부분을 잘라 내거나, 여러 영상을 이어 붙이는 등의 다양한 편집 작업을 거치거나 특별한 효과를 적용한 후, 어떤 기기나 용도로 재생할 것인지에 따라 여러 포맷 중에서 선택해 저장합니다. 각 포맷은 화질이나 용량 등이 다르므로 목적에 따라 적절히 선택하여 저장하는 것이 중요합니다.

◯ AVI(Audio Video Interleaved)

AVI는 오디오와 비디오 데이터가 내부적으로 번갈아 기록된다는 의미를 갖고 있습니다. 윈도우즈에 포함되는 미디어 플레이어를 비롯하여 모든 동영상 플레이어에서 기본적으로 지원되는 대표적인 동영상 포맷입니다.

윈도우 미디어 플레이어에서의 AVI 파일 재생

◎ MPEG

영상과 오디오 압축에 관한 표준을 위한 국제 표준기구(Moving Picture Experts Group)에서 제정한 형식으로서 압축의 대상이 되는 영상을 균등하게 16×16의 블록으로 구분하고 각 블록의 위치를 인식시킨 후에 다음 영상에서 움직임이 있는 블록만을 다시 저장함으로써 압축된 영상의 크기를 획기적으로 줄이는 방식을 사용하고 있습니다. 1992년에 MPEG-1 규격이 처음 제정되어 발표되었으며, 현재 MPEG-7 규격까지 발표되었습니다. MPG 또는 MPEG 등의 확장자를 가지고 있습니다.

팟플레이어에서의 MPEG 파일 재생

MPEG 포맷 비교

	MPEG-1	MPEG-2	MPEG-4	MPEG-7
응용분야	디지털 저장매체	방송. 통신	방송. 통신	디지털 라이브러리
전송량	1.5Mbps	2~45Mbps	64Kbps 이상	
해상도	360X240	720X480 1920X1080	720X480 1920X1080	720X480 1920X1080
특징	저 해 상 도 이 며 CD-ROM 전 송 속도인 1.2Mbit/sec(150KByte)의 전송율을 갖습니다.	MPEG-1의 화질을 개선하여 만든 고해상도 포맷으로, 디지털 방송이나 DVD 영상에 사용됩니다.	웹과 같은 저전송률 환경에서 사용할 수 있도록 고압축, 저노이즈 기술을 포함하고 있습니다.	콘텐츠 검색을 위해 필요한 기술을 제공합니다.

참고하세요!

MPEG-2 포맷은 DVD의 소스로 사용됩니다.

MPEG-2 포맷은 대중적인 영상 매체로 많이 사용되고 있는 DVD(Digital Video Disk)의 소스로 사용되고 있습니다. DVD는 CD와 같은 크기에 CD 용량의 7배에 달하는 4.7GB 용량을 저장할 수 있어 720X480 해상도의 MPEG-2 포맷 영상을 장시간 수록할 수 있습니다. 프리미어 프로 CC에서는 작업한 영상을 곧바로 MPEG-2 포맷으로 인코딩(변환)할 수 있습니다.

프리미어 프로 CC에서 MPEG2-DVD 출력

● WMV(Windows Media Video)

인터넷에 올려진 상태의 파일을 다운로드한 후 재생하는 것이 아니라 실시간으로 현재 재생되는 부분이 전송되면서 이와 동시에 해당 부분이 재생되는 방식의 포맷입니다. 이러한 특징으로 인해 과거 인터넷 방송이나 인터넷 동영상 강좌 등에 많이 사용되었으나 현재는 비슷한 형식의 FLV 포맷을 더 많이 사용합니다. 고압축된 동영상 포맷이므로 파일 크기가 작음에도 불구하고 상당한 화질을 보여주며, 윈도우 미디어 인코더나 프리미어 프로 CC 등에서 생성할 수 있습니다.

프리미어 프로 CC의
WMV 인코딩용 프리셋

● RM

ASF나 WMV와 같이 스트리밍을 지원하는 동영상 포맷입니다. Windows Media Video(WMV), FLV 등에 밀려 최근엔 거의 사용되지 않습니다. RM 포맷의 동영상은 리얼 플레이어로 재생할 수 있으며 리얼 프로듀서라는 전용 인코딩 툴을 생성할 수 있습니다.

● MOV

본래 매킨토시에서 사용되던 동영상 포맷으로서 퀵타임 무비라고 부르며, PC에서는 퀵타임 플레이어(QuickTime Player)를 통해 재생할 수 있습니다. 비교적 높은 압축률과 좋은 화질을 보여 줍니다. 역시 프리미어 프로 CC에서도 생성할 수 있는 포맷입니다.

● MKV

가장 최근에 등장한 포맷으로서 영상과 오디오, 자막 등을 하나의 파일로 만들 수 있습니다. 본래 MKV 확장자를 갖는 파일은 비디오 파일만을 의미하며 오디오 포맷은 MKA, 자막은 MKS 등으로 각각 존재하지만 DVD처럼 하나의 MKV 파일 안에 이들 모두를 포함시킬 수 있으며 챕터를 구성할 수도 있습니다. 일반적으로 편집을 위한 것이라기보다는 최종 배포용으로 사용되며, 인코딩 툴을 사용하여 인코딩할 수도 있습니다.

인터넷 등을 통해 MKV 포맷의 고화질 영상이 유포되고 있는 것을 보고 무조건 MKV가 화질이 좋은 것이라고 생각할 수 있습니다. 하지만 그러한 MKV 영상 대부분이 고해상도를 가지고 있고 화질을 우선시하여 생성된 것이어서 좋은 화질을 보여주는 것일 뿐, MKV라는 것도 영상이나 오디오를 담는 하나의 컨테이너에 불과하므로 AVI보다 화질이 좋다고 볼 수는 없습니다. 영상의 화질은 뒤에서 설명하게 될 코덱에 의해 결정됩니다.

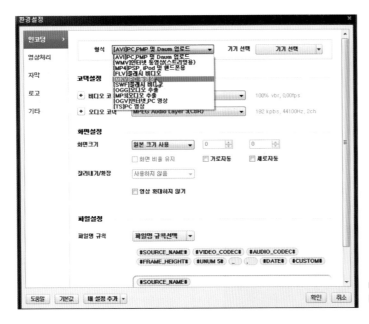

다음 팟인코더의 출력 선택 메뉴에서 MKV 선택

◎ FLV

어도비(Adobe)의 플래시 비디오(Flash Video) 포맷입니다. flv 확장자를 가지고 있으며 적은 용량으로도 비교적 높은 화질을 보여주므로 유튜브(YouTube)를 비롯한 수많은 동영상 공유 사이트에서 사용하고 있습니다. 저장·보관용보다는 온라인을 통한 영상 재생에 주로 사용됩니다.

유튜브에서의 FLV 영상 재생

◉ MP4

MPEG-4의 Part14로 규정된 파일 포맷으로, 흔히 MP4 파일이라고 부릅니다. mp4라는 확장자를 가지고 있으며 높은 압축률로 인해 저용량의 파일을 만들 수 있으므로 일부 캠코더를 비롯하여 디지털 카메라, 스마트폰 등의 여러 모바일 기기에서 사용하고 있는 포맷입니다. 과거 휴대 전화에 사용되던 'k3g'나 'skm' 등의 동영상도 MP4 포맷입니다.

03 코덱(CODEC)이란?

코덱(CODEC)은 Compression-Decompression의 약자로서 영상의 압축 방식을 의미합니다. 전혀 압축되지 않은 영상 즉, 아무런 코덱도 사용하지 않고 저장된 비압축 영상 데이터는 방대한 용량을 갖습니다. 320×240의 아주 낮은 해상도를 갖는 영상이라 하더라도 초당 5MB 정도의 크기를 차지하므로 장시간의 재생 시간을 갖는 영상이라면 감당하기 어려운 크기가 될 수밖에 없어 비효율적입니다. 따라서 제작·편집된 영상은 사용 용도에 따라 화질과 용량을 감안해서 적절한 코덱을 사용하여 생성해 주어야 합니다.

몇 가지 기본 코덱은 윈도우즈와 함께 설치되며, 특정 멀티미디어 플레이어와 함께 설치되기도 합니다. 또한 프리미어 CC 설치 시에도 파일 생성을 위한 여러 코덱이 설치됩니다. 그 외 필요한 코덱은 사용자가 추가로 설치하여 사용하면 됩니다.

04 주요 코덱의 특징

CD롬을 통해 영상이 보급되던 시절에는 Cinepak이나 Indeo 등의 코덱이 많이 사용되었지만, 현재는 고사양 시스템과 고화질 영상의 보급으로 인해 화질과 프레임 수, 해상도 등이 향상된 DivX, XviD, H.264 등의 코덱이 주로 사용됩니다.

◉ DV 코덱

디지털 캠코더에 사용되는 코덱으로서 IEEE 1394 카드를 통해 컴퓨터로 전송됩니다. 5:1의 압축률을 가지고 있으며 SD 방송 영상과 유사한 화질을 갖습니다.

◉ MJPEG

정지 이미지 포맷인 JPEG를 동영상 형태로 만든 코덱으로서 일부 아날로그용 편집 보드나 디지털 카메라에서 촬영되는 동영상에 많이 사용되었습니다. 화질은 좋은 편이나 일반적인 코덱에 비해 파일의 용량이 크다는 단점을 가지고 있습니다.

◎ Cinepak

초창기 윈도우즈에 기본적으로 포함되어 있는 코덱으로서 인코딩 속도는 느린 편이나 용량에 비해 좋은 화질을 얻을 수 있어 한때 CD롬 타이틀에 많이 사용되었습니다. 코덱 내장형 플레이어가 등장하기 전까지는 다른 컴퓨터에서도 별도로 코덱을 설치하지 않아도 된다는 범용성으로 인해 빈번하게 사용되었으나 고사양 시스템의 보급과 고화질 영상이 범람하는 현재는 효용성이 없어 사장된 상태입니다.

◎ Intel Indeo

CD롬 재생용 24비트 비디오 압축을 위해 사용되었던 코덱입니다. Cinepak과 함께 비교적 많이 사용되었지만 역시 현재는 거의 사용되지 않습니다. 비교적 높은 압축률과 다소 나은 화질을 보여 주며, 인코딩 시간도 Cinepak보다 빠른 편입니다.

◎ DivX

작은 용량에도 불구하고 DVD급의 화질을 보여 주기 때문에 인기가 높은 코덱 중 하나입니다. 장시간 재생이 필요한 영화 등을 온라인에서 배포할 때 많이 사용하며, 용량 대비 화질이 좋은 편에 속합니다.

DivX는 MS사의 MPEG-4 코덱을 모태로 하고 있습니다. MPEG-4 코덱은 슬로 모션, 패스트 모션, 화질 등에 따라 V1, V2, V3의 세 가지가 있으며, MS사에서는 이 코덱을 이용한 AVI 포맷으로의 인코딩이나 재생 기능을 막아 버리고 실시간 재생의 스트림(Stream) 포맷인 ASF만 재생할 수 있도록 하였습니다. 하지만 이것을 크랙(Crack)하여 DivX라는 이름의 코덱으로 등장하게 되었습니다.

◎ XviD

DivX 코덱이 버전업되면서 상용 버전이 등장한 것에 반발하여 등장하였습니다. DivX와 마찬가지로 MPEG-4를 기반으로 하고 있습니다. DivX 코덱에 비해 리소스를 조금 더 차지하지만 DivX와 비슷한 용량을 차지하면서도 다소 나은 화질을 보여 주어 많이 사용되는 코덱 중의 하나로 자리잡고 있습니다.

◎ H.264

디지털 TV 영상을 비롯한 고해상도의 HD 영상이 보편화되어 파일의 용량이 더욱 커지게 됨에 따라 등장한 높은 압축률을 갖는 코덱입니다. MPEG-4 Part 10 또는 간단히 AVC(Advanced Video Coding)라고도 부릅니다. 실제로 HDTV 수신카드에서 캡처한 1920X1080의 고해상도 TP 파일을 1/4 정도의 용량으로 압축해도 원본과 유사한 화질을 보여 줍니다. H.264 코덱을 사용한 영상은 재생할 때 CPU 리소스를 많이 차지하므로 최소한 펜티엄 IV 3.0G 이상이나 듀얼 코어 이상의 CPU가 장착된 시스템에서 원활히 재생할 수 있습니다.

또한, NVIDIA GeForce 8000 시리즈(8800은 제외), GeForce 9000 시리즈, ATI HD2000 시리즈(2900XT 제외), HD3000, HD4000 시리즈부터는 H.264 코덱에 대한 가속을 지원하므로 이러한 그래픽 카드를 장착하면 그만큼 CPU의 부담을 줄일 수 있어 다소 낮은 등급의 CPU가 장착된 시스템에서도 무리 없이 재생할 수 있습니다. 따라서 아주 구형 그래픽 카드가 아니라면 그래픽 카드 차원에서의 가속을 지원받을 수 있는 것입니다.

잠깐만!

한 번 저장된 영상도 다른 포맷이나 코덱을 사용하여 변환할 수 있습니다. 단순히 변환 작업이 목적이라면 굳이 동영상 편집 프로그램을 사용할 필요가 없습니다. 동영상 변환만을 위한 다양한 프로그램이 공개로 배포되고 있기 때문입니다. 대표적인 프로그램으로는 '바닥', '카카오 인코더' 등이 있으며 '네이버'나 '다음'과 같은 포털 사이트를 통해 쉽게 검색하여 다운로드할 수 있습니다. 또한 프리미어 프로 CC와 함께 설치되는 Adobe Media Encoder CC를 사용할 수도 있습니다.

05 영상에 사용된 코덱 파악하기

동영상에 어떠한 코덱이 사용되었는지 알고 싶은 경우가 있습니다. 별도의 프로그램 없이도 동영상 플레이어를 통해 간단히 살펴볼 수 있습니다. '팟플레이어'의 경우를 예로 들어보겠습니다.

1] 영상이 재생되는 동안 [Tab] 키를 누르면 영상에 대한 정보가 재생 화면 위에 나타나 쉽게 파악할 수 있습니다. 'avc'라고 표시되는 것으로 보아 H.264 코덱이 사용된 영상임을 알 수 있습니다. 다시 [Tab] 키를 누르면 해당 정보가 사라집니다.

좀 더 상세한 정보를 보려면 마우스 우측 버튼을 클릭하여 팝업 메뉴에서 [재생 정보]를 선택합니다.

2] [비디오 정보 〉 디코더]에 비디오에 사용된 코덱, [오디오 정보 〉 디코더]에 오디오에 사용된 코덱이 표시됩니다. 하단을 통해 더욱 자세한 정보를 볼 수 있습니다.

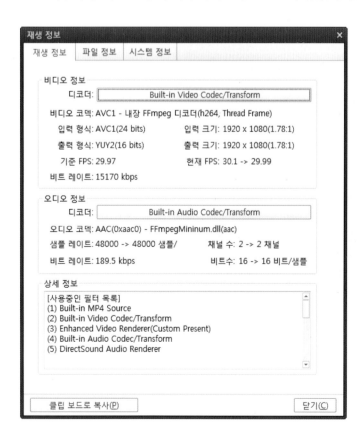

Chapter 02

프리미어 프로 CC의
실행과 편집 과정 이해하기

프리미어 CC를 실행해 보고 간단한 편집 예제를 통해 프리미어 프로 CC에서의 작업 과정을 이해해 보도록 하겠습니다. 영상 클립을 불러와 특정 부분만을 잘라 내고 이것을 새로운 파일로 생성하는 과정을 살펴보겠습니다.

01 프리미어 프로 CC 실행하기

1) 프리미어 프로 CC를 설치한 후 실행하면 다음과 같은 초기화면이 나타납니다. New Project 아이콘을 클릭합니다.

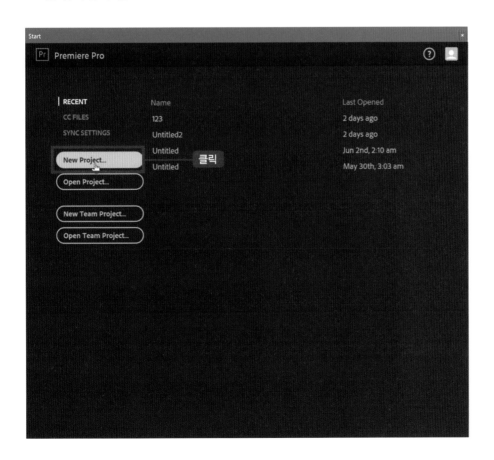

잠깐만!

프리미어 프로 CC는 64bit 운영체제(윈도우 7 64bit, 윈도우 10 64bit 등)에서 실행됩니다. 무료 시험 버전은 https://www.adobe.com/kr/downloads.html에서 받으실 수 있습니다. 화면의 안내에 따라 진행하면 다운로드 및 설치가 가능합니다.

다만 언어 선택 단계에서 English를 선택하고 설치하기 바랍니다. 기본적으로 한국어로 선택되어 있으며 이렇게 설치할 경우. 메뉴를 비롯한 용어들이 일반적으로 많이 사용되는 영상 편집 용어들에 비해 부자연스러워 낯설게 느껴지기 때문입니다. 이 책도 영문 버전을 기준으로 설명하고 있습니다.

2) 새 프로젝트의 기본 설정을 위한 New Project 대화상자가 나타납니다. 기본 설정값은 그대로 두고 [Name]에 '첫걸음'이라고 입력한 다음 [OK] 버튼을 클릭합니다.

참고하세요!

프로젝트란?

프로젝트(Project)란 하나의 작업 단위를 의미하며 'prproj'라는 확장자를 갖는 파일로 저장할 수 있습니다. 프로젝트 파일은 오직 작업에 대한 정보를 저장하고 있을 뿐, 작업에 사용된 여러 미디어 파일이나 작업 결과로 생성된 파일이 포함되어 저장되는 것은 아닙니다.

프로젝트 파일은 기본적으로 [사용자₩사용자 이름₩문서₩Adobe₩Premiere Pro₩11.0] 폴더에 저장되며 작업에 사용되는 임시 파일들도 이 폴더 아래에 생성됩니다. 프로젝트 파일의 저장 위치를 변경하려면 앞에서 보았던 New Project 대화상자에서 Location 항목의 Browse 버튼을 클릭하여 [폴더 찾아보기] 대화상자가 나타나면 원하는 폴더를 지정합니다.

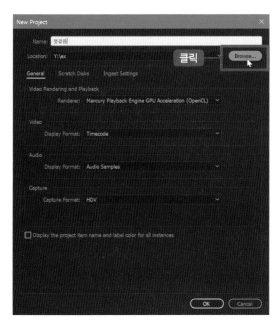

Browse 버튼을 클릭합니다.

저장할 폴더를 지정할 수 있습니다.

33

3] 프리미어 프로 CC의 메인 화면이 나타납니다. 클립을 불러오기 위해 메인 메뉴에서 [File > Import]를 선택합니다.

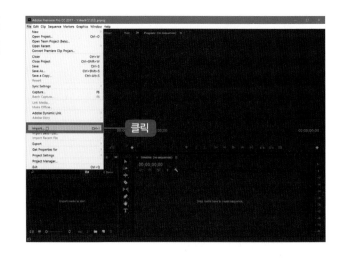

02 기본 편집 과정 따라하기

간단한 컷 편집을 한 후 새로운 영상 파일로 출력해 보면서 프리미어 프로 CC의 작업 과정을 이해해 보도록 하겠습니다.

1] Import 대화상자가 나타나면 부록의 [Source] 폴더에서 '01.mp4' 파일을 선택하고 [열기] 버튼을 클릭합니다.

2] 선택한 파일이 좌측 하단에 나타나는 것을 볼 수 있습니다. 이곳은 프로젝트 패널이라고 부릅니다.

간편하게 파일 불러오기

1) 프로젝트 패널의 바탕 영역을 마우스로 더블 클릭합니다. File 〉 Import를 선택한 것과 동일하게 Import 대화상자가 나타나 파일을 선택할 수 있습니다.

2) Import 대화상자에서 특정 폴더를 선택하고 Import Folder 버튼을 클릭하면 선택한 폴더에 저장된 모든 파일을 한꺼번에 불러올 수 있습니다.

3) Import Folder 버튼을 클릭한 경우, 프로젝트 패널에는 선택한 폴더와 같은 이름의 폴더 아이콘이 나타납니다. 프리미어 프로에서는 'Bin'이라고 부르는데, 더블 클릭하면 원래 폴더에 있던 모든 파일들이 나타나는 것을 볼 수 있습니다.

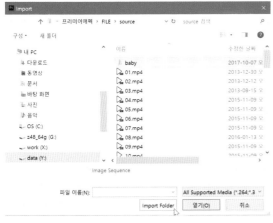

Import Folder 버튼

3) 프로젝트 패널에 등록된 파일은 '클립'이라고 부르는데, 클립을 편집하려면 타임라인 패널에 등록해야 합니다. 프로젝트 패널에서 '01.mp4' 클립을 우측의 타임라인 패널로 드래그합니다.

4) 마우스 버튼을 놓으면 타임라인 패널에 클립이 등록됩니다. 또한, 우측 상단의 프로그램 모니터에 해당 클립의 영상이 나타나는 것을 볼 수 있습니다.

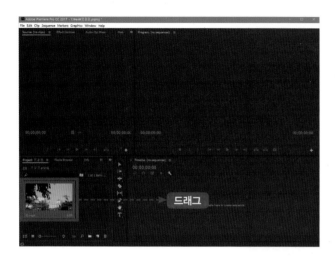

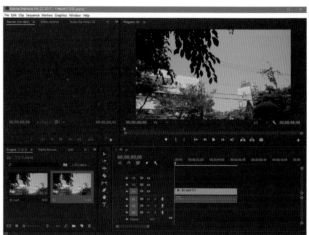

참고하세요!

클립과 트랙

클립(Clip)은 프리미어의 작업에 사용되는 하나의 데이터를 의미합니다. 즉, 작업을 위하여 불러온 파일을 클립이라고 부르며, 비디오 파일, 오디오 파일, 이미지 파일과 프리미어 프로에서 만든 타이틀, 포토샵의 PSD 파일 등이 클립이 될 수 있습니다.

트랙(Track)은 편집을 위하여 클립들을 배치해 놓는 곳으로, 타임라인 패널에 위치하고 있으며 시간의 흐름에 따른 클립의 상태를 표시해 줍니다. 트랙의 이름은 트랙의 좌측에 나타나 있습니다.

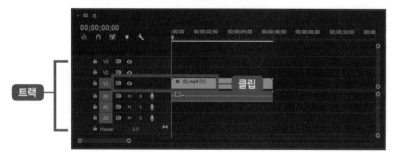

클립과 트랙

5] 현재 등록된 클립의 길이(재생시간)는 6초입니다. 하지만 시간 단위를 가리키는 타임라인 패널의 눈금 간격이 커서 클립이 자세히 보이지 않아 편집하기 불편합니다. 이때는 눈금을 작은 단위로 조절해 줄 필요가 있습니다. 타임라인 패널의 좌측 하단에 있는 줌 슬라이더의 우측 끝 부분을 좌측으로 드래그합니다. 타임라인의 눈금 단위가 작아져 클립이 길게 표시됩니다. 실제 클립의 길이가 변하는 것은 아닙니다.

6] 클립의 뒷부분과 앞부분을 제거해 보도록 하겠습니다. 가장 기본적인 편집 작업 중 하나입니다. 타임라인의 비디오 트랙(V1)에 등록된 비디오 클립의 우측 끝부분에 마우스를 가져가면 마우스 포인터가 ![트림 포인터] 로 바뀌어 나타납니다. 이것을 트림 포인터(Trim Pointer)라고 합니다.

참고하세요!

트림 포인터가 보이지 않는다면?

프로젝트 패널과 타임라인 패널 사이에 있는 툴 패널에는 타임라인에 놓인 클립을 다루기 위한 여러 도구들이 자리하고 있습니다. 아직 다른 툴을 선택한 적이 없으므로 기본적으로 가장 왼쪽에 있는 화살표 모양의 [선택] 툴이 선택되어 있을 것입니다. 하지만 실수로 다른 툴이 선택되어 있다면 트림 포인터가 나타나지 않으므로 [선택] 툴이 제대로 선택되어 있는지 확인합니다.

선택 툴

7) 트림 포인터가 나타난 상태에서 마우스 버튼을 클릭하고 좌측으로 천천히 드래그합니다. 작업화면 우측 상단의 프로그램 모니터는 현재 드래그하고 있는 지점에 대한 영상이 표시되고 아래에는 영상의 시작점, 끝점의 시간 지점이 표시됩니다. 드래그하다가 프로그램 모니터 아래 우측의 시간이 '00;00;05;00'이라고 표시되는 지점에서 마우스 버튼을 놓습니다.

잠깐만! 현재 드래그되는 거리와 재생시간은 타임라인의 클립 위에도 표시됩니다. 프레임 단위로 정확히 원하는 지점이 나타나도록 하려면 타임라인의 눈금 단위가 이처럼 작게 나타나도록 해야 합니다. 이번 예제는 단순히 편집을 위한 연습이므로 비슷한 시간이 표시될 때 마우스 버튼을 놓아도 좋습니다.

8) 드래그한 만큼 클립의 뒷부분이 잘려 나가고 현재 클립의 길이는 5초 00프레임으로 변경됩니다.

9) 마찬가지 방법으로 클립의 앞부분도 잘라 내겠습니다. 클립의 시작 부분에 마우스 포인터를 두어 트림 포인터가 나타나면 클릭한 후, 우측으로 드래그하다가 프로그램 모니터 아래 좌측의 시간이 '00;00;00;20'으로 표시되는 지점에서 마우스 버튼을 놓습니다. 역시 비슷한 시간 지점에서 마우스 버튼을 놓아도 좋습니다.

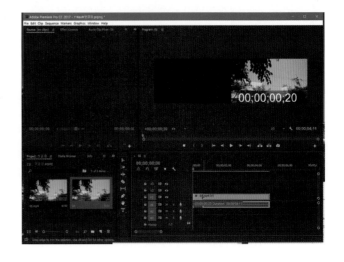

10) 드래그한 만큼 클립의 앞부분이 잘려 나간 것을 볼 수 있습니다. 이렇듯 간단히 드래그함으로써 불필요하다고 생각되는 클립의 앞부분과 뒷부분을 잘라낼 수 있습니다. 클립의 앞부분이 잘렸기 때문에 앞부분에 공백이 발생하였으므로 클립을 클릭하고 좌측 끝, 시작 지점으로 드래그하여 이동시킵니다.

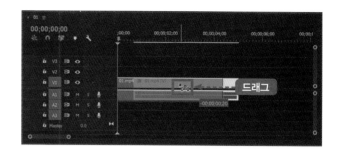

11) 편집 결과를 새로운 영상 파일로 저장하기 위하여 File > Export > Media를 선택합니다.

12) Export Settings 대화상자가 나타납니다. 좌측에는 프리뷰 창, 우측에는 여러 옵션들이 나타납니다. 포맷이나 옵션에 대해서는 앞으로 상세히 다루게 될 것입니다. 일단 여기에서는 가장 위에 있는 Match Sequence Settings 옵션을 클릭하여 체크 상태로 만듭니다. 이 옵션은 생성될 파일의 모든 옵션을 현재 프로젝트의 설정값과 동일하게 적용합니다.

13) Output Name 우측의 파일 경로 부분을 클릭하여 Save As 대화상자가 나타나면 적절한 폴더를 선택하고 파일 이름에 '첫걸음'을 입력한 후 [저장] 버튼을 클릭합니다.

14) 지정된 파일 이름으로 바뀌어 나타납니다. 아래에 있는 [Export] 버튼을 클릭합니다.

15) 렌더링이 진행됩니다. 클립의 길이가 짧으므로 빠르게 렌더링이 완료될 것이며, 완료되면 자동으로 Export Settings 대화상자가 닫히게 됩니다.

참고하세요!

인코딩과 렌더링

인코딩(Encoding)은 특정 포맷의 파일을 다른 포맷의 파일로 변환하는 것이며, 렌더링(Rendering)은 지정된 옵션에 의해 컴퓨터가 복잡한 연산을 수행하는 것을 의미합니다. 하지만 이 두 용어를 특별히 구분하지 않고 사용하기도 합니다. 프리미어 프로 CC에서는 [Export] 버튼을 클릭하여 Export Settings 대화상자가 열린 상태에서 곧 바로 렌더링할 수도 있으며, [Queue] 버튼을 클릭하여 어도비 미디어 인코더의 대기 목록으로 추가한 다음 다른 파일과 함께 일괄적으로 렌더링할 수도 있습니다.

16) 작업을 마쳤다면 작업 내용을 저장하기 위해 [File > Save]를 선택합니다.

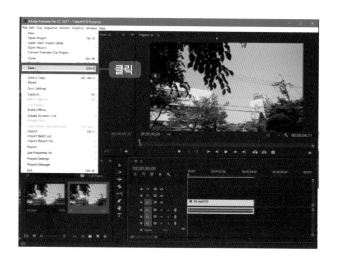

참고하세요!

프로젝트의 이름이나 저장 경로를 변경하여 저장하려면 [File 〉 Save As]를 선택합니다. Save Project 대화상자가 나타나면 저장하려는 폴더로 이동하고 프로젝트의 이름을 적절히 변경한 후, [저장] 버튼을 클릭합니다.

File 〉 Save(또는 File 〉 Save As)는 단지 프로젝트의 작업 내용을 *.prproj 형식의 프로젝트 파일로 저장하는 것일 뿐이며 작업 결과로 인한 결과물은 앞에서 보았던 것처럼 File 〉 Export 〉 Media를 사용하여 생성해 주어야 합니다.

---

03 클립의 일부분을 잘라 내기

1) 앞에서는 클립의 앞과 뒷부분만을 잘라 내었지만 클립 중간 부분의 원치 않는 부분을 제거하려는 경우도 있을 것입니다. 이 경우에는 툴 패널에 있는 Razor 툴을 사용합니다. 이 툴은 클립을 자르는 역할을 하므로 [면도날 툴]이라고도 부릅니다. 새 프로젝트를 시작하기 위하여 File > New > Project를 선택합니다.

참고하세요!

새 프로젝트를 시작하는데 대화상자가 나타난다면?

현재 프로젝트를 저장하지 않았기 때문입니다. 저장
하려면 [Yes], 그렇지 않으면 [No]를 선택합니다.

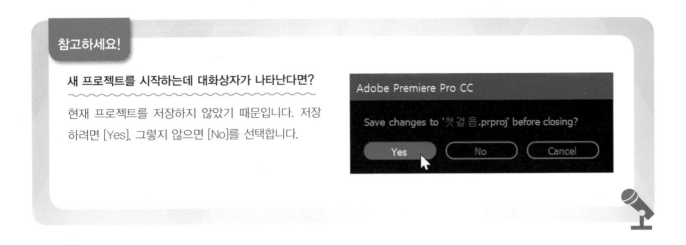

2) New Project 대화상자가 나타나면 Name에 새로운
프로젝트 이름으로 '자르기'를 입력하고 [OK] 버튼을
클릭합니다.

3) 프로젝트 패널의 바탕 영역을 더블 클릭하여 Import
대화상자를 열고 부록의 [Source] 폴더에서 '03.mp4'
파일을 선택한 후, [열기] 버튼을 클릭합니다.

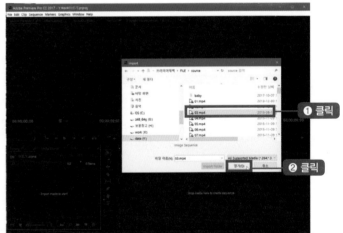

4) 프로젝트 패널에 등록된 클립을 타임라인 패널로 드래그한 후, 앞의 예제에서 했던 것처럼 좌측 줌 슬라이더를 우측으로 드래그하여 클립이 길게 나타나도록 합니다.

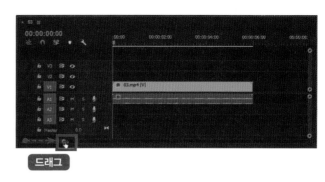

5) 프로젝트 패널과 타임라인 패널 사이에 있는 툴 패널에서 면도날 모양을 하고 있는 Razor 툴을 선택합니다.

6) 타임라인 패널의 위쪽에는 타임 룰러라고 부르는 눈금들이 있으며 이 위에는 파란색의 재생 헤드(Play Head)가 있습니다. 재생 헤드가 위치하고 있는 지점에 대한 영상은 프로그램 모니터에 나타납니다. 재생 헤드를 클릭하고 프로그램 모니터의 좌측 아래 또는 타임라인 패널의 좌측 상단에 있는 현재 시간 표시 부분에 '00;00;01;15'라고 표시되는 지점(1초 15프레임 지점)까지 드래그합니다.

7) 재생 헤드가 가리키는 파란색 선(에디트 라인) 지점의 클립 위를 클릭합니다.

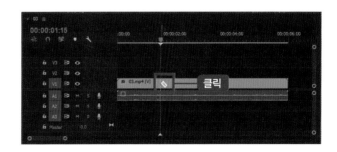

8) 클릭한 지점에서 클립이 잘립니다. 다시 재생 헤드를 우측으로 드래그하여 프로그램 모니터나 타임라인 패널의 시간 표시가 00;00;05;10으로 표시되는 지점 (5초 10프레임 지점)에서 마우스 버튼을 놓고 타임라인에 등록된 클립의 파란색 에디트 라인 위를 클릭합니다.

9) 다시 클립이 잘립니다. 따라서 총 3개의 클립으로 분할된 상태입니다. 툴 패널에서 Selection(선택) 툴을 클릭합니다.

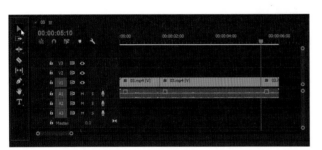

10) 타임라인에 분할된 3개의 클립 중에서 가운데 클립을 클릭하여 선택한 다음 키보드의 Delete 키를 누릅니다.

11) 가운데 클립이 제거되며 제거된 자리는 공백(Ripple)으로 남게 됩니다. 뒤에 있는 클립을 앞에 있는 클립의 뒤로 드래그하여 둘이 나란히 위치하도록 붙여 줍니다.

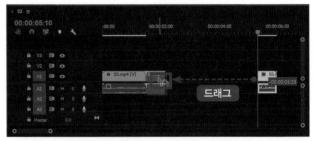

뒤 클립을 앞 클립 뒤로 드래그

두 클립이 이어지도록 합니다.

12) 프로젝트 패널의 바탕 영역을 더블 클릭하여 Import 대화상자를 열고 부록의 [Source] 폴더에서 '04.mp4' 파일을 선택한 다음, [열기] 버튼을 클릭합니다.

13) 프로젝트 패널에 새로 등록된 "04.mp4" 클립을 타임라인 패널에 등록되어 있는 클립의 뒤로 드래그합니다.

14) 새로운 클립이 추가로 등록됩니다. 이러한 식으로 클립의 특정 부분을 자르거나 다른 클립을 이어 붙여 새로운 하나의 영상으로 만들게 됩니다. 파일로 생성하려면 앞에서 다루어 보았던 대로 [File > Export > Media] 메뉴를 사용해야 합니다.

참고하세요!

선형 편집과 비선형 편집

선형 편집은 Linear Editing(리니어 에디팅)이라고 하며 테이프와 여러 대의 녹화기를 사용하여 필요한 부분을 편집하는 방식을 말합니다. 이러한 방식은 테이프에 기록된 내용의 순서에 의해 순차적으로 편집이 이루어지며, 고가의 장비가 필요하여 일반 사용자가 쉽게 접근할 수 없습니다.

Non Linear Editing(논 리니어 에디팅)이라고 부르는 비선형 편집은 컴퓨터와 소프트웨어를 사용하여 편집하는 방식입니다. 하드디스크에 저장된 영상을 사용하므로 원하는 위치의 데이터를 자유롭게 찾아 편집할 수 있어 비교적 쉽게 사용할 수 있으며 선형 편집에 비해 저렴한 비용으로 장비를 구축할 수 있다는 장점을 가지고 있습니다.

Chapter 03

프리미어 프로 CC의
작업 과정과 프리뷰 방법 살펴보기

프리미어 프로 CC에서는 단순히 클립을 자르고 붙이는 것 외에도 원하는 결과를 얻기 위해 다양한 작업을 하게 됩니다.
프리미어 프로 CC 작업의 전체적인 흐름(워크플로우:Workflow)과 여러 가지 프리뷰 방법을 살펴보겠습니다.

01 작업 과정 살펴보기

● 프로젝트 시작하기

이미 다루었듯이 새로운 작업을 하려면 새 프로젝트를 시작해야 합니다. 프리미어 프로 CC를 실행한 후
나타나는 Welcome 대화상자에서 New > Project를 선택하면 New Project 대화상자가 나타나며, 프로젝
트와 파일 이름 등을 지정합니다. 이미 프리미어 프로 CC에서 다른 프로젝트에 대한 작업을 하고 있다
면 File > New Project를 선택하여 새로운 프로젝트를 시작할 수 있습니다.

● 소스 클립 등록하기

프로젝트를 시작했다면 작업에 사용할 클립들을 불러와
등록할 차례입니다. 디지털 캠코더로부터 캡처하거나 각
종 영상 촬영기기에 삽입된 메모리 카드 또는 하드디스
크로부터 저장되어 있는 파일을 불러올 수 있습니다. 프
리미어 프로에서 캡처하거나 여러 매체로부터 불러온 파
일들은 프로젝트 패널의 목록에 등록됩니다.

프로젝트 패널에 등록된 소스 클립들

🔵 편집하기

프로젝트 패널에 등록된 클립들은 타임라인 패널의 트랙에 등록하여 불필요한 부분을 자르거나 붙여 넣는 등의 편집 작업을 할 수 있습니다. 실질적으로 가장 많은 시간이 할애되는 작업입니다.

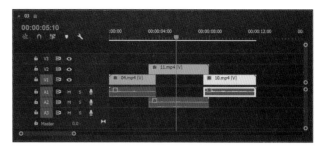

타임라인 패널에서의 편집 작업

🔵 트랜지션/이펙트 적용하기

편집을 마쳤다면 각 클립 사이의 장면이 전환될 때 나타나는 트랜지션과 다양한 이펙트를 적용하게 되며, 각 클립을 합성하거나 모션을 통해 클립에 애니메이션을 적용할 수 있습니다. 더욱 세련되고 독특한 영상을 만들기 위한 작업입니다.

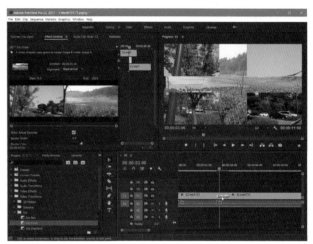

클립에 트랜지션 적용하기

🔵 오디오 작업하기

다양한 오디오 작업은 최종 결과물의 품격을 더욱 높입니다. 오디오 트랙에 등록된 오디오 클립에 다양한 이펙트를 적용할 수 있으며, 다른 오디오 클립과의 믹싱 작업도 할 수 있습니다. 또한 오디오 트랙 믹서를 통해 오디오 클립에 대한 다양한 작업이나 내레이션을 녹음할 수도 있습니다.

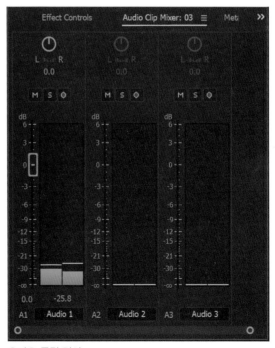

오디오 클립 믹서

● 타이틀 작업하기

영상에 필요한 자막, 즉 타이틀(Title)은 프리미어 프로 CC에 포함된 타이틀러(Titler) 패널이나 프리미어
프로 CC 2017년 4월 버전부터 추가된 타입 툴을 통해 직접 프로그램 모니터 위에서 입력할 수도 있습니
다. 용도나 상황에 따라 편리한 방법을 사용하면 됩니다.

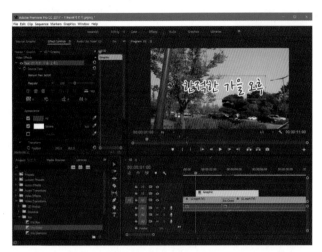

타입 툴을 이용한 타이틀 작업

타이틀러 패널에서의 타이틀 작업

● 새로운 파일로 출력하기

작업을 마쳤다면 작업에 대한 결과물을 얻기 위해 새로
운 파일로 생성해야 합니다. 프리미어 프로 CC에서는
AVI, MPEG를 비롯하여 윈도우즈 미디어 포맷인 WMV,
플래시 비디오 등 다양한 포맷의 파일에 원하는 코덱을
적용하여 출력할 수 있습니다. 사용 목적에 따라 화질,
파일 크기 등을 감안하여 적절한 포맷과 옵션을 지정하
여 생성할 필요가 있습니다.

다양한 포맷으로 출력하기

02 다양한 방법으로 프리뷰하기

동영상 작업은 편집을 비롯하여 여러 효과를 적용하고 합성하는 등 다양한 과정이 따르게 되며, 현재까지의 작업 결과가 어떻게 나타나는지 수시로 파악할 필요가 있습니다. 작업 중인 현재의 영상 상태를 미리 살펴보는 것을 프리뷰(Preview)라고 하며 프리뷰 화면은 프로그램 모니터에 나타납니다.

● 스크럽으로 프리뷰하기

타임라인 패널의 위쪽에 위치하고 있는 역삼각형 모양의 재생 헤드를 드래그하는 것을 스크럽(Scrub)이라고 합니다. 스크럽을 통해 현재 재생 헤드 지점의 영상을 프로그램 모니터를 통해 실시간으로 볼 수 있습니다.

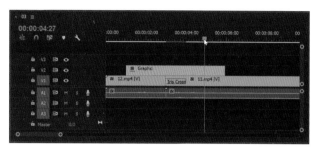

스크럽으로 프리뷰

● 에디트 라인으로 프리뷰하기

재생 헤드는 타임 룰러 위에 존재하면서 클립의 현재 시간 지점을 가리키는데, 재생 헤드와 연결되어 아래쪽으로 나타나는 파란색 선은 재생 헤드가 가리키고 있는 클립의 특정 지점을 알기 쉽게 나타내 주는 것으로 에디트 라인(Edit line)이라고 부릅니다. 클립이 등록되어 있지 않은 트랙 위의 에디트 라인을 드래그하면 현재 타임라인의 결과를 프리뷰할 수 있습니다. 재생 헤드나 에디트 라인은 함께 움직이기 때문에 이 책에서는 특별한 경우가 아니라면 두 용어를 구별하지 않고 사용합니다.

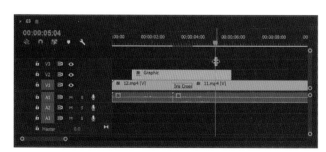

에디트 라인을 드래그하여 프리뷰

● Space Bar로 프리뷰하기

스크럽은 드래그하는 속도를 마음대로 조절할 수 있으므로 특정 부분을 천천히 또는 빠르게 살펴보는 데 유용한 반면, Space Bar를 누르면 클립이 정상 속도로 프리뷰되므로 최종 결과를 그대로 확인하는 데 유용합니다. Space Bar를 누르면 현재 재생 헤드가 위치하고 있는 지점부터 프리뷰가 시작되며 재생 도중, 다시 Space Bar를 누르면 재생이 일시 정지되고 재생 헤드는 최종 재생된 지점에 위치합니다.

● 렌더 프리뷰하기

클립의 용량이 크거나 다양하고 복잡한 효과가 적용된 경우에는 시스템의 사양에 따라 프리뷰 화면이 심하게 끊기거나 화질이 나빠 보일 수 있습니다. 이 경우에는 클립을 렌더링한 후에 프리뷰하는 렌더 (Render) 프리뷰 방식을 사용하는 것이 좋습니다. 렌더링 시간이 소요되기는 하지만 실제 출력 결과와 동일한 상태로 정확히 프리뷰할 수 있기 때문입니다.

렌더 프리뷰는 편집 결과를 렌더링하여 임시파일을 생성하고 이것을 재생하는 방식이며, 사용자가 지정한 영역만을 렌더링할 수도 있어 특정 부분만을 정확하게 프리뷰하는 데 유용합니다.

1) 타임라인에 아무 클립이나 세 개를 나란히 등록하고 좌측의 Effects 패널을 엽니다.

참고하세요!

패널 탭 목록에 Effects가 보이지 않는다면?

낮은 해상도에서 실행하는 경우라면 작업 공간이 좁아서 패널 상단에 모든 탭 목록이 나타나지 않으므로 상단 우측의 '》' 버튼을 클릭해서 Effects를 선택하도록 합니다.

2) Video Effects 항목 좌측의 '〉' 버튼을 클릭하거나 항목 이름 부분을 더블 클릭하면 하위 항목들이 나타납니다. Obsolete에 있는 Auto Color 이펙트를 타임라인에 등록된 클립 중 가운데 클립으로 드래그합니다.

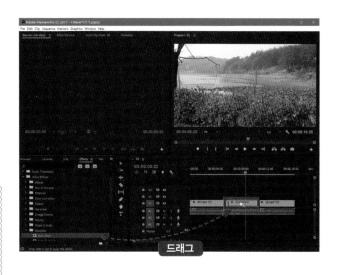

잠깐만!

프리미어 프로 CC 2017 이전 버전은 Auto Color 이펙트가 다른 항목에 존재하므로 찾기 곤란할 경우 다른 이펙트를 드래그해도 됩니다. 작업 결과를 보려는 것이 아니라 프리뷰 방법을 학습하는 것이기 때문입니다.

3) 해당 클립에 자동 색상 보정 효과인 Auto Color 이펙트가 적용되고 타임 룰러 바로 아래의 색상이 빨갛게 바뀝니다. 이 구간은 특정 효과가 적용되었다는 것을 의미합니다.

4) 단순한 효과의 경우 바로 프리뷰해도 무리가 없겠지만 여러 효과가 복합적으로 적용된 경우라면 정확한 프리뷰가 곤란할 수 있으므로 렌더 프리뷰를 사용합니다. Sequence 〉 Render Effects In to Out을 선택하거나 Enter 키를 누릅니다.

참고하세요!

이펙트 적용 구간만 렌더링하기

Render Effects In to Out 메뉴는 타임라인에 등록된 클립 구간 중에서 특정 이펙트가 적용된 구간만을 렌더링합니다. 이 메뉴 바로 아래에 있는 Render In to Out은 타임라인에 등록된 클립의 시작 지점과 끝 지점 사이 전체 구간을 렌더링합니다. 일반적으로 이펙트가 적용된 구간만 렌더링해도 자연스럽게 프리뷰를 수행할 수 있습니다. 이펙트가 적용되지 않은 구간은 특별히 시스템 사양이 낮지 않는 한, 렌더링하지 않아도 부드럽게 프리뷰되기 때문입니다.

5) 렌더링이 진행 중임을 표시해 주며, 완료되면 아까와 달리 타임 룰러 아래의 색상이 녹색으로 바뀌어 표시됩니다. 렌더링된 구간임을 알려 주는 것입니다. 그리고 자동으로 작업 영역에 대한 프리뷰가 시작됩니다. 이펙트를 적용하지 않았거나 적은 양의 클립만 사용한 간단한 프로젝트라면 렌더링이 순간적으로 이루어지므로 렌더링 과정이 나타나지 않을 수도 있습니다.

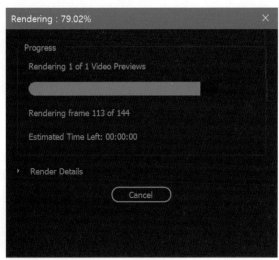

렌더링이 진행됩니다.

타임 룰러 아래 색상이 바뀌고 프리뷰가 시작됩니다.

참고하세요!

렌더링이 완료되었는데 자동으로 프리뷰가 시작되지 않는다면?

Edit 〉 Preferences 〉 Timeline을 선택하여 환경 설정 대화상자를 열고 Play work area after rendering previews 옵션이 선택되어 있는지 확인합니다. 이 옵션이 선택되어 있지 않으면 렌더링 후에 Space Bar를 눌러야 프리뷰가 시작됩니다.

6) 렌더링된 임시 파일의 용량도 만만치 않으므로 편집 작업을 마치고 다시 프리뷰할 일이 없다고 판단된다면 삭제하는 것이 좋습니다. 메인 메뉴에서 Sequence > Delete Render Files를 선택하면 삭제할 것인지를 묻는 대화상자가 나타나며, [OK] 버튼을 클릭하여 임시 파일이 삭제되면 렌더링 이전 상태로 돌아가므로 타임라인 패널의 타임 룰러 아래 녹색 선이 다시 빨간색으로 바뀌어 나타납니다.

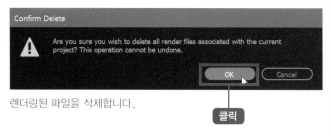

렌더링된 파일을 삭제합니다.

클릭

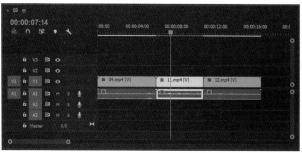

타임 룰러 아래의 색이 다시 빨간색으로 표시됩니다.

7) 렌더링 후 생성된 임시 파일은 기본적으로 [사용자₩내문서₩Adobe₩Premiere Pro₩11₩Adobe Premiere Pro Preview Files₩프로젝트 이름.PRV] 폴더 안에 저장되며 프리미어 프로 CC를 종료한 후에도 해당 폴더를 직접 열어서 삭제할 수 있습니다. 임시 파일이 저장되는 폴더를 변경하려면 File > Project Settings > Scratch Disks를 선택합니다.

8) Project Settings 대화상자의 Scratch Disks 탭이 열리게 되며 작업에 사용되는 각 파일들이 저장되는 폴더들이 표시됩니다. 기본적으로 모든 폴더들이 프로젝트를 시작할 때 지정한 폴더, 즉 프로젝트와 동일한 폴더로 지정되어 있는 것을 볼 수 있습니다. 프리뷰에 사용될 임시 파일이 저장될 폴더를 변경하려면 Video Previews 항목의 Browse 버튼을 클릭합니다.

9) [폴더 선택] 대화상자가 나타납니다. 적절한 폴더를 선택하고 [폴더 선택] 버튼을 클릭합니다. 시스템에 두 개 이상의 하드디스크가 설치되어 있다면 더 빠르고 여유 공간이 많은 디스크에 존재하는 폴더를 지정해 주는 것이 좋습니다.

10) Project Settings 대화상자로 돌아와 Video Preview 항목을 보면 변경한 폴더가 지정되어 있는 것을 볼 수 있습니다. [OK] 버튼을 클릭하면 변경한 사항이 적용됩니다.

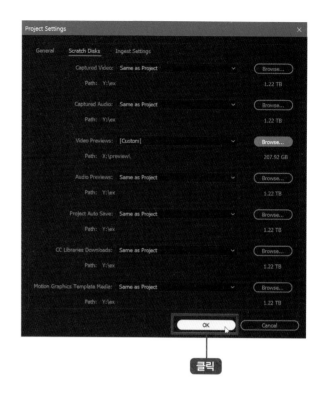

03 타임라인 패널의 스크롤 방식 선택하기

프리뷰가 진행되면서 재생 헤드가 타임라인 패널의 가로 영역(너비)을 넘어가는 경우, 타임라인이 어떻게 스크롤되게 할 것인지를 선택할 수 있습니다.

Edit > Preferences > Timeline을 선택하여 환경설정 대화상자를 열고 Timeline Playback Auto-Scrolling 드롭다운 메뉴를 클릭하면 다음과 같이 3개의 옵션이 나타나는 것을 볼 수 있습니다. 각 옵션에 따라 타임라인 패널은 다른 형태로 스크롤합니다.

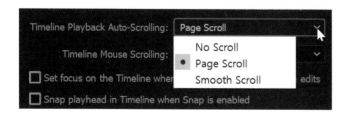

Page Scroll

기본값으로서, 재생 헤드의 위치에 따라 타임라인을 자동으로 스크롤합니다. 즉, 클립의 재생에 따라 재생 헤드가 현재 영역을 벗어나면 타임라인은 즉시 다음 영역으로 이동하여 보여 줍니다.

재생 헤드가 가리키는 다음 영역으로 자동 스크롤됩니다.

Non Scroll

타임라인이 스크롤되지 않으므로 클립이 재생되면서 현재 보이는 타임라인 영역을 벗어나서 진행되는 재생 헤드는 보이지 않습니다. 다시 Space Bar를 눌러 클립의 재생을 중지하면 그때 재생 헤드가 가리키고 있는 영역이 나타납니다.

타임라인 패널이 스크롤되지 않습니다.

Smooth Scroll

클립의 재생에 따라 재생 헤드가 타임라인의 중앙에 오면 재생 헤드는 더 이상 이동하지 않고, 그 대신 클립과 타임 룰러가 스크롤됩니다. 즉, 재생 헤드는 항상 타임라인 중앙에 나타난 상태에서 프리뷰됩니다.

재생 헤드가 중앙에 오면 클립과 눈금이 스크롤됩니다.

Chapter 04

화면 구성 요소와
작업 공간 살펴보기

프리미어 프로 CC의 작업 화면은 여러 구성 요소들로 이루어져 있으며 이들은 다양한 형태로 배치할 수 있습니다.
구성 요소들의 기능과 기본적으로 메뉴를 통해 선택할 수 있는 작업 공간에 대해서 살펴보겠습니다.

01 프리미어 프로 CC의 화면 구성

프리미어 프로 CC의 작업 화면은 다음과 같이 소스 클립의 관리와 편집, 프리뷰, 다양한 효과 적용을
위한 여러 패널들로 구성되어 있습니다.

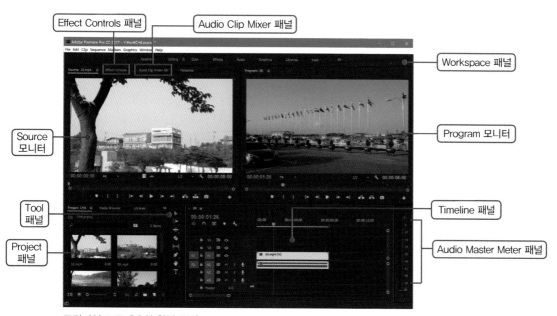

프리미어 프로 CC의 화면 구성

◎ **Workspace 패널 :** 미리 설정된 여러 형태의 작업 공간을 선택할 수 있습니다.

◎ **Source 모니터 :** 클립을 타임라인에 등록하기 전에 자세히 프리뷰해 보거나 클립의 특정 부분에
인 점(In Point)과 아웃 점(Out Point)을 설정하는 등의 편집을 할 수 있습니다.

◎ **Effect Controls 패널 :** 클립에 적용된 효과인 이펙트에 대해 다양한 속성을 설정합니다.

◎ **Audio Clip Mixer 패널 :** 오디오 클립에 대한 다양한 속성을 설정합니다.

◎ **Program 모니터 :** 타임라인 패널에 등록된 클립의 내용을 프리뷰하거나 일부 이펙트나 모션에 대한 설정에도 사용됩니다.

◎ **Project 패널 :** 작업을 위해 불러온 클립의 목록이 나타납니다. 클립을 관리하거나 클립에 대한 상세한 정보를 볼 수도 있습니다.

◎ **Tool 패널 :** 타임라인 패널의 트랙에 놓인 클립을 편집할 때 사용하는 다양한 도구들을 가지고 있습니다.

◎ **Timeline 패널 :** 클립을 등록하여 편집하거나 다양한 효과를 적용합니다.

◎ **Audio Master Meter 패널 :** 오디오 클립이 재생될 때의 볼륨 값을 보여 줍니다.

참고하세요!

프로젝트 패널에는 탭의 형태로 존재하는 몇 개의 패널이 더 존재합니다.

◎ Media Browser 패널 : 윈도우 탐색기처럼 트리구조를 통해 시스템의 모든 드라이브와 폴더를 보여 줍니다. 폴더를 열어 나타나는 파일은 바로 프로젝트로 불러오거나 소스 모니터에 등록할 수 있습니다.

◎ Info 패널 : 현재 선택된 클립이나 시퀀스에 대한 다양한 정보를 보여 줍니다.

◎ History 패널 : 작업 과정을 보여 주며, 작업 과정의 특정 지점으로 되돌아갈 수 있도록 합니다.

◎ Effects 패널 : 클립에 적용할 수 있는 각종 트랜지션과 이펙트 등의 효과 목록을 보여 줍니다.

02 작업 공간이란?

작업 공간은 워크스페이스(WorkSpace)라고 하며, 각종 구성 요소가 작업 화면에 배치되어 있는 형태를 의미합니다. 미리 준비되어 있는 몇 가지 배치 형태, 즉 기본 작업 공간은 Windows > Workspace의 하위 메뉴나 작업화면 상단의 Workspace 패널을 통해 선택할 수 있습니다.

메뉴에서 선택

워크스페이스 패널

03 원하는 형태로 패널 조절하기

미리 마련된 기본 작업 공간은 작업 형태에 따라 각 패널의 위치와 크기가 적절히 지정되어 있으나 사용자가 취향대로 적절히 조절해 사용하는 것이 더 바람직합니다. 각 패널들은 사용자의 작업 취향이나 편의에 따라 하나의 그룹으로 묶거나 별도의 독립된 패널로 분리시킬 수 있는 등 원하는 형태로 구성할 수 있습니다.

1) 프로젝트 패널의 탭 부분을 클릭하고 좌측 상단에 있는 소스 모니터 좌측으로 드래그하여 파란색의 하이라이트 영역이 소스 모니터 좌측에 나타나게 합니다.

2) 마우스 버튼을 놓으면 프로젝트 패널이 소스 모니터 패널 좌측으로 이동됩니다. 아울러 다른 패널을 포함하지 않고 오직 프로젝트 패널만 가지고 있는 독립된 패널로 존재하게 됩니다

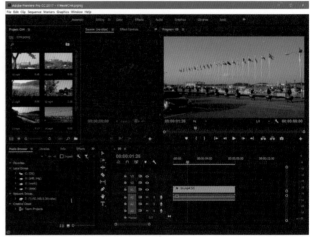

3) 이번에는 프로젝트 패널의 탭 부분을 드래그하여 소스 모니터의 중앙에 파란색의 하이라이트 영역이 나타나도록 합니다.

4) 마우스 버튼을 놓으면 소스 모니터가 있던 패널이 프레임(Frame)이라고 부르는 하나의 그룹으로 묶여져 나타나게 됩니다. 각각의 패널에 대한 기능은 변함없이 사용할 수 있습니다. 그룹 내에 속한 패널의 탭 부분을 드래그하면 해당 패널의 위치를 바꿀 수도 있습니다.

5) 프레임의 폭이 좁아서 그룹에 속한 다른 패널의 탭이 보이지 않는다면 그룹 우측 상단의 '≫' 버튼을 클릭하여 원하는 탭을 선택할 수 있습니다. 또는 탭 위에서 마우스의 휠을 위/아래로 스크롤하면 그룹 내의 다른 패널로 쉽게 이동할 수도 있습니다.

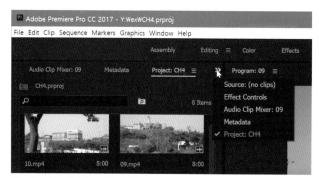

탭 메뉴에서 원하는 탭을 선택

참고하세요!

드롭 존(Drop Zone)

패널을 드래그할 때 나타나는 하이라이트 영역을 드롭 존(Drop Zone)이라고 하며 현재 드래그하는 패널이 어떤 상태로 이동될 것인지를 알려 줍니다. 즉, 드롭 존이 다른 패널의 중앙에 나타나면 그 패널과 같은 그룹으로 묶이게 된다는 것을 의미하며, 다른 패널의 아래나 위에 나타나면 해당 위치에 독립된 패널로 존재하게 될 것임을 의미합니다.

---

6) 각 패널을 독립된 윈도우로 꺼내 놓을 수도 있습니다. Ctrl 키를 누른 상태에서 프로젝트 패널의 탭 부분을 클릭하고 패널 밖으로 드래그하면 프로젝트 패널이 독립된 윈도우로 나타나게 됩니다. 타이틀 바나 경계선을 드래그하여 윈도우의 크기를 마음대로 조절할 수 있습니다.

패널을 독립된 윈도우로 꺼낼 수 있습니다.

참고하세요!

플로팅 윈도우(Floating Window)

별도로 독립된 윈도우를 플로팅 윈도우라고 부르며 프리미어 프로 CC가 전체 화면으로 실행되고 있는 상태가 아니라면 Ctrl 키를 누르지 않고 그냥 드래그하여 프리미어 프로 CC의 작업화면 밖, 즉 윈도우의 바탕 화면으로 빼 놓을 수도 있습니다.

7) 플로팅 윈도우로 존재하는 패널을 다시 패널 그룹이나 작업화면 안에 고정되는 도킹 상태로 이동해 보겠습니다. 플로팅 윈도우의 탭 부분을 클릭하고 처음 위치로 되돌리기 위해 좌측 아래 패널 중앙으로 드래그하여 드롭 존이 나타나도록 합니다.

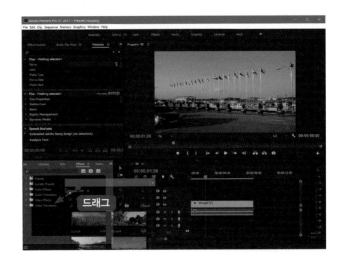

8) 마우스 버튼을 놓으면 원래의 위치인 패널 그룹에 포함되어 나타납니다. 윈도우 형태로 있던 것이 해당 위치에 독립된 패널로 자리하게 됩니다. 탭 부분을 좌측으로 드래그하여 원래대로 그룹의 첫 번째로 옮길 수 있습니다.

9) 각 패널은 패널과 패널 사이의 구분선을 드래그하여 가로 또는 세로 크기를 변경할 수 있습니다. 또한 셋 이상의 패널 그룹이 인접해 있는 부분에 마우스를 두어 마우스 포인터가 십자 형태로 나타난 상태에서 드래그하면 패널의 가로와 세로 크기를 동시에 변경할 수 있습니다.

가로와 세로 크기 동시 변경

참고하세요!

패널 그룹 이동하기

패널 그룹 우측 상단에 마우스를 두면 마우스 포인터
가 그룹 그리퍼(Group Gripper)라고 부르는 작은 사각
형 형태로 바뀌는데(그룹에 하나의 패널만 존재할 때는
한 개, 여러 패널이 포함되어 있을 때는 두 개), 이 상태
에서 드래그하면 패널 그룹 전체를 이동시킬 수 있습니
다. 패널 그룹을 이동할 때도 드롭 존이 나타나 어떻게
이동될 것인지 표시해 줍니다.

그룹 그리퍼

04 옵션 메뉴로 패널 조작하기

패널의 옵션 메뉴를 사용하여 패널을 닫거나 패널을
플로팅 윈도우로 분리해 놓을 수 있습니다.

패널의 옵션 메뉴는 패널의 탭 위에서 마우스 우측 버
튼을 클릭하거나 탭 이름 우측의 옵션 버튼을 클릭하
면 나타납니다. 패널 조작을 위한 메뉴는 모든 패널이
동일합니다.

Close Panel

현재 선택된 패널을 닫습니다. 즉, 작업 화면에서 사라지게 합니다. 사라진 패널을 다시 나타나게 하려면 Windows 메뉴에서 나타나게 할 패널 이름을 선택하면 됩니다. 현재 나타나 있는 패널 앞에는 체크 표시가 되어 있으며 나타나 있는 패널을 선택하면 해당 패널이 선택 상태로 전환됩니다.

Window 메뉴에 나타나는 패널 목록

Undock Panel

현재 선택된 패널을 플로팅 윈도우로 전환합니다.

Close Other Panels In Group

그룹에 여러 패널이 포함된 경우에 활성화되는 메뉴로서, 현재 패널을 제외한 그룹 내의 다른 패널을 모두 닫습니다.

Panel Group Settings

- Close Panel Group : 패널 그룹을 닫습니다.
- Undock Panel Group : 패널 그룹을 플로팅 윈도우로 전환합니다. 그룹에 포함된 모든 패널도 그대로 플로팅 윈도우 안에 존재합니다.
- Maximize Panel Group : 패널 그룹을 작업 화면 전체로 확대합니다. 전체 화면 상태에서는 이 메뉴가 Restore Panel Group Size로 바뀌며, 원래 크기로 되돌아오게 할 수 있습니다.

참고하세요!

흐트러진 패널들의 배치 형태를 처음 상태로 되돌리려면?

패널의 위치와 크기를 조절하다가 마음에 들지 않아 다시 처음 상태로 돌아가려면
Window 〉 Workspace 〉 Reset to Saved Layout을 선택합니다.

05 나만의 작업 공간 만들기

사용자가 자신의 취향에 맞게 구성한 작업 공간 형태는 메인 메뉴에 등록할 수 있어 언제든지 빠르게
선택하여 사용할 수 있습니다.

1) 프리미어 프로 CC의 Editing 작업 공간을 임의로 수
정하고 별도의 작업 공간으로 저장해 보도록 하겠습
니다. 자주 사용하지 않는데도 자리만 차지하고 있는
Workspaces 패널을 감춰 보겠습니다. 패널의 빈 공
간 위에서 마우스 우측 버튼을 클릭하고 Close Panel
을 선택합니다.

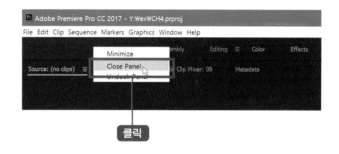

2) Workspaces 패널이 사라집니다. 다른 패널들의 위
치나 크기를 취향에 맞게 적절히 조절하고 메뉴에서
Window > Workspace > Save as New Workspace
를 선택하여 [New Workspace] 대화상자가 나타나
면 현재의 작업 공간에 대해 알아보기 쉬운 이름으로
입력하고 [OK] 버튼을 클릭합니다.

3) 저장한 작업 공간은 Window > Workspace 메뉴에 등록되므로 다른 작업 공간으로 작업하다가도 언제든지 자신이 만들어 놓은 작업 공간으로 빠르게 전환할 수 있습니다.

새로 추가된 작업 공간

참고하세요!

사용자가 추가로 저장한 작업 공간을 메뉴에서 삭제하려면 Window 〉 Workspace 〉 Edit Workspaces를 선택하고 [Edit Workspaces] 대화상자가 나타나면 삭제하려 하는 사용자 작업 공간을 선택하고 [Delete] 버튼과 [OK] 버튼을 차례로 클릭하면 됩니다.

참고하세요!

패널의 밝기 변경하기

프리미어 프로 CC 패널의 바탕색은 검정색으로 되어 있는데, 사용자가 원하는 대로 밝기를 조절할 수 있습니다. Edit 〉 Preferences 〉 Appearance를 선택하면 Preferences 대화상자, 즉 환경설정 대화상자의 Appearance 항목이 나타납니다. 우측의 Brightness 슬라이드를 좌측으로 드래그할수록 어둡게, 우측으로 드래그할수록 밝게 패널의 밝기가 실시간으로 변경되는 것을 볼 수 있습니다. 적절히 조절하고 [OK] 버튼을 클릭하면 현재 설정값이 적용됩니다. [Default] 버튼을 클릭하면 원래의 설정값인 최저 밝기 상태로 되돌아갑니다.

또한 아래에 있는 두 개의 슬라이더로 특정 표시 영역의 밝기나 현재 선택되어 있는 포커스 영역에 대한 밝기를 조절할 수도 있으며 이들에 대한 조절 결과는 Sample이라는 문자와 테두리에 즉시 표시됩니다.

Chapter 05

프로젝트의 각종 옵션들

프로젝트는 편집하고자 하는 소스 클립의 종류와 최종 출력될 결과에 적합한 옵션을 선택해야 하므로 다양한 옵션에 대한 정확한 이해가 필요합니다. 프로젝트 설정과 관련된 여러 옵션을 살펴보도록 하겠습니다. 여러 영상 관련 용어들이 많이 등장하므로 철저히 학습해 두는 것이 좋습니다.

01 New Project 대화상자

프리미어 프로 CC를 처음 시작하면 이미 보았던 것 처럼 가장 먼저 새로운 프로젝트 시작을 위한 New Project 대화상자가 나타납니다. 프로젝트의 이름을 비 롯하여 프로젝트의 저장 위치 및 여러 옵션을 지정할 수 있습니다.

● Name
프로젝트의 이름을 입력합니다.

● Location
프로젝트가 저장될 위치(폴더)를 보여 줍니다. [Browse] 버튼을 클릭하여 새로운 폴더를 지정할 수 있습 니다.

Video Rendering and Playback

CUDA를 지원하는 NVIDIA 그래픽 카드가 장착된 경우 Mecury Playback Engine GPU Acceleration(CUDA), OpenCL이 지원되는 AMD 그래픽 카드가 장착된 경우 Mecury Playback Engine GPU Acceleration(OpenCL)이 자동으로 선택됩니다. Mecury Playback Engine은 일부 효과에 대해 하드웨어 가속이 지원되어 더욱 쾌적한 프리뷰가 가능합니다.

Video - Display Format

편집 시 표시될 타임코드 형식을 선택합니다.

- Timecode : 일반적인 타임코드 형식으로 표시합니다.

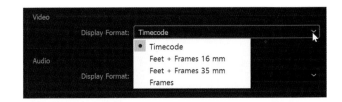

- Feet + Frames 16mm : 16mm 필름에서 사용하는 타임코드 형식으로 표시합니다. 풋(Foot)당 40프레임으로 이루어져 있으므로 39 프레임 이후에 다음 Feet로 표시됩니다.

- Feet + Frames 35mm : 35mm 필름에서 사용하는 타임코드 형식으로 표시합니다. 풋(Foot)당 16프레임으로 이루어져 있으므로 15프레임 이후에 다음 Feet로 표시됩니다.

- Frames : 프레임 값만으로 타임코드를 표시하는 형식입니다.

타임코드(Time Code)란?

동영상 편집 시의 컨트롤을 위하여 비디오테이프나 방송 등에서 각 프레임을 정의하기 위한 방법으로서, 타임라인 패널의 타임 룰러(Time Ruler)를 비롯하여 클립의 위치를 표시하기 위한 여러 부분에서 사용되고 있습니다. 타임코드는 the Society of Motion and Television Engineers(영화와 텔레비전 기술자협의회)에서 제정한 것이 표준으로 사용되고 있으며, SMPTE 타임코드라고도 부릅니다. SMPTE 타임코드는 프레임의 위치를 시간:분:초:프레임의 형식으로 표기합니다. 예를 들어 "0:01:12:08"이라는 타임코드는 "0시간 1분 12초 8프레임" 위치를 의미합니다.

프리미어 프로 CC에서 타임라인 패널의 눈금 단위를 확대하고 타임 룰러를 살펴보면 눈금 하나의 단위가 1프레임으로 나타나고 29프레임 다음에 새로운 초 단위가 표시되는 것을 볼 수 있습니다. 이것은 타임코드를 초당 30프레임으로 설정한 경우입니다.

Audio – Display Format

타임라인 패널이나 소스 모니터, 프로그램 모니터의 옵션 메뉴에서 Show Audio Time Unit을 선택했을 때 오디오에 대한 타임코드 표시 형식을 선택합니다.

타임라인 패널 옵션 메뉴의 Show Audio Time Units

• Audio Samples : 오디오의 샘플링 수치로 타임코드를 표시합니다.

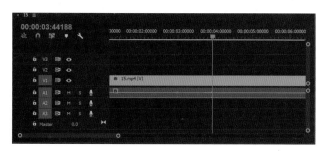

Display Format – Audio Samples

Display Format – Milliseconds

• Milliseconds : 1/1000초 단위로 타임코드를 표시합니다.

◉ Capture

캡처 타입을 선택합니다. DV나 HDV 중에서 선택할 수 있습니다.

참고하세요!

각 포맷의 해상도

DV 포맷은 720X480, HDV 포맷은 1280X720 또는 1920X1280의 해상도를 갖는 영상을 가리킵니다. 차후에 다루겠지만 영상은 주사 방식에 따라 인터레이스와 프로그래시브 방식으로 구분되며, 해상도의 뒤에 인터레이스 방식은 'i', 프로그래시브 방식은 'p'를 붙여 표기합니다. 예를 들어 720p 영상은 1280X720의 프로그래시브 영상을 의미합니다.

◉ Scratch Disks 탭

New Project 대화상자의 [Scratch Disks] 탭에서 프로젝트에서 캡처한 파일이 저장될 경로나 프리뷰 파일이 저장될 경로를 지정할 수 있습니다. 이러한 옵션들은 프로젝트를 시작한 후, Project > Project Settings > Scratch Disks 메뉴를 통해서도 변경할 수 있습니다.

02 New Sequence 대화상자

클립을 등록하여 편집할 수 있는 하나의 타임라인 단위를 '시퀀스'라고 부르며 하나의 프로젝트에는 여러 시퀀스를 포함시킬 수 있습니다. File > New > Sequence를 선택하면 새로운 시퀀스 생성을 위한 New Sequence 대화상자가 나타나며, 이미 준비되어 있는 다양한 프리셋을 선택하거나 각 옵션을 사용자 임의대로 설정하여 새로운 프리셋으로 저장해 사용할 수도 있습니다. 이미 생성된 시퀀스에 대한 설정값은 Sequence > Sequence Settings를 선택하여 시퀀스 설정창을 열고 변경할 수 있습니다.

(1) Sequence Presets 탭

New Sequence 대화상자는 세 개의 탭으로 구성되어 있으며, [Sequence Presets] 탭에는 프로젝트에 대한 여러 옵션이 미리 설정되어 있는 프리셋 목록이 있습니다. 작업하고자 하는 영상의 포맷에 따라 적절한 프리셋을 선택합니다. 우측에는 현재 선택한 프리셋에 대한 설명이 나타납니다. 세부 옵션에 대해서는 [Settings] 탭에서 설명합니다.

(2) Settings 탭

시퀀스의 각 옵션값을 사용자가 설정할 수 있습니다. 변경한 설정값은 새로운 프리셋으로 저장할 수도 있습니다.

Editing Mode

편집 모드를 선택합니다. Desktop, DV 계열 또는 HDV 등에서 선택할 수 있으며 선택한 모드에 따라 다른 옵션들은 미리 지정된 값들로 나타납니다. 일반적인 동영상을 편집하려는 경우에는 HDV 1080p나 HDV 720p를 많이 사용하며, 사용자가 모든 옵션을 임의로 변경하려면 Custom을 선택합니다.

Editing Mode 메뉴

Timebase

시간당 기본 단위인 Timebase를 선택합니다. Editing Mode를 Custom으로 선택하면 다양한 항목이 나타나며 자유롭게 선택할 수 있습니다.

각 메뉴에서 주로 사용되는 동영상 유형은 다음과 같습니다.

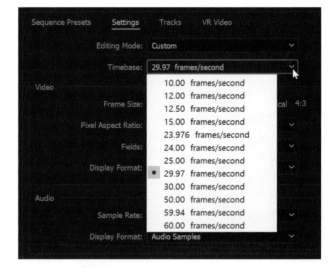

Timebase 메뉴

- 24 frames/second : 일반적인 영화 필름의 형태로서, 초당 24프레임을 갖습니다.

- 25 frames/second : 서유럽(프랑스 제외), 싱가포르, 말레이시아 등지의 방송 시스템에서 사용하는 PAL(Phase Alternation Line) 방식에서 사용되며, 초당 25프레임을 갖습니다.

- 29.97 frames/second : 우리나라를 비롯하여 미국, 캐나다, 일본, 멕시코 등지의 방송 시스템에서 사용하는 NTSC(National Television System Committe) 방식으로, 초당 29.97프레임을 갖습니다. 근사치인 30 frames로 보기도 합니다.

- 30 frames/second : 일반적인 동영상 포맷 형태입니다.

- 59.94 frames/second : 29.97 frames의 프로그래시브 모드 포맷 형태입니다.

- 60 frames/second : 30 frames의 프로그래시브 모드 포맷 형태입니다.

참고하세요!

타임 베이스(Timebase)란?

타임 베이스는 프로젝트에서 사용되는 초당 프레임 비율을 가리킵니다. 따라서 타임 베이스를 어떻게 지정했느냐에 따라 타임라인에 초당 프레임 수가 다르게 표시됩니다.

Editing Mode에 따라 선택할 수 있는 타임 베이스가 일부만 나타나지만 Custom으로 선택한 경우에는 다양한 타임 베이스를 선택할 수 있습니다.

◎ 25.00 frames/second

이 그림을 자세히 보면 재생 헤드가 가리키고 있는 00:00:00:24프레임 다음 눈금이 00:00:01:00인 것을 알 수 있습니다. 즉, 초당 25프레임 타임 베이스로 편집하기 때문에 매초의 25프레임째에서는 다음 초 단위로 넘어갑니다. 눈금은 1프레임 단위로 나타나고 있는 상태입니다.

◎ 30.00 frames/second

이번에는 타임 베이스를 초당 30프레임으로 지정하고 프로젝트를 시작한 경우입니다. 재생 헤드가 가리키고 있는 00:00:00:29 프레임 다음 눈금이 00:00:01:00으로 나타납니다. 즉, 29프레임 다음에 새로운 초 단위로 넘어가므로 초당 30프레임으로 표시되고 있다는 것을 알 수 있습니다. 이렇듯 타임 베이스는 편집 시의 프레임 비율을 설정하는 것이므로 소스 클립의 초당 프레임 수와 동일한 상태로 설정하여 작업해야 합니다.

Frame Size

영상의 크기를 결정합니다. 좌측에는 horizontal(수평) 크기, 우측에는 vertical(수직) 크기를 입력합니다. 입력한 값에 따라 가로:세로의 비율(종횡비)이 우측에 표시됩니다. Editing Mode에 따라 지정된 프레임 사이즈가 나타나며 Custom이나 DSLR 등을 선택한 경우에 값을 변경할 수 있습니다.

Pixel Aspect Ratio

영상의 프레임을 이루고 있는 픽셀의 종횡비를 선택합니다. 옵션의 끝에 표기된 수치는 세로에 대한 가로 비율을 의미합니다.

- Square Pixels (1.0) : 일반적으로 흔히 작업하는 Full HD(1920×1080)나 HD(1280×720) 등의 크기를 가지고 있는 소스 클립으로 작업하는 경우에 사용하는 옵션으로, 정사각형처럼 가로, 세로의 비율이 1.0입니다.

- D1/DV NTSC (0.9091) : 720×480과 같이 디지털 캠코더에서 DV로 캡처한 클립을 가지고 작업하는 경우 사용하는 옵션입니다.

- D1/DV NTSC Widescreen 16:9 (1.2121) : 720×480의 클립을 16:9 와이드 방식의 영상으로 생성하거나 와이드 스크린(16:9)으로 촬영한 영상을 편집할 때 사용하는 옵션입니다. 대부분의 디지털 캠코더는 16:9의 와이드 방식으로 촬영할 수 있는 옵션을 가지고 있습니다.

- D1/DV PAL (1.0940) : PAL 방식의 클립, 즉 720×576의 크기를 가지고 있는 소스 클립으로 작업하는 경우에 사용하는 옵션입니다.

- Anamorphic 2:1 (2.0) : Anamorphic 필름 렌즈를 사용하여 촬영된 클립으로 작업하는 경우에 사용하는 옵션입니다.

- HD Anamorphic 1080 (1.333) : 1440×1080이나 960×720으로 촬영된 클립으로 작업하는 경우에 사용하는 옵션입니다.

- DVCPRO HD (1.5) : 1280×1080으로 촬영된 클립을 16:9의 종횡비로 출력하고자 할 때 사용하는 옵션입니다.

Fields

인터레이스 방식의 영상을 어느 필드부터 렌더링할 것인지 선택합니다.

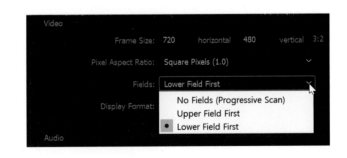

- No Fields (Progressive Scan) : 프로그래시브 방식으로 렌더링합니다.
- Upper Field First : Upper 필드부터 렌더링합니다.
- Lower Field First : Lower 필드부터 렌더링합니다.

참고하세요!

인터레이스(Interlace)와 논인터레이스(Non-Interlace)

영상은 여러 프레임을 연속적으로 화면에 뿌려 줌으로써 움직이는 것처럼 보이게 합니다. 인터레이스와 논인터레이스는 이렇게 화면에 뿌려 주는 방식의 차이에 의해 붙여진 이름입니다.

인터레이스 방식은 비월주사 방식이라고도 부르며 하나의 프레임을 한 번에 화면에 뿌려 주는 것이 아니라 두 번에 걸쳐 뿌려 줍니다. 이것은 일반 아날로그 TV 방송에서 사용되는 방식으로, 제한된 대역폭을 하나의 채널로 송신해야 하기 때문에 480개의 수평 라인을 초당 30프레임으로 주사하되, 매 프레임에 대하여 한 번은 홀수 라인, 한 번은 짝수 라인을 주사합니다.

첫 번째 필드 주사   두 번째 필드 주사   완성된 1프레임

홀수 또는 짝수 라인만을 주사하는 영역을 필드(Field)라고 부르며 최상위 주사선이 포함된 홀수 라인을 주사하는 필드를 Upper 필드, 이어서 나머지 라인을 주사하는 필드를 Lower 필드라고 부릅니다. 필드 옵션이 소스 영상과 다른 형식으로 시성될 경우 프리미어에서 편집할 때 깜박거리는 현상이나 심할 경우 재생이 멈추는 현상이 발생할 수도 있습니다. 아날로그 캡처 카드로 캡처한 동영상은 캡처 시의 설정에 따라 필드 옵션을 선택해 주어야 하며, 일반적으로 DV 프리셋은 Upper Field로 고정되어 있습니다.

논인터레이스 방식은 흔히 프로그래시브 스캔(Progressive Scan) 방식이라고도 부르며 우리말로 점진적 스캔 방식이라고 표현할 수 있습니다. 인터레이스 방식과 다르게 한 번에 하나의 프레임을 뿌려 주는 방식입니다. 영화나 컴퓨터 모니터를 사용하는 영상은 특별히 대역폭에 대한 제약이 없으므로 한 번에 하나의 프레임을 주사하는 프로그래시브 스캔 방식을 사용합니다.

디지털 카메라로 촬영한 동영상으로 작업하는 경우

DSLR이나 미러리스 디지털 카메라로 촬영한 동영상은 Sequence Presets 탭의 프리셋 목록에서 원하는 것을 선택해 사용할 수 있습니다. 적합한 값이 프리셋에 없거나 일반 콤팩트 디지털 카메라로 촬영한 동영상이라면 General 탭의 Editing Mode에서 Custom을 선택하고 Frame Size에서 촬영한 동영상의 크기를 직접 입력해 주면 됩니다.

DSLR을 위한 프리셋

⊙ Display Format

지정한 타임 베이스에 의해 타임라인 패널에서 표시될 형식을 선택합니다. DV NTSC를 비롯하여 일부 에디팅 모드에는 Drop-Frame(드롭 프레임), Non-Drop-Frame(논드롭 프레임) 등의 옵션이 존재합니다.

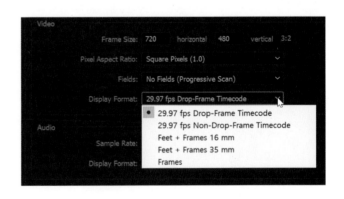

나머지 옵션은 앞에서 다루었으므로 위에 있는 두 옵션에 대해서만 살펴보겠습니다.

우리나라를 비롯하여 미국, 캐나다, 일본 등에서는 방송 시스템으로 NTSC(National Television System Committee) 방식을 사용하는데, 이 방식은 초당 29.97프레임을 갖습니다.

하지만 일반적인 동영상 규격은 초당 30프레임을 갖고 있으므로 정확하게 초당 0.03 프레임의 차이가 발생합니다. 극히 미세한 차이이기는 하지만 장시간의 영상을 편집하는 경우에는 프레임이 어긋나는 현상이 발생하게 됩니다. 따라서 이러한 프레임의 불일치를 방지하기 위하여 Drop-Frame 타임코드를 사용하는데 이는 매 분마다 59.29프레임 다음을 '1:00:00'로 표시하지 않고 '1:00:02'로 표시합니다. 즉, 분당 처음 2개의 프레임을 사용하지 않습니다. 이러한 표기 방식은 실제로 해당 프레임을 드롭(제거)하는 것이 아니며 프레임의 숫자 표시만을 변경함으로써 초당 30프레임과 초당 29.97프레임의 차이에서 발생하는 오차를 방지합니다. 단, 이러한 표기 방식은 매 10분 째에는 적용되지 않습니다.

드롭 프레임 방식의 타임코드는 각 시간 단위를 세미콜론으로 구분하여 표시하며, NTSC 비디오 테이프로 출력하는 경우에 사용합니다.

세미콜론으로 구분되는 30fps 드롭 프레임 타임코드

드롭 프레임과 달리 프레임을 드롭하지 않는 논드롭 프레임 타임코드는 각 시간 단위를 콜론으로 구분하여 표시합니다. 웹이나 CD-ROM 등 컴퓨터 디스플레이로 출력하는 경우에 사용합니다.

콜론으로 구분되는 30fps 논드롭 프레임 타임코드

● Sample Rate

오디오의 샘플링 비율을 선택합니다. 높게 설정할수록 좋은 음질을 얻을 수 있지만 그만큼 더 많은 디스크 용량을 필요로 합니다.

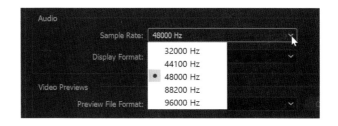

오디오의 샘플링(Sampling)이란?

아날로그 형태의 소리를 디지털 방식으로 레코딩하는 것을 '샘플링'이라고 하며 1초당 샘플링되는 횟수를 '샘플링 비율'이라고 합니다. Sample Rate 메뉴에서 선택·지정하며, 단위로 Hz(헤르츠)를 사용합니다. 샘플링 비율이 1,000Hz 라고 하면 1초에 1,000번의 주기로 샘플링되는 것을 의미하며, 샘플링 비율이 높아질수록 음질이 좋아지나 저장되는 파일의 용량은 커지게 됩니다. 샘플링 비율이 22,000Hz면 오디오 테이프의 음질, 44,000Hz라면 CD(Compact Disk) 수준의 음질을 갖습니다.

현재의 사운드 카드는 대부분 48,000Hz까지 샘플링이 가능하지만 무조건적으로 높은 샘플링 비율을 선호할 필요는 없습니다. 목적에 따라 용량을 고려하여 적절한 샘플링 비율과 Format을 선택해 사용하는 것이 바람직합니다. 디지털 캠코더의 음성은 48,000Hz나 32,000Hz로 샘플링되며, 캠코더 메뉴에서 선택할 수도 있습니다. 디지털 카메라도 대부분 48,000Hz나 32,000Hz로 샘플링됩니다.

또한 8bit 사운드는 원음을 2의 8승, 즉 256개로 분리하여 샘플링하며 16bit 사운드는 원음을 2의 16승인 65,536개로 분리하여 샘플링합니다. 따라서 당연히 음을 미세하게 분리하는 16bit 사운드의 음질이 좋습니다.

Preview File Format / Codec

프로젝트 내에서 영상을 프리뷰할 때의 포맷과 코덱을 선택합니다. Editing Mode에서 Custom을 선택한 경우에만 코덱을 선택할 수 있으며 나머지 항목은 코덱이 지정되므로 선택할 수 없습니다.

Maximum Bit Depth

시퀀스의 영상에 포함할 색상 비트값을 32비트 컬러까지 최대화합니다.

Maximum Render Quality

렌더링 품질을 최대화합니다. 더욱 선명하게 프리뷰할 수 있으나 그만큼 시간과 RAM이 더 필요합니다.

Save Preset

General 탭에서 사용자가 설정한 상태를 프리셋으로 저장합니다. 저장한 프리셋은 Sequence Presets 탭의 메뉴에 등록됩니다.

(3) Tracks 탭

시퀀스의 트랙과 관련된 옵션을 설정합니다. Video 옵션에는 비디오 트랙의 숫자, Audio 옵션에는 오디오 트랙의 채널 수와 오디오 트랙의 숫자를 지정합니다. 물론 각 트랙은 작업 도중 필요한 만큼 추가하여 사용할 수 있습니다.

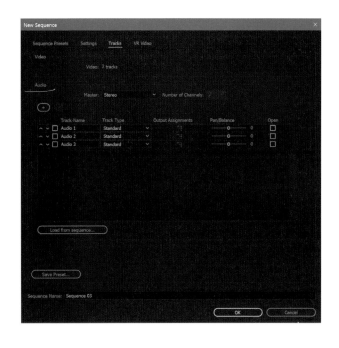

03 사용자 프리셋 만들기

New Sequence 대화상자의 Settings 탭에서 사용자가 각종 옵션을 설정하고 이것을 저장하여 프리셋 목록에 추가할 수 있습니다. 따라서 프로젝트를 시작할 때 간단히 선택하여 사용할 수 있으므로 매번 원하는 값을 설정할 필요가 없습니다.

1] Settings 탭에서 옵션을 다음과 같이 설정하고 Save Preset 버튼을 클릭합니다. 흔히 사용하는 HD 영상을 편집하는 데 적합한 프로젝트입니다.

◎ Editing Mode : Custom

◎ Timebase : 30.00 frames/second

◎ Video

　• Frame Size : 1280, 720

　• Pixel Aspect Ratio : Square Pixels (1.0)

　• Fields : No Field (Progressive Scan)

　• Display Format : 30fps Timecode

◎ Video Previews

　• Preview File Format : Microsoft AVI

　• Codec : DV NTSC

2) Save Settings 대화상자가 나타납니다. 새로운 프리셋의 이름과 간단한 설명을 입력하고 OK 버튼을 클릭합니다.

잠깐만!

프리셋 이름에 사용할 수 없는 문자

프로젝트의 프리셋 이름에 '₩', '/', '*', '?', '〈', '〉', '|'과 같은 문자는 사용할 수 없습니다.

3) New Sequence 대화상자의 Sequence Presets 탭이 열리면서 좌측 아래의 Custom 탭에 새로 저장한 프리셋이 목록으로 추가된 것을 볼 수 있습니다. 아울러 우측에는 설명을 입력한 경우 그것과 함께 설정값이 표시됩니다. 프리셋에 등록되었으므로 프로젝트를 시작할 때 간단히 선택하여 사용할 수 있습니다. 사용자가 만든 프리셋을 삭제하려면 프리셋을 선택하고 Delete Preset 버튼을 클릭하면 됩니다.

참고하세요!

최근 저장된 프로젝트 손쉽게 불러오기

프리미어 프로 CC를 실행하면 메인 화면이 나타나기 전에 Start 대화상자가 나타나며, New Project 이미지를 클릭하면 New Project 대화상자, Open Project 이미지를 클릭하면 저장된 프로젝트를 선택할 수 있는 Open Project 대화상자가 각각 나타납니다. 우측에는 최근 저장된 순서대로 프로젝트 목록이 나타나므로 프로젝트를 쉽게 선택할 수 있습니다.

프리미어 프로 CC의 File 〉 Open Recent Project 메뉴를 선택해도 최근 프로젝트 목록이 나타나므로 간단히 선택할 수 있습니다.

프로젝트를 시작할 때 Welcome 대화상자가 나타나는 것이 번거롭게 생각된다면 Edit 〉 Preferences 〉 General을 선택하여 환경설정 대화상자의 At Startup 메뉴에서 Open Most Recent를 선택하고 OK 버튼을 클릭합니다. 이후부터는 프리미어 프로 CC를 실행할 때 곧바로 최근 저장된 프로젝트가 자동으로 나타나게 됩니다.

Chapter 06

타임라인 패널 조작하기

타임라인 패널은 각종 소스 클립을 모아 놓고 자르고, 붙이거나 각종 효과를 적용하는 등 동영상 편집의 핵심이 되는 곳으로 편집 작업에 가장 많이 사용되는 패널입니다. 타임라인 패널의 형태와 구성에 대해서 상세하게 살펴보도록 합니다.

01 타임라인 패널의 구성 요소

하나의 타임라인 단위는 시퀀스(Sequence)라고 부르며, 시퀀스는 기본적으로 3개의 비디오 트랙과 4개의 오디오 트랙이 존재합니다. Video 1, 2, 3 트랙과 Audio 1, 2, 3 트랙은 각각 비디오 클립과 오디오 클립을 등록시킬 수 있는 트랙이며, Master 트랙은 다른 Audio 트랙의 클립을 컨트롤하기 위한 트랙으로서 직접 클립을 등록할 수는 없습니다.

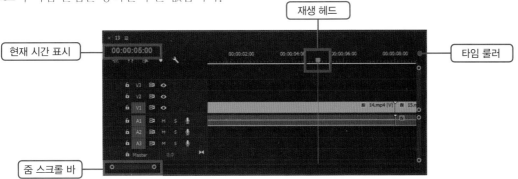

- 현재 시간 표시(Current time display) : 재생 헤드가 가리키고 있는 지점에 대한 시간(타임코드)을 표시합니다. 드래그하거나 값을 입력함으로써 재생 헤드의 위치를 변경할 수도 있습니다.

- 타임 룰러(Time ruler) : 가로 방향으로 타임코드가 표시됩니다. 타임코드는 프로젝트에서 설정한 Timebase와 Display Format 방식을 따르게 됩니다.

- 재생 헤드(Current time Indicator) : 드래그함으로써 현재 시간 지점을 이동할 수 있으며, 해당 지점에 대한 내용은 프로그램 모니터에 프리뷰됩니다.

- 줌 스크롤 바 : 좌, 우측 끝 부분을 드래그하면 타임 룰러의 단위를 변경할 수 있으며, 중앙 부분을 드래그하면 타임라인 패널에 나타나는 프리뷰 영역을 이동할 수 있습니다.

02 재생 헤드 이동하기

재생 헤드는 특정 지점에 대한 클립의 내용을 파악하는 데 사용되며, 여러 방법을 사용하여 원하는 지점으로 이동할 수 있습니다.

◉ 드래그로 이동하기

프리뷰 방법에 대해 설명할 때 보았던 것처럼 가장 일반적인 방법입니다. 클립이 없는 트랙 위에서는 빨간색의 에디트 라인을 드래그하여 원하는 지점으로 이동할 수도 있습니다.

◉ 단축키로 이동하기

타임라인에 등록된 클립을 재생(프리뷰)하거나 재생 헤드를 이동하기 위해서 다음과 같은 단축키를 사용할 수 있습니다. 문자 키와 함께 사용되는 경우 반드시 키보드가 영문 모드인 상태에서 사용해야 합니다. 한글 모드에서는 동작하지 않습니다.

- J : 클립이 정 배속으로 역 재생되며 반복해서 누를 때마다 2배의 속도로 빠르게 역 재생됩니다. 즉, 처음에 한 번 누르면 1배속, 다시 한 번 누르면 2배속, 한 번 더 누르면 4배속의 순으로 역 재생됩니다.

- K : 클립의 재생을 중지합니다. Space Bar와 동일한 역할을 합니다.

- L : 클립이 정 배속으로 재생되며 반복해서 누를 때마다 2배의 속도로 빠르게 재생됩니다.

  J 키와 동일한 역할을 하되, 클립이 정 방향으로 재생된다는 점만 다릅니다.

- J + K : J 키와 K 키를 함께 누르면 클립이 초당 8프레임의 느린 속도로 역 재생됩니다.

  다른 팝업 키와 달리 누르고 떼면 안 되며, 계속 누르고 있어야 합니다.

- L + K : L 키와 K 키를 함께 누르면 클립이 초당 8프레임의 느린 속도로 재생됩니다.

  역시 누르고 있는 동안에만 적용됩니다.

그 밖에 다음과 같은 단축키를 사용할 수도 있습니다.

기능	팝업키
렌더 프리뷰	Enter
1프레임 다음 프레임으로 이동	우측 방향키 (→), K + L
1프레임 이전 프레임으로 이동	좌측 방향키 (←), K + J
5프레임 다음 프레임으로 이동	Shift+우측 방향키 (→)
5프레임 이전 프레임으로 이동	Shift+좌측 방향키 (←)
타임라인의 첫 프레임으로 이동	Home
타임라인에 등록된 클립의 마지막 프레임으로 이동	End
각 클립의 첫 프레임으로 이동	Page up
각 클립의 마지막 프레임으로 이동	Page down

● 현재 시간 표시 부분을 드래그

현재 시간 표시 부분에 마우스를 가져가면 양쪽 화살
표 모양의 포인터가 나타나며, 좌측으로 드래그하면
이전 프레임 쪽, 우측으로 드래그하면 다음 프레임 쪽
으로 타임코드가 변경됩니다. 현재 시간 표시 부분은
재생 헤드와 연동되기 때문에 드래그함에 따라 재생
헤드도 실시간으로 함께 이동됩니다.

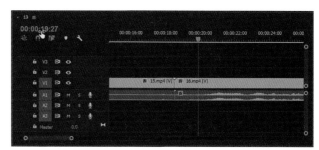

현재 시간 표시 부분을 드래그

현재 시간 표시 부분을 클릭하면 편집 상태로 전환되므
로 직접 원하는 타임코드 값을 입력하여 변경할 수도 있
습니다.

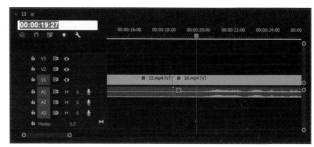

현재 시간 지점의 타임코드 값을 직접 입력

참고하세요!

숫자만으로 타임코드 입력하기

타임코드를 입력할 때는 굳이 세미콜론 등을 사용한 타임코드 형식대로 입력하지 않고 숫자만 입력해도 됩니다. 예를
들어, 11초 15프레임을 지정하는 경우, 정확한 타임코드 형식은 "00:00:11:15"이지만 "1115"와 같이 뒷부분의 숫자만 입
력하고 Enter 키를 눌러도 자동으로 타임코드 형식으로 나타나게 됩니다.

숫자만 입력

자동으로 변경된 타임코드

03 줌 스크롤 바로 단위 변경하고 영역 이동하기

타임라인 패널 상단에 표시되고 있는 눈금은 시간 단위를 표시하는 것으로, 타임 룰러(Time ruler)라고
부르며 눈금의 단위는 좌측 하단의 줌 스크롤 바로 변경할 수 있습니다.

지속시간이 긴 클립을 편집할 때 클립의 전체 영역을 빠르게 보기 위해서는 타임 룰러의 눈금 단위를
크게 하는 것이 편리하지만 프레임 단위의 정밀한 편집을 위해서는 눈금 단위를 작게 하는 것이 편리
합니다. 따라서 상황에 따라 눈금의 단위를 수시로 변경해 가며 작업할 필요가 있습니다.

부록의 [Source] 폴더에서 임의의 클립 여러 개를 타임라인의 트랙에 나란히 등록하고 직접 실습해 보
기 바랍니다.

타임라인 패널 좌측 아래쪽에 있는 줌 스크롤 바의 좌측 끝 부분을 우측으로 드래그하거나 우측 끝 부분
을 좌측으로 드래그합니다. 스크롤 바의 너비가 줄어들면서 그만큼 타임 룰러의 눈금 단위가 작아지고
이에 따라 클립이 더욱 상세히 표시됩니다. 반대로 줌 스크롤 바의 좌측 끝 부분을 좌측으로, 우측 끝
부분을 우측으로 드래그하면 타임 룰러의 단위가 커져서 더욱 긴 영역을 한 번에 볼 수 있습니다.

우측 끝을 좌측으로 드래그 – 눈금의 단위가 작아짐

우측 끝을 우측으로 드래그 – 눈금의 단위가 커짐

타임라인 패널에 등록된 클립의 지속시간이 길거나 타임 룰러의 눈금 간격이 좁게 설정되어 타임라인
패널에 클립의 전체 영역이 보이지 않는 경우에는 줌 스크롤 바의 중앙 부분을 드래그함으로써 클립의
다른 영역으로 이동하여 원하는 영역을 볼 수 있습니다.

줌 스크롤 바를 드래그

참고하세요!

마우스 휠을 이용하여 빠르게 전환하기

타임라인 패널의 트랙 영역 위에서 마우스 휠을 스크롤하면 클립의 영역을 이동할 수 있으며
줌 스크롤 바 위에서 마우스 휠을 스크롤하면 눈금 단위를 빠르게 변경할 수 있습니다.

04 작업 영역 설정하기

타임라인에서 특정 영역을 작업 영역으로 설정하여 이
영역만을 프리뷰하거나 파일로 생성할 수 있습니다.
타임라인 패널의 옵션 메뉴를 열고 Work Area Bar를
선택합니다.

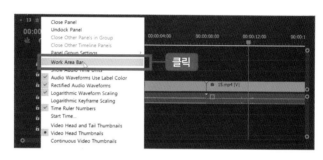

타임 룰러 아래에 회색 막대가 나타납니다. 이를 작업
영역 바(Work Area Bar)라고 부르며, 이것이 가리키고
있는 구간이 작업 영역입니다. 작업 영역 바는 기본적
으로 타임라인 패널에 등록된 전체 클립의 길이와 동
일하게 표시되어 있습니다. 즉, 전체 클립의 길이가 작
업 영역으로 설정되어 있다는 의미입니다.

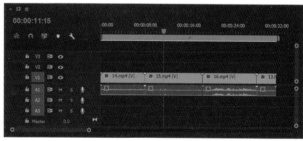

작업 영역 바

● 특정 구간을 작업 영역으로 지정하기

작업 영역 바는 기본적으로 타임라인에 등록된 클립의
전체 길이와 동일하게 설정되며, 작업 영역 바를 조절
함으로써 특정 구역만을 작업 영역으로 설정할 수 있
습니다.

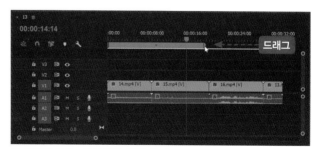

끝 지점을 드래그하여 작업 영역 변경

작업 영역 바의 시작 지점이나 끝 지점을 클릭하고 드
래그하면 작업 영역의 시작과 끝 지점이 변경됩니다.

작업 영역 바의 중앙 부분에 마우스를 가져가 마우스 포인터가 손 모양으로 바뀌는 지점에서 클릭합니다. 그 상태에서 원하는 방향으로 드래그하면 작업 영역의 길이는 그대로 유지된 채 작업 영역만 이동할 수 있습니다. Alt 키를 누른 상태에서는 작업 영역 바의 아무 곳에나 마우스 포인터를 두어도 손 모양의 포인터가 나타나 클릭한 후 드래그하여 작업 영역을 이동할 수 있습니다.

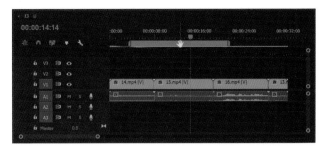

작업 영역 바 이동하기

● 현재 타임라인의 영역만 작업 영역으로 지정하기

작업 영역 바를 더블 클릭하면 작업 영역 바의 길이가 타임라인에 나타나는 영역의 길이와 동일하게 변경됩니다. 단, 전체 클립의 길이가 타임라인의 길이보다 짧게 표시되어 있는 경우에는 전체 클립의 길이로 작업 영역이 지정됩니다.

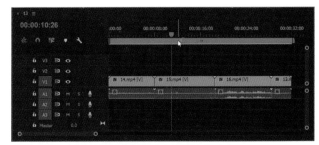

더블 클릭 – 현재 타임라인의 길이와 동일하게 지정

● 에디트 라인의 위치로 시작과 끝 지점을 변경

현재 에디트 라인의 위치를 작업 영역의 시작 지점으로 지정하려면 'Alt+[' 키를, 현재 에디트 라인를 작업 영역의 끝 지점으로 지정하려면 'Alt+]' 키를 누릅니다.

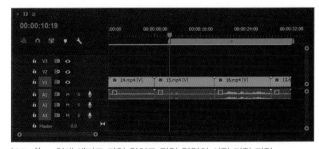

'Alt+[' – 현재 에디트 라인 위치로 작업 영역의 시작 지점 지정

05 클립의 표시 형태와 트랙의 상태 변경하기

트랙에 등록된 클립의 표시 형태를 변경하거나 특정 트랙을 출력 대상에서 제외 또는 편집할 수 없도록 잠글 수 있습니다. 트랙의 상태는 트랙 헤더를 통해 빠르게 변경할 수 있습니다.

타임라인 패널의 V1 트랙에 두 개의 클립을 연속으로 등록하고 타임 룰러의 눈금도 적절히 조절하여 클립이 잘 표시되도록 합니다. 클립이 트랙에 등록되면 기본적으로 클립의 이름과 함께 클립의 시작

부분에 첫 프레임의 모습이 표시되고, 이후 부분은 클
립 종류에 따라 프로젝트 패널에 표시되었던 레이블
색상으로 나타납니다. 오디오 트랙은 클립의 이름만
나타납니다.

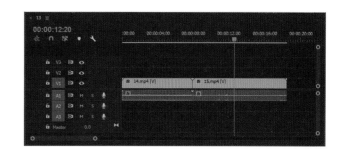

● 클립의 표시 형태 변경하기

1) 타임라인에 등록된 클립의 표시 형태에 따른 변화를
제대로 보려면 트랙의 높이를 충분히 키우고 타임 룰
러의 단위가 작게 표시된 상태여야 합니다. V1과 V2
트랙의 경계선을 위쪽으로 드래그합니다.

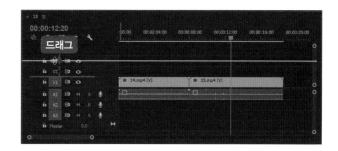

2) 타임라인에 등록된 클립에 섬네일이 표시되는 것을
볼 수 있습니다. 이어서 줌 스크롤 바 우측 끝 지점을
좌측으로 드래그하여 클립이 패널 전체 영역에 걸쳐
나타나도록 합니다.

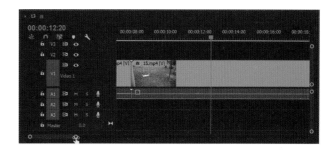

3) 타임라인 패널의 옵션 메뉴를 열어 보면 Video Head
Thumbnails에 체크되어 있는 것을 볼 수 있습니다.
이것은 클립의 첫 프레임만을 섬네일로 보여 줍니다.
다른 옵션에 따른 형태는 다음과 같습니다.

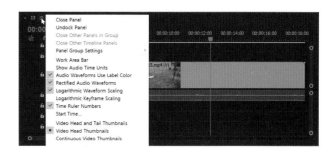

- Video Head and Tail Thumbnails :
  클립의 첫 프레임과 마지막 프레임 섬네일을 보여 줍니다.

- Continuos Video Thumbnails :
  클립의 각 프레임을 보여 줍니다.

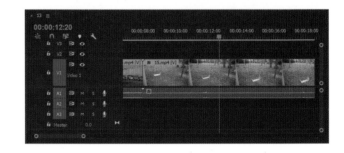

4) 타임라인 패널의 Display Settings 버튼을 클릭합니다. Show Video Thumbnails는 섬네일의 표시 유무를 선택할 수 있으며, Show Video Names는 클립의 이름 표시 유무를 선택할 수 있습니다.

⊙ 트랙의 출력 상태 변경하기

클립이 놓이는 타임라인 좌측에 트랙의 이름과 옵션이 존재하는 부분이 있는데 이를 트랙 헤더(Track Header)라고 부릅니다. 트랙 헤더에 있는 눈동자 모양의 Toggle Track Output 버튼을 클릭합니다.

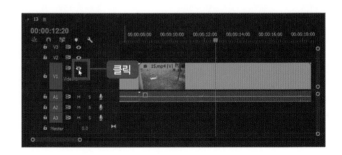

눈동자 형태의 버튼에 사선이 표시되며 프로그램 모니터에는 클립이 표시되지 않습니다. Toggle Track Output 버튼은 현재 트랙에 등록된 클립을 출력 대상에서 제외시키는 역할을 합니다. 여러 트랙에 클립을 등록하여 작업하는 경우 특정 트랙의 클립이 출력되지 않은 상태에서 어떻게 나타나는지를 프리뷰하고자 할 때 사용합니다.

● 트랙의 동기화

Toggle Track Output 버튼 좌측에 있는 Toggle Sync Lock 버튼은 특정 트랙에 놓인 클립을 다른 트랙
에 놓인 클립과 동기화시킬 것인지의 유무를 설정합니다.

1) 그림과 같이 V1 트랙에 두 개의 클립을 나란히 등록
하고 V1 트랙의 두 번째 클립 중간 정도 위치에 또
다른 클립을 V2 트랙으로 드래그하여 등록합니다.

2) V1 트랙의 두 번째 클립을 우측으로 드래그하여 그
림과 같이 좌측의 클립과 약간의 공백(리플:Ripple)
이 생기도록 합니다.

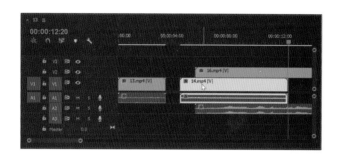

3) V1 트랙의 리플 영역 위에서 마우스 우측 버튼을 클
릭하고 Ripple Delete를 선택합니다.

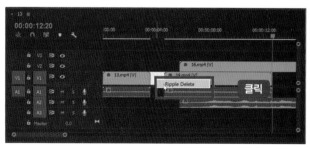

리플 삭제

4) 리플이 삭제되면서 우측 클립이 좌측 클립과 붙게 되
고 V2 트랙의 클립도 동일한 거리만큼 좌측으로 함
께 이동합니다. 이것은 기본적으로 트랙의 Toggle
Sync Lock 버튼이 켜져 있어 다른 트랙의 클립과 동
기화되기 때문입니다.

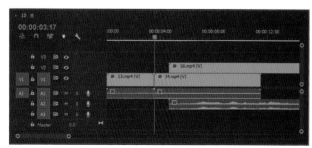

V2 트랙의 클립도 함께 이동

5) Ctrl+Z 키를 눌러 작업을 취소하여 이전 상태로 되돌리고 V2 트랙의 Toggle Sync Lock 버튼을 클릭하면 Toggle Sync Lock 버튼에 사선이 나타나 비활성화 상태임을 표시해 줍니다.

6) 다시 V1 트랙의 리플 영역 위에서 마우스 우측 버튼을 클릭하고 Ripple Delete를 선택합니다. 리플이 삭제되고 우측의 클립이 좌측으로 이동합니다. 하지만 V2 트랙의 클립은 이전과 달리 이동되지 않고 제자리에 그대로 존재합니다. V2 트랙의 Toggle Sync Lock 버튼이 비활성화 상태이므로 다른 트랙과 동기화되지 않기 때문입니다. 클립의 좌측에는 리플 삭제로 인해 이동된 클립과의 거리가 표시됩니다.

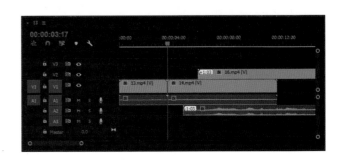

● 트랙 잠그기

트랙 헤더의 가장 좌측에 있는 자물쇠 모양의 Toggle Track Lock 버튼을 클릭하면 자물쇠가 채워진 형태로 바뀌며 해당 트랙 위에 사선이 표시됩니다.

트랙이 잠금 상태로 설정되며 트랙에 놓인 클립을 편집할 수 없게 됩니다. 즉, 마우스로 트랙에 등록된 클립을 드래그해도 이동되지 않으며 자르거나 삭제할 수도 없습니다. 또한 이 트랙에 새로운 클립을 등록할 수도 없습니다. 작업 중 특정 트랙의 클립을 더 이상 편집할 필요가 없을 때 트랙을 잠금 상태로 전환해 놓음으로써 실수로 편집되는 사태를 방지합니다.

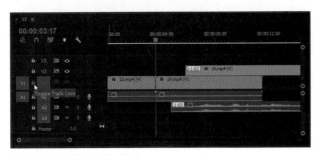

트랙 잠금 - 편집 불가능 상태

참고하세요!

한꺼번에 모든 트랙의 상태 변경하기

트랙 헤더에 있는 버튼을 Shift 키를 누른 상태에서 클릭하면 전체 비디오 트랙이나 전체 오디오 트랙에 대하여 해당 버튼을 활성화하거나 해제할 수 있습니다.

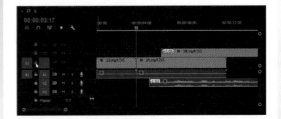

Shift+클릭 - 전체 트랙에 적용

시작 지점 변경하기

길이가 긴 클립으로 작업할 때 전체 구간을 살펴보기 번거롭다면 타임라인의 시작 지점을 변경함으로 써 특정 뒷부분을 편리하게 살펴볼 수 있습니다. 클립의 지속시간이 긴 경우, 특정 지점부터 클립의 상태를 프리뷰할 때 유용합니다.

1) 타임라인 패널의 옵션 메뉴를 열고 Start Time을 선택 합니다.

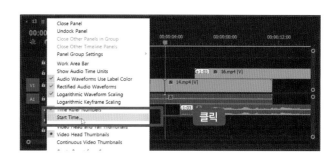

2) [Start Time] 대화상자가 나타나면 'Start Time' 타임코 드 위를 드래그하거나 클릭한 다음, 원하는 시작 지 점 값을 지정하고 OK 버튼을 클릭합니다.

3) 타임 룰러의 시작 지점이 설정된 타임코드로 변경된 것을 볼 수 있습니다.

트랙 이름 변경하기

여러 트랙으로 작업하는 경우, 트랙에 등록되는 클립의 성격이나 적용하는 효과에 따라 트랙의 이름을 적절히 지정해 놓으면 트랙의 성격을 쉽게 식별할 수 있습니다.

1) 트랙 헤더의 높이를 충분히 키워 주거나 트랙 헤더의 빈 영역을 더블 클릭합니다.

헤더 부분을 더블 클릭

2) 트랙이 확장 형태로 나타나면 마우스 우측 버튼을 클릭하고 [Rename]을 선택합니다.

3) Video 1 이름 영역이 편집 상태로 전환됩니다. 원하는 이름을 입력하고 Enter 키를 누릅니다.

Chapter 07

소스 모니터와 프로그램 모니터 다루기

소스 모니터는 편집하고자 하는 클립의 내용을 미리 살펴보고 필요한 부분만을 취하여 타임라인 패널로 보낼 때 사용하며, 프로그램 모니터는 타임라인 패널에 등록되어 현재 편집 중인 클립의 상태를 보여 주는 역할을 합니다. 이들 두 모니터는 작업에 사용되는 소스와 편집 결과를 면밀하게 모니터링함으로써 작업의 효율성을 높여 줍니다.

01 소스 모니터와 프로그램 모니터의 구성 요소

소스 모니터와 프로그램 모니터를 구성하고 있는 각 요소를 살펴보겠습니다. 각 요소는 가급적 마우스 포인터를 올려 놓았을 때 팝업 형태로 나타나는 이름을 사용합니다. 한글 명칭을 사용할 경우 혼란스러울 수 있기 때문입니다.

● 소스 모니터와 프로그램 모니터

❶ **소스 뷰** : 소니 모니터에 등록된 클립을 보여 줍니다.

❷ **소스 모니터 메뉴** : 패널의 옵션을 비롯하여 소스 모니터에 여러 클립이 등록된 경우 원하는 클립을 선택할 수 있도록 클립 목록이 나타납니다.

❸ **소스 모니터 컨트롤** : 소스 모니터에 등록된 클립의 재생, 인 점, 아웃 점 설정과 관련된 버튼들로 구성되어 있습니다.

❹ **시퀀스 탭** : 타임라인 패널과 동일하게 각 시퀀스가 탭의 형태로 나타납니다.

❺ **프로그램 뷰** : 타임라인 패널에 등록된 클립을 보여 줍니다.

❻ **프로그램 모니터 컨트롤** : 타임라인 패널에 등록된 클립의 재생, 인 점, 아웃 점 설정과 관련된 버튼들로 구성되어 있습니다.

소스 모니터 컨트롤

각 모니터에는 타임라인 패널처럼 타임 룰러(Time Ruler)와 재생 헤드(Play Head), 줌 컨트롤 등이 자리하고 있으며, 클립 조작을 위한 여러 버튼들이 자리하고 있습니다.

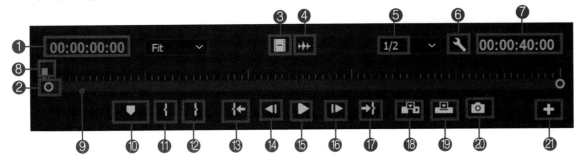

❶ **재생 헤드 위치** : 재생 헤드가 가리키고 있는 지점의 타임코드를 표시합니다.

❷ **줌 레벨(Zoom Level)** : 소스 뷰에 나타나는 클립의 크기를 확대하거나 축소합니다

❸ **Drag Video Only** : 버튼을 타임라인의 비디오 트랙으로 드래그하여 현재 클립의 비디오 부분만을 등록합니다.

❹ **Drag Audio Only** : 버튼을 타임라인의 오디오 트랙으로 드래그하여 현재 클립의 오디오 부분만을 등록합니다.

❺ **해상도 선택** : 소스 모니터에 보이는 클립의 해상도(화질)을 선택합니다.

❻ **설정 버튼** : 여러 옵션 메뉴를 포함하고 있습니다.

❼ **인/아웃 지속시간** : 인 점과 아웃 점 사이의 지속시간을 표시합니다. 인 점과 아웃 점이 설정되지 않은 경우 클립의 전체 구간에 대한 지속시간이 표시됩니다.

❽ **재생 헤드(Play head)** : 현재 클립의 위치를 가리킵니다.

❾ **줌 컨트롤 바** : 타임 룰러의 눈금 단위나 프리뷰 영역을 이동합니다.

❿ **Add Marker** : 재생 헤드가 가리키고 있는 지점에 마커를 생성합니다.

⓫ **Mark In** : 재생 헤드가 가리키고 있는 지점을 인 점으로 설정합니다.

⓬ **Mark Out** : 재생 헤드가 가리키고 있는 지점을 아웃 점으로 설정합니다.

⓭ **Go to In** : 재생 헤드를 인 점 위치로 이동합니다.

⓮ **Step Back 1 Frame** : 재생 헤드를 1 프레임 이전 프레임으로 이동합니다.

⓯ **Play-Stop Toggle** : 클릭할 때마다 클립을 재생하거나 정지시킵니다.

⓰ **Step Forward 1 Frame** : 재생 헤드를 1 프레임 다음 프레임으로 이동합니다.

⓱ **Go to Out** : 재생 헤드를 아웃 점 위치로 이동합니다.

⓲ **Insert** : 인 점과 아웃 점으로 설정된 구간을 타임라인 패널의 재생 헤드가 놓인 지점에 삽입합니다.

⓳ **Overwrite** : 인 점과 아웃 점으로 설정된 구간을 타임라인 패널의 재생 헤드가 놓인 지점에 오버라이트(덮어씌움)합니다.

⓴ **Export Frame** : 현재 프레임을 이미지 파일로 저장합니다.

㉑ **Button Editor** : 자주 사용하는 버튼들로 소스 모니터의 버튼을 재구성할 수 있습니다.

참고하세요!

모든 버튼이 나타나지 않을 경우

작업 공간이 좁아서 소스 모니터나 프로그램 모니터의 너비가 충분치 않을 때는 기본 버튼이 전체가 나타나지 않으며, 버튼 우측에 있는 '》' 버튼을 클릭한 다음 선택해 사용해야 합니다.

프로그램 모니터 컨트롤

프로그램 모니터의 컨트롤은 소스 모니터의 컨트롤과 동일한 것들이 많으므로 프로그램 모니터에만 존재하는 컨트롤만 추가로 살펴봅니다.

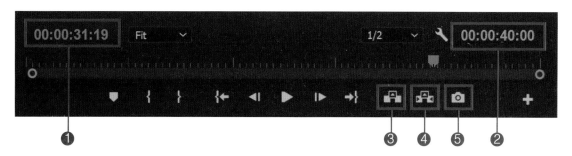

❶ **재생 헤드 위치** : 타임라인 패널의 재생 헤드가 가리키고 있는 지점의 타임코드를 표시합니다.

❷ **인/아웃 지속시간** : 타임라인 패널에 등록된 전체 클립의 지속시간이나 인 점과 아웃 점 사이의 지속시간을 표시합니다.

❸ **Lift** : 인 점과 아웃 점으로 설정한 구간을 타임라인 패널에서 삭제하며, 삭제된 구간은 공백으로 남습니다.

❹ **Extract** : 인 점과 아웃 점으로 설정한 구간을 타임라인 패널에서 삭제하며 삭제된 구간은 공백으로 남지 않습니다.

❺ **Export Frame** : 현재 프레임을 정지 이미지 파일로 저장합니다.

02 소스 모니터에 클립 등록하기

소스 모니터는 클립을 타임라인 패널에 등록하기 전에 미리 살펴보거나 인 점과 아웃 점을 지정하여
특정 구간만을 타임라인 패널에 등록하고자 할 때 사용합니다.

1] 새 프로젝트를 시작하고 부록의 [Source] 폴더에 있
는 5개의 무비 클립을 불러온 다음, 프로젝트 패널에
등록된 클립 중 하나를 더블 클릭합니다.

2] 해당 클립이 소스 모니터에 등록되어 나타납니다. 클
립 하나만을 소스 모니터에 등록할 때는 이렇게 원하
는 클립의 목록을 더블 클릭하는 것이 빠릅니다. Ctrl
키를 누른 상태에서 프로젝트 패널에 등록된 나머지
클립을 클릭하여 모두 선택된 상태에서 소스 모니터
로 드래그합니다.

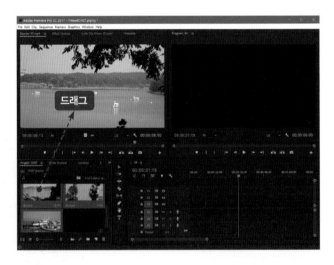

3] 드래그한 클립들이 소스 모니터에 등록됩니다. 소스
모니터의 소스 뷰에는 기본적으로 프로젝트 패널에
서 마지막에 드래그된 클립이 표시됩니다. 소스 모니
터 옵션 메뉴를 열어보면 현재 소스 모니터에 등록된
클립 목록들을 볼 수 있으며, 목록 가장 아래에는 현
재 소스 뷰를 통해 보여 주는 클립이 선택 상태로 표
시되고 있습니다. 클립 선택 메뉴에서 Close를 선택
하면 현재 소스 모니터에 나타나고 있는 클립이 소스
뷰의 클립 선택 메뉴에서 제거되며, Close All을 선택
하면 소스 모니터에 등록된 모든 클립이 메뉴에서 제
거됩니다.

03 소스 모니터의 클립을 타임라인에 등록하기

소스 모니터에 등록된 클립은 클립의 전체 영역을 타임라인 패널의 트랙에 그대로 등록할 수 있을 뿐
아니라 인 점과 아웃 점을 설정하여 특정 구간만 등록할 수도 있습니다.

1) 소스 모니터에 클립 하나를 등록한 후, 소스 모니
터의 재생 헤드를 1초 15프레임 지점으로 이동하고
Mark In 버튼을 클릭합니다.

2) 현재 시간 지점에 인 점이 설정됩니다. 다시 재생 헤
드를 클립의 4초 지점에 두고 Mark Out 버튼을 클릭
합니다.

3) 소스 모니터의 소스 뷰 내부를 클릭하고 타임라인 패
널의 V1 트랙의 시작 지점으로 드래그합니다.

4) 타임라인 패널의 타임 룰러나 프로그램 모니터 우측
의 타임코드를 보면 클립의 길이가 인 점과 아웃 점
으로 지정한 구간만 등록된 것을 알 수 있습니다. 인
점과 아웃 점을 별도로 설정하지 않고 드래그했다면
클립의 전체 구간이 등록되었을 것입니다.

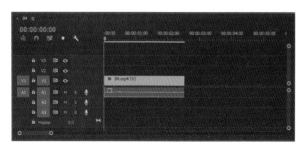

비디오나 오디오만 등록하기

무비 클립은 타임라인 패널의 트랙에 등록된 후에 비디오와 오디오를 분리한 다음 한쪽만 삭제할 수도 있지만 미리 소스 모니터에서 한쪽만을 타임라인으로 보낼 수도 있습니다.

비디오만 등록하려면 소스 모니터의 Drag Video Only 버튼을 타임라인 패널의 비디오 트랙으로, 오디오만 등록하려면 Drag Audio Only 버튼을 패널의 오디오 트랙으로 드래그하면 됩니다.

Drag Video Only 버튼을 드래그

04 Insert와 Overwrite

타임라인 패널의 트랙에 클립이 등록되어 있는 상태에서 새로운 클립을 등록할 때는 인서트(Insert)와 오버라이트(Overwrite) 등의 방식을 사용할 수 있습니다.

1] 소스 모니터에 두 개의 클립을 등록하고 먼저 클립 하나를 타임라인 패널 V1 트랙의 시작 지점으로 드래그하여 등록합니다. 이어서 소스 모니터의 옵션 메뉴에서 다른 클립을 선택하고 이것을 앞에서 클립이 등록된 타임라인 패널 V1 트랙의 4초 지점으로 드래그합니다. 타임라인의 마우스 포인터 우측에는 아래쪽을 향하고 있는 화살표가 나타납니다.

2) 마우스 버튼을 놓으면 이 부분에 먼저 등록되어 있던 이전 클립은 새로 드래그한 클립으로 대체됩니다. 즉, 해당 부분만큼 덮어씌워지는 것입니다. 이러한 방식으로 클립이 삽입되는 것을 오버라이트(Overwrite)라고 합니다.

3) Ctrl+Z 키를 눌러 작업을 취소합니다. 이번에는 Ctrl 키를 누른 상태에서 소스 뷰의 클립을 타임라인 패널 V2 트랙의 4초 지점으로 드래그합니다. 마우스 포인터 우측의 화살표 방향이 우측을 향하고 있는 것을 볼 수 있습니다. 아울러 현재 마우스 포인터 지점을 기준으로 세로선이 나타나며 각 트랙에 삼각형 표시가 나타납니다.

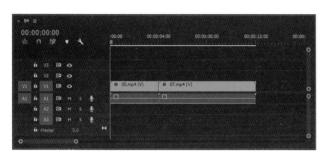

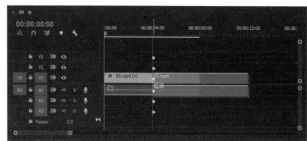

4) 마우스 버튼을 놓으면 드래그한 트랙에 새로운 클립이 삽입되고, 이 위치에 있던 클립은 새로운 클립의 길이만큼 뒤로 밀려납니다. 이러한 삽입 방식은 인서트(Insert)라고 합니다. 이때 다른 트랙의 클립도 새로 삽입된 클립의 길이만큼 뒤로 밀려 나가게 됩니다.

5) 다시 Ctrl+Z 키를 눌러 작업을 취소하고 Ctrl 키와 Alt 키를 모두 누른 채로 소스 뷰의 클립을 V2 트랙의 4초 지점으로 드래그하면 인서트 방식과 달리 마우스 포인터 우측에 화살표와 사선이 나타납니다.

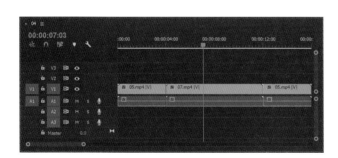

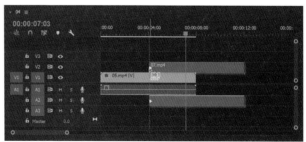

6) 마우스 버튼을 놓으면 새 클립이 현재 위치에 삽입 되고 이에 따라 이미 존재하던 클립은 그만큼 뒤로 밀려나는 인서트 편집이 이루어집니다. 하지만 앞에 서와 달리 클립을 드래그한 트랙에만 인서트됩니다. 즉, 다른 트랙의 클립에는 아무런 영향을 미치지 않 습니다.

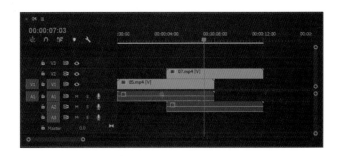

Insert, Overwrite 버튼 사용 시 적용되는 트랙

소스 모니터의 우측 하단에 있는 Insert 버튼과 Overwrite 버튼으로도 클립을 인서트와 오버라이트 방식으로 삽입할 수 있는데. 이 경우에는 트랙 헤더 가장 좌측에 파란색 표시가 있는 트랙을 대상으로 삽입이 이루어집니다.

1) 버튼을 사용하여 Insert 삽입하는 경우를 보겠습니다. V2 트랙에 삽입하려는 경우 먼저 트랙 헤더 가장 좌측 부분을 클릭합니다. Insert나 Overwrite가 적용되는 트 랙을 선택하려는 것입니다.

2) 파란색의 V1 표시가 V2 트랙에 나타납니다. 타임라인 패널에서 4초 지점에 재생 헤드를 두고 소스 모니터의 Insert 버튼을 클릭합니다.

3) 대상 트랙인 V2 트랙의 4초 지점에 Insert 삽입이 이루 어집니다.

7) 또한 소스 모니터의 클립을 프로그램 모니터로 드래그하면 원하는 방식으로 삽입할 수 있습니다. 물론 타임라인 패널의 대상 트랙에 재생 헤드가 위치하고 있는 지점을 기준으로 삽입됩니다.

원하는 방식을 선택하여 삽입할 수 있습니다.

05 컨트롤 버튼 추가/제거하기

소스 모니터와 프로그램 모니터의 버튼은 사용자가 임의로 편집할 수 있습니다. 따라서 자주 사용하는 버튼을 모니터에 구성해 놓음으로써 더욱 빠르고 편리하게 작업할 수 있습니다.

1) 소스 모니터를 예로 듭니다. 우측 아래에 있는 버튼 편집 버튼을 클릭합니다.

클릭

2) 버튼 에디터 창이 나타납니다. 원하는 버튼을 클릭하고 아래의 버튼 영역으로 드래그하면 해당 버튼이 추가되어 나타납니다. 원하는 버튼을 추가했다면 [OK] 버튼을 클릭해 버튼 에디터 창을 닫습니다. 이미 등록되어 있는 버튼 사이로 드래그하여 추가할 수도 있으며 등록된 버튼은 드래그하여 순서를 바꿀 수 있습니다.

버튼을 드래그

추가된 버튼

3) 버튼 영역에 등록된 버튼을 버튼 영역 외부로 드래그
하면 해당 버튼을 영역에서 제거할 수 있으며 원래의
초기 버튼 상태로 되돌아가려면 Reset Layout과 OK
버튼을 차례로 클릭하면 됩니다.

버튼을 외부로 드래그

06 Lift와 Extract

프로그램 모니터도 소스 모니터와 마찬가지로 클립의 재생과 특정 지점의 검색을 위한 컨트롤들을
가지고 있으나 소스 모니터가 개개의 클립만을 보여 주는 데 반해 프로그램 모니터는 타임라인 패널
의 트랙에 등록된 클립들의 전체 구간을 보여 준다는 차이점을 가지고 있습니다. 따라서 인 점과 아
웃 점도 각각의 클립이 아니라 트랙에 등록된 클립의 전체 구간에 대하여 설정하게 됩니다.

1) 03.mp4와 06.mp4 두 개의 클립을 타임라인 패널의 V1 트랙에 나란히 등록합니다. 프로그램 모니터
에서 재생 헤드를 2초 지점에 두고 Mark In 버튼을 클릭한 다음, 재생 헤드를 10초 지점에 두고 Mark
Out 버튼을 클릭합니다. 각각 해당 지점을 인 점과 아웃 점으로 설정하는 것입니다.

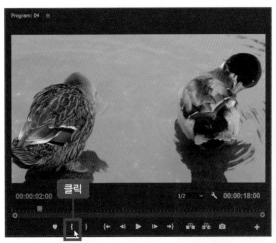

2초에서 Mark In

10초에서 Mark Out

2) 지정한 인 점과 아웃 점은 타임라인 패널의 타임 룰러에도 표시됩니다. 프로그램 모니터의 Lift 버튼을
클릭합니다.

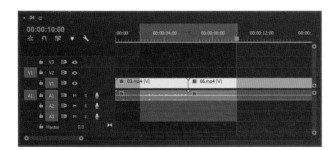

Lift 버튼을 클릭

3) 타임라인 패널의 트랙을 보면 다음과 같이 인 점과 아
웃 점으로 설정한 부분이 잘려 나가는 것을 볼 수 있
습니다. 잘려 나간 부분은 공백으로 남습니다.

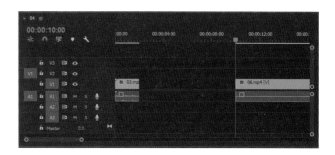

4) Ctrl+Z 키를 눌러 타임라인의 클립을 이전 상태로 되돌린 다음, Extract 버튼을 클릭합니다. 역시 인 점과
아웃 점으로 설정한 부분이 잘려 나가는 것을 볼 수 있지만 이번에는 뒤쪽에 있는 클립이 앞으로 당겨져
공백이 사라지는 것을 볼 수 있습니다. 따라서 전체 클립의 지속시간도 줄어들게 됩니다.

Extract 버튼 클릭

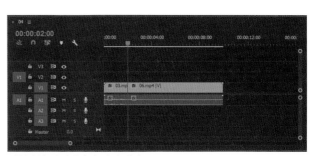

타임라인 패널에서의 편집 결과

07 모니터 패널의 클립 표시 옵션들

모니터 패널은 클립 표시 형태를 비롯하여 다양한 옵션을 가지고 있습니다. 소스 모니터와 프로그램 모니터는 동일한 옵션을 가지고 있으므로 프로그램 모니터의 경우를 살펴보겠습니다.

● 프레임 크기 조절하기

모니터 패널의 뷰는 실제 크기와 상관없이 프로젝트 설정에서 지정한 프레임 사이즈를 가리키며, Zoom Level 메뉴를 통해 등록된 클립을 축소 또는 확대하여 볼 수 있습니다.

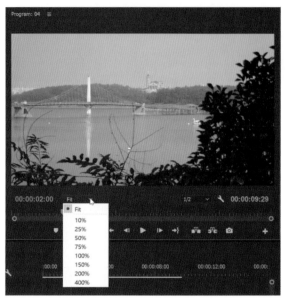

Zoom Level 메뉴

기본적으로 Fit로 설정되어 있어 클립이 뷰의 크기에 딱 맞게 표시됩니다. Zoom Level 메뉴의 각 퍼센트 (%) 값은 실제 클립에 대한 비율을 가리키며, 100%는 실제 클립의 크기로 나타납니다.

View Zoom Level – 50%

View Zoom Level – 100%

만약 클립의 크기가 뷰의 크기보다 크게 나타나도록 하였다면 클립의 다른 부분을 살펴보기 위해 우측이 나 아래에 있는 스크롤 바를 드래그하거나 프로그램 모니터의 크기를 키워 주어야 할 것입니다. 또는 Ctrl 키를 누른 채로 모니터 패널의 탭 좌측 부분을 드래그하여 플로팅 윈도우로 꺼내 놓고 윈도우의 크기를 키워 주어야 할 것입니다.

● 화질 선택하기

모니터 패널에 나타나는 클립의 화질은 Playback Resolution 메뉴를 통해 선택할 수 있습니다. 시스템 사양이 낮거나 클립에 많은 효과를 적용한 경우라면 프리뷰 속도가 떨어지게 되므로 낮은 옵션으로 선택하는 것이 좋습니다.

- Full : 클립의 모든 픽셀을 렌더링함으로써 최고 화질로 나타나게 합니다.
- 1/2 : 클립의 절반 픽셀만 렌더링합니다.
- 1/4 : 클립의 1/4 픽셀만 렌더링합니다.

화질 선택 메뉴

● 안전 여백 보기

Settings 버튼을 클릭하여 메뉴에서 Safe Margins를 선택하면 안전 여백을 나타나게 할 수 있습니다.

Settings 버튼 클릭

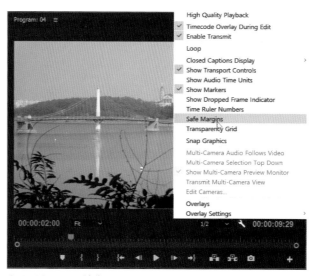

Safe Margins 선택

안전 여백은 타이틀 안전 영역(Title Safe Area)과 액션 안전 영역(Action Safe Area)이 있습니다.

바깥쪽에 표시되는 영역은 액션 안전 영역으로, 외부 아날로그 모니터로 출력될 때 나타나는 영역입니다. 따라서 일반 아날로그 기기로의 출력을 목적으로 작업하는 경우 이 영역을 넘어서는 부분은 잘려 나가서 보이지 않게 되므로 액션 안전 영역을 감안하여 작업해야 합니다.

프로그램 모니터에 표시된 안전 여백

타이틀 안전 영역은 안쪽에 표시되는 영역으로, 역시 아날로그 출력 시 타이틀이 제대로 표시될 수 있는 영역을 가리키며, 타이틀 작성에 사용하는 타이틀러 패널에서도 타이틀 안전 영역이 표시됨으로써 외부 아날로그 출력에 대비해 타이틀을 작성할 수 있도록 하고 있습니다.

Chapter 08

기타 패널 살펴보기

앞에서 살펴보지 못했던 Effects 패널, Effect Controls 패널, Info 패널, Media Browser 패널, History 패널 및 오
디오 믹서 패널 등에 대해 간단히 소개합니다. 각 패널의 더욱 상세한 기능은 앞으로 계속해서 다루게 될 것입니다.

01 Effects 패널

Effects(이펙트) 패널은 기본적으로 Project, Info 패널 등
과 같은 그룹에 속해 있으며 오디오 및 비디오 클립에
적용할 수 있는 여러 이펙트와 클립이 전환될 때의 효
과, 즉 장면 전환효과인 트랜지션 아이템들을 가지고
있습니다.

Effects 패널은 기본적으로 Presets, Audio Effects, Audio
Transitions, Video Effects, Video Transitions 등 폴더 형
태의 5개 Bin이 존재합니다. 각 Bin 앞에 있는 삼각형
모양의 확장 버튼을 클릭하면 Bin에 포함되어 있는 이
펙트나 트랜지션 아이템 목록을 열 수 있습니다.

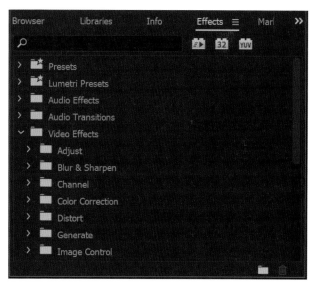

이펙트 패널

02 Effect Controls 패널

Effect Controls(이펙트 컨트롤) 패널에서는 타임라인 패널의 클립에 적용된 이펙트나 트랜지션의 속
성을 설정합니다. 클립의 불투명도나 움직임과 관련된 모션(Motion) 설정도 할 수 있습니다.

1) Effect Controls 패널은 기본적으로 소스 모니터와 같은 그룹에 포함되어 있으며 타임라인 패널의 트랙에 등록된 클립을 선택하면 다음과 같이 Motion, Opacity, Audio Effects 등의 기본 속성들이 나타나납니다.

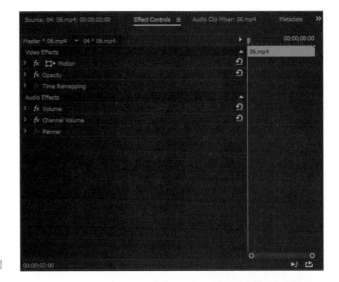

Effect Controls 패널의 기본 속성

2) Effects 패널에서 이펙트 하나를 타임라인 패널에 등록된 클립으로 드래그하여 적용하면 적용된 이펙트 목록이 Effect Controls 패널에 나타나며, 좌측에 있는 '〉' 모양의 확장 버튼을 클릭하여 이펙트가 가지고 있는 속성들을 열 수 있습니다.

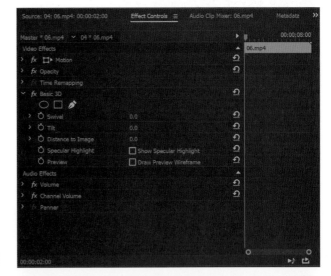

Perspective 〉 Basic 3D 이펙트 속성

3) 타임라인 패널에 등록된 클립의 앞 또는 뒤 부분에 트랜지션 아이템을 드래그하여 적용하고 해당 트랜지션을 클릭하여 선택하면 다음과 같이 트랜지션에 대한 여러 속성들이 나타납니다. Effect Controls 패널의 실제 사용 예는 앞으로 이펙트와 트랜지션, 합성, 그리고 모션 등을 학습할 때 계속해서 다루게 될 것입니다. 클립의 컷 편집을 마치면 다양한 효과를 적용하기 위해 Effect Controls 패널에서 많은 시간을 보내게 됩니다.

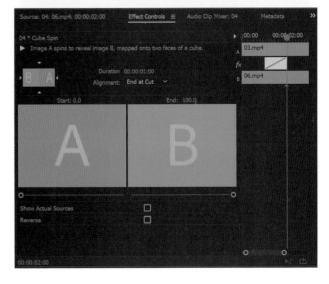

Cube Spin 트랜지션이 적용된 상태

03 Media Browser 패널

윈도우의 탐색기처럼 시스템 각 드라이브의 폴더와 파일들을 트리 구조로 보여 주는 패널로서, 기본적으로 프로젝트 패널과 같은 그룹에 속해 있습니다. 좌측에서 폴더를 선택하면 해당 폴더에 있는 파일들이 우측에 나타나며 좌측과 우측의 경계 부분을 드래그하여 폴더 리스트 영역과 파일 리스트 영역의 폭을 변경할 수 있습니다.

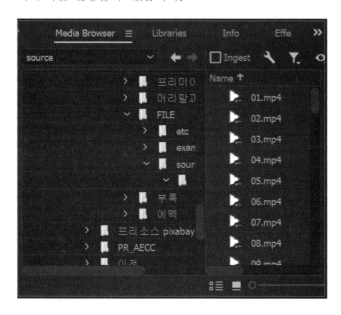

우측의 파일 리스트에서 파일을 마우스 우측 버튼으로 클릭하여 팝업 메뉴를 열고 Import를 선택하면 해당 파일을 프로젝트 패널, Open in Source Monitor를 선택하면 소스 모니터에 등록할 수 있습니다.

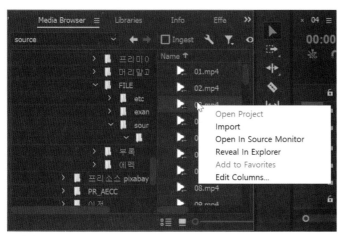

미디어 브라우저의 팝업 메뉴

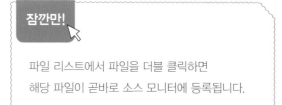

잠깐만!

파일 리스트에서 파일을 더블 클릭하면
해당 파일이 곧바로 소스 모니터에 등록됩니다.

04 Info 패널과 History 패널

Info 패널은 클립과 시퀀스에 대한 자세한 정보를 보여 줍니다. 프로젝트 패널이나 타임라인 패널에 등록된 클립을 클릭하면 여러 정보와 함께 현재 시퀀스에서의 재생 헤드 위치 등을 표시해 줍니다.

Info 패널의 하단에는 재생 헤드의 위치는 물론, 각 트랙 별로 클립의 현재 지점에 대한 타임코드 등 시퀀스의 정 보를 더욱 상세하게 표시해 주고 있습니다.

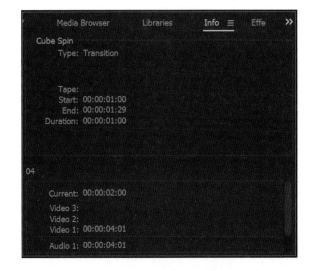

History 패널은 작업 과정을 순서대로 표시하며, 목록 중 하나를 클릭하면 해당 작업 단계로 되돌아갈 수 있습니 다. Ctrl+Z 키를 사용하여 바로 이전의 작업 단계로 되돌 아갈 수도 있지만 History 패널을 사용하면 특정 작업 단 계로 빠르게 되돌아갈 수 있다는 장점이 있습니다.

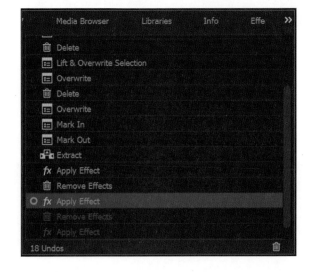

작업 과정 중 하나를 삭제하려면 해당 항목을 마우스 우측 버튼으로 클릭하고 팝업 메뉴에서 Delete를 선택하거나 패널 하단에 있는 휴지통 모양의 Delete Redoable Actions 버튼을 클릭합니다.

Delete Action 대화상자가 나타나면 OK 버튼을 클릭합니다. History 패널을 보면 선택한 단계와 해당 단계의 적용으로 가능했던 작업 단계가 작업 목록에서 사라진 것을 볼 수 있습니다. 한 번 삭제된 과정은 Ctrl+Z 키로도 되돌릴 수 없으므로 주의해야 합니다.

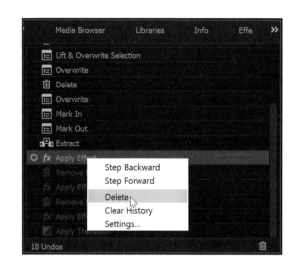

05 오디오 관련 패널

타임라인 패널의 우측에 자리하고 있는 Audio Meters 패널은 오디오 클립의 볼륨 레벨 상태를 보여 주므로 작업 결과를 프리뷰할 때 오디오 클립의 볼륨 상태를 참고할 수 있습니다. 오디오 클립의 볼륨이 너무 크면 상단의 클리핑 영역이 빨간색으로 표시됩니다.

참고하세요!

클리핑이란?

클리핑(Clipping)이란 잘려 나가는 것을 의미하는데, 오디오에서는 레벨값이 너무 높아 일부 영역이 잘려 나가는 현상을 의미합니다. 따라서 클리핑 영역이 빨간색으로 표시되면 오디오의 레벨을 줄여 주어야 합니다.

Audio Meters 패널

이펙트 컨트롤 패널과 같은 그룹에 있는 Audio Clip Mixer 패널은 각 트랙에 등록된 오디오 클립의 볼륨값을 보여 주는 것은 물론 볼륨값이나 팬(pan), 키프레임 등을 설정할 수 있습니다.

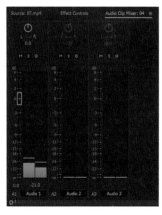

Audio Clip Mixer 패널

02
P.A.R.T
여러 편집 기능을 익히고 파일 생성하기

툴 패널의 여러 도구를 사용하여 다양한 방식으로 클립을 편집하고 조작하는 방법에 대해 다뤄 보도록 합니다. 클립의 링크 해제와 속도 변경, 오디오 클립의 볼륨 조절 및 Fade In / Out 효과 등을 익힌 다음에 클립의 특정 위치를 쉽게 찾을 수 있는 마커에 대해서도 학습합니다. Export Settings 대화상자를 통하여 다양한 포맷의 파일로 생성하는 방법도 알아보겠습니다.

  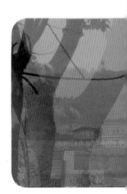

Chapter 09

클립 조작을 위한 여러 방법

타임라인 패널을 조작하는 데 사용되는 툴 패널에 대해 살펴보고, 타임라인 패널에 등록된 클립을 선택하거나 조작하는 다양한 방법을 간단한 예제와 함께 익혀 보도록 하겠습니다.

---

01 툴 패널 살펴보기

툴 패널에는 8개 툴이 존재하지만 단축키와 병행해 사용할 수 있으므로 실제로 구현할 수 있는 기능은 이보다 많습니다.

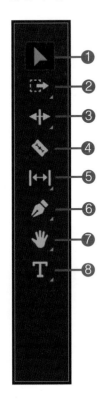

❶ Selection Tool(선택 툴) : 클립을 선택합니다.

❷ Track Select Forward Tool(트랙 선택 포워드 툴) : 모든 트랙에 걸쳐 클릭한 지점의 클립과 함께 다음 클립들을 선택합니다. 길게 클릭하면 다음 툴이 나타납니다.

• Track Select Backward Tool(트랙 선택 백워드 툴) : 모든 트랙에 걸쳐 클릭한 지점의 클립과 함께 이전 클립들을 선택할 수 있습니다.

❸ Ripple Edit Tool(리플 편집 툴) : 특정 클립의 인 점과 아웃 점을 조절하면 인접 클립의 길이는 변경되지 않은 채 밀려나거나 당겨지고 전체 클립의 길이도 달라집니다. 길게 클릭하면 다음 툴이 나타납니다.

• Rolling Edit Tool(롤링 편집 툴) : 특정 클립의 인 점과 아웃 점을 조절하면 인접 클립의 인 점과 아웃점이 함께 변경되며 전체 클립의 길이는 변경되지 않습니다.

• Rate Stretch Took(속도 조절 툴) : 클립의 재생 속도를 변경합니다.

❹ Razor Tool(면도날 툴) : 클립을 분할합니다.

❺ Slip Tool(슬립 툴) : 특정 클립의 인 점, 아웃 점을 동일한 길이로 변경하지만 인접 클립에는 영향을 미치지 않습니다. 길게 클릭하면 다음 툴이 나타납니다.

• Slide Tool(슬라이드 툴) : 특정 클립의 인 점, 아웃 점을 동일한 길이로 변경하고 인접 클립의 인 점, 아웃 점도 함께 변경됩니다.

❻ Pen Tool(펜 툴) : 비디오 클립의 불투명도나 오디오 클립의 볼륨값을 조절합니다. 길게 클릭하면 다음 툴이 나타납니다.

- Rectangle Tool(사각형 툴) : 프로그램 모니터에서 직접 사각형을 그릴 수 있습니다.

- Ellipse Tool(원형 툴) : 프로그램 모니터에 직접 원을 그릴 수 있습니다.

❼ Hand Tool(핸드 툴) : 클립의 다른 부분을 보기 위해 타임라인의 영역을 이동합니다. 길게 클릭하면 다음 툴이 나타납니다.

- Zoom Tool(줌 툴) : 타임 룰러의 눈금 단위를 변경합니다.

❽ Type Tool(타입 툴) : 프로그램 모니터에서 직접 문자(자막)를 입력할 수 있습니다. 길게 클릭하면 세로 방향으로 문자를 입력할 수 있는 Vertical Type Tool을 사용할 수 있습니다.

02 클립의 선택 · 이동 · 그룹화

타임라인 패널에 등록된 클립은 단순히 마우스로 클릭하여 선택할 수 있지만 단축키나 여러 툴들을 사용함으로써 특별하고 다양한 형태로 선택할 수 있습니다.

툴 패널의 선택 툴을 선택하고 트랙에 등록된 클립을 클릭하면 해당 클립이 선택되고 회색으로 바뀌어 선택 상태임을 표시해 줍니다. 선택된 클립은 드래그하여 이동할 수 있으며 Delete 키를 눌러 삭제할 수 있습니다. 클립의 선택을 해제하려면 타임라인 패널의 바탕 영역을 클릭해 주면 됩니다.

● 여러 클립 선택하기

타임라인의 트랙에 등록된 여러 클립을 한꺼번에 선택하려면 Selection 툴이나 Track Select 툴 또는 드래그 등의 방법을 사용합니다.

Selection 툴을 선택하면 Shift 키를 누른 상태에서 클립을 클릭할 때마다 연속적으로 다른 클립을 함께 선택할 수 있습니다. 또는 클립의 바깥 영역을 클릭한 다음 드래그하면 드래그 영역에 포함된 여러 클립을 한꺼번에 선택할 수 있습니다.

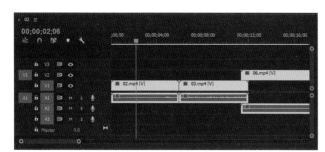

Shift 키를 누른 채로 클립을 클릭

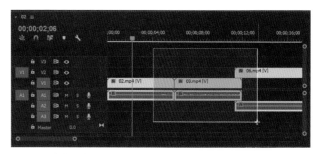

클립이 포함되게 바깥부터 드래그

Track Select 툴은 동일 트랙의 모든 클립을 선택합니다. 이렇게 한꺼번에 선택된 클립은 동시에 이동하거나 삭제할 수 있습니다. Track Select 툴을 선택하고 V1 트랙의 첫 번째 클립 위에 마우스를 가져가면 마우스 포인트가 두 개의 우측 방향 화살표로 바뀌어 나타납니다. 이후 지점의 모든 클립이 선택될 것이라는 의미입니다.

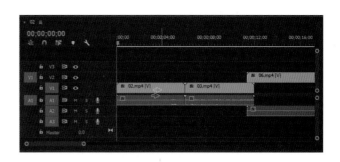

이 상태에서 클릭하면 클릭한 클립과 이후 지점에 있는 모든 트랙의 모든 클립이 한꺼번에 선택됩니다.

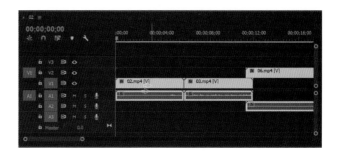

잠깐만! **A1 트랙의 클립도 함께 선택되는 이유는?**

Track Select 툴은 동일 트랙의 클립만 선택한다고 하였는데, A1 트랙의 클립도 같이 선택되는 것은 해당 클립들이 비디오와 오디오가 하나로 묶여져 있는 무비 클립들이기 때문입니다. 즉, 서로 한 몸을 이루고 있는 클립들이기 때문에 어느 한쪽을 선택하면 다른 한쪽도 같이 선택됩니다. 개별적으로 선택하려면 이들의 연결을 해제해야 하는데, 이는 이후에 다시 설명합니다.

Track Select 툴 사용 시 Shift 키를 누른 상태에서 클립 위에 마우스를 올려 놓으면 마우스 포인터가 이전과 달리 우측 방향 화살표 하나만 나타나며, 이 상태에서 마우스 버튼을 클릭하면 클릭한 클립을 포함하여 이후 지점에 있는 동일 트랙의 모든 클립이 한꺼번에 선택됩니다. 즉, 다른 트랙의 클립은 선택되지 않습니다.

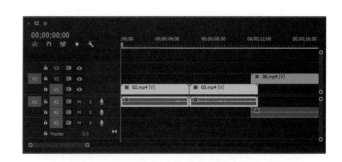

● 클립을 그룹으로 묶기

여러 클립을 그룹으로 묶으면 선택, 이동, 삭제 등의 작업을 한 번에 수행할 수 있습니다. 그룹으로 묶을 클립들을 선택하고 마우스 우측 버튼을 클릭하여 팝업 메뉴에서 Group을 선택합니다.

선택된 클립이 하나의 그룹으로 묶입니다. 드래그하여

이동시켜 보면 그룹 내의 클립들이 동시에 움직이는 것을 볼 수 있습니다. 그룹으로 묶인 클립은 시작 지점과 끝 지점을 트리밍할 수 있으나 그룹 내부의 인 점과 아웃 점을 트리밍할 수는 없습니다. 그룹을 해제하려면 그룹으로 묶인 클립을 선택하고 단축 메뉴에서 Ungroup을 선택하면 됩니다.

03 클립 분할하기

Razor 툴은 클립의 일부분을 자르는 역할을 합니다. 불필요한 클립을 잘라 내거나 부분별로 각기 다른 효과를 적용하기 위해 클립을 분할할 때 사용하며 면도날 툴이라고도 부릅니다.

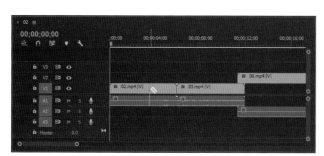

자를 부분 클릭합니다

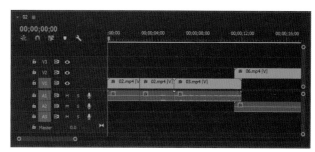

해당 부분을 기준으로 클립이 분할됩니다.

Razor 툴을 선택한 상태에서 Shift 키를 누르면 마우스 포인터가 두 개의 면도날로 바뀌어 나타나는데, 이 상태에서 클릭하면 동일 타임라인 선상의 모든 트랙에 놓인 클립을 한꺼번에 자를 수 있습니다.

117

참고하세요!

재생 헤드의 위치를 기준으로 클립 자르기

1) Sequence 〉 Add Edit를 선택하면 재생 헤드가 위치하고 있는 지점을 기준으로 선택되어 있는 트랙의 클립을 자를 수 있습니다. 클립의 재생 중에도 자를 수 있으며 단축키인 Ctrl+K를 사용하는 것이 더욱 편리합니다. 툴을 사용하는 것이 아니므로 현재 선택되어 있는 툴이 무엇이든지 관계없이 자르기 작업을 수행할 수 있습니다.

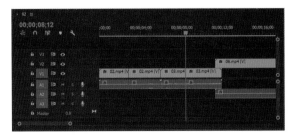

재생 헤드 위치를 기준으로 클립을 자릅니다.

2) 트랙 헤더에서 자물쇠 모양의 Track Lock 버튼 우측에 있는 트랙 이름을 클릭하면 트랙이 선택 상태로 전환되며, 특정 작업에 대한 대상이 되는 트랙이 됩니다. 대상이 된 트랙을 타깃 트랙(Target Track)이라고 부릅니다. V2 트랙의 타깃 트랙 버튼을 클릭합니다.

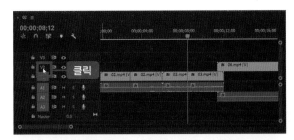

타깃 트랙 버튼을 클릭합니다.

3) V2 트랙이 타깃 트랙으로 전환됩니다. 즉, V1과 V2 트랙이 모두 타깃 트랙으로 되어 있는 상태입니다.

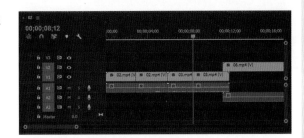

타깃 트랙은 트랙 이름이 파랗게 표시됩니다.

4) 다른 V2 트랙에도 재생 헤드를 클립이 등록되어 있는 지점에 두고 Ctrl+K를 누릅니다. 재생 헤드가 위치하고 있는 지점을 기준으로 타깃 트랙으로 지정된 모든 트랙의 클립이 잘립니다.

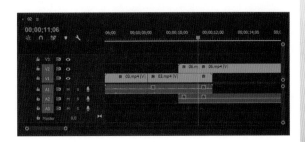

잠깐만!
A1 트랙의 클립도 함께 선택되는 이유는?

Sequence 〉 Add Edit to All Tracks(Ctrl+Shift+K)을 선택하면
타깃 트랙으로의 전환 유무와 관계없이 모든 트랙의 클립을 재
생 헤드 위치를 기준으로 자를 수 있습니다.

04 무비 클립의 오디오만 바꾸기

일반적으로 비디오 클립의 경우 비디오와 오디오가 함께 존재하며 서로 연결되어 있습니다. 이를 서로
링크되어 있다고 말합니다. 따라서 비디오와 오디오를 함께 포함하고 있는 클립은 무비(Movie) 클립이라
고 부르는 것이 원칙적이지만 편의상 비디오 클립이라고도 부릅니다.

비디오 클립을 타임라인 패널의 비디오 트랙에 등록하면 비디오 클립과 함께 포함된 오디오 클립도 자동
으로 오디오 트랙에 등록됩니다. 또한 이러한 비디오 클립을 오디오 트랙에 등록해도 비디오 트랙에 함
께 등록됩니다. 앞에서도 언급한 것처럼, 이것은 비디오와 오디오 클립이 하나로 연결되어 있기 때문입
니다. 따라서 어느 한쪽만 드래그해도 함께 이동됩니다. 하지만 이들의 연결 관계, 즉 링크를 해제하면
비디오 클립과 오디오 클립이 별개의 클립으로 간주되어 각각 다른 위치로 이동시키거나 삭제할 수 있습
니다.

1] 부록의 [Source] 폴더에서 '04.mp4', 'music09.mp3'
두 클립을 불러온 후, '04.mp4' 클립을 타임라인
패널로 드래그하여 등록합니다. 타임라인 패널에
등록된 클립을 마우스 우측 버튼으로 클릭하여
단축 메뉴에서 Unlink를 선택합니다.

2] 비디오 클립과 오디오 클립의 링크가 해제되어 서로
분리된 개별적인(독립적인) 클립으로 존재합니다. 타
임라인 패널의 바탕 영역을 클릭하여 클립의 선택 상
태를 해제한 후, 오디오 클립을 클릭하고 Delete 키
를 누릅니다.

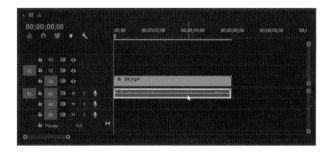

3) 오디오 클립만 삭제된 것을 볼 수 있습니다. 프로젝트 패널에 등록된 'audio09.mp4' 클립을 A1 트랙으로 드래그하여 추가합니다. 이 클립은 오디오 클립이므로 오디오 트랙에 드래그하는 것입니다.

4) 새로 등록한 오디오 클립의 우측 끝 부분을 클릭하고 좌측으로 드래그하여 비디오 클립의 길이와 동일하게 맞추어 줍니다. 프리뷰해 보면 비디오 클립이 새로 등록한 오디오 클립과 함께 재생되는 것을 확인할 수 있습니다.

5) 새 오디오 클립과 비디오 클립을 링크하여 하나의 무비 클립으로 만들 수도 있습니다. Shift 키를 누른 상태에서 두 클립을 클릭하여 모두 선택하고 마우스 우측 버튼을 클릭하여 팝업 메뉴에서 Link를 선택합니다. 두 클립이 연결 관계를 갖는 하나의 클립이 됩니다. 드래그해 보면 함께 이동되는 것을 볼 수 있습니다. 즉, 이동, 삭제를 비롯한 모든 편집에 있어서 하나의 클립으로 간주됩니다.

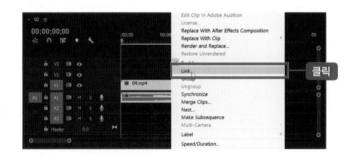

Chapter 10

클립의 속도 마음대로 변경하기

클립의 속도를 변경하면 더욱 극적인 효과를 거둘 수 있습니다. Rate Stretch 툴과 Clip Speed / Duration 대화상자를 사용하여 속도를 변경할 수 있으며, 타임 리맵핑 기능을 사용하여 특정 구간별로 속도를 자유롭게 변경할 수도 있습니다.

01 Rate Stretch 툴로 속도 조절하기

툴 패널의 Rate Stretch 툴은 속도 조절 툴이라고 부르며, 선택 툴과 달리 클립의 경계선을 드래그하면 드래그한 만큼 지속시간을 변경할 수 있습니다. 클립의 지속시간 즉, 길이가 변경되면 재생 속도도 변경됩니다.

1) 새 프로젝트를 시작하고 부록의 [Source] 폴더에서 "04.mp4", "05.mp4" 파일을 불러옵니다. 먼저 "04.mp4" 클립을 타임라인 패널에 등록하고 클립의 길이가 너무 작게 나타난다면 줌 슬라이더 등을 통해 타임 룰러의 눈금 단위를 적절히 변경하도록 합니다. 툴 패널에서 Ripple Edit 툴을 클릭하고 잠시 기다리면 나타나는 Rate Stretch 툴을 선택합니다.

잠깐만! **클립이 제대로 선택되어 있는지 확인하세요.**

클립을 불러오면 기본적으로 프로젝트 패널 목록에 선택된 상태로 나타납니다. 여러 클립을 한꺼번에 불러온 경우도 마찬가지입니다. 모두 선택 상태로 나타나므로 일단 원하는 클립의 아이콘 부분을 한 번 클릭하여 해당 클립만 선택 상태로 두고 타임라인 패널로 드래그해야 합니다.

2) 현재 클립은 6초의 지속시간을 갖습니다. Rate Stretch 툴로 클립의 우측 끝 부분을 클릭하고 타임 룰러의 12초 지점까지 드래그합니다. 드래그하면서 계속 늘어난 길이와 이에 따른 클립의 전체 길이가 표시됩니다. +00;00;06;00으로 표시되는 지점까지 드래그하면 우측의 전체 지속시간 타임코드는 00;00;12;00으로 나타납니다.

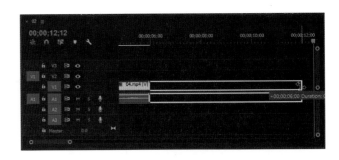

3) 마우스 버튼을 놓으면 클립의 지속시간이 두 배로 늘어납니다. 프리뷰해 보면 지속시간이 두 배로 늘어났으므로 1/2배속으로 천천히 재생되는 것을 볼 수 있습니다. 프로젝트 패널에서 '05.mp4' 클립을 타임라인 패널에 등록되어 있는 클립 뒤로 드래그하여 추가합니다.

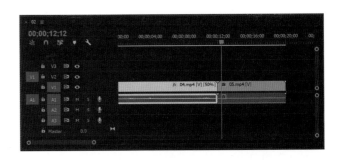

4) '05.mp4' 클립은 8초의 재생시간을 갖고 있습니다. Rate Stretch 툴로 클립의 우측 끝 지점을 클릭하고 프로그램 모니터의 좌측 타임코드가 −00;00;04;00으로 표시되는 지점까지 좌측으로 드래그합니다. 재생시간을 절반으로 줄이는 것입니다. 프리뷰해 보면 2배속으로 빠르게 재생되는 것을 볼 수 있습니다.

참고하세요!

Clip Speed / Duration 대화상자

1) 대화상자를 통해 클립의 재생 속도를 변경할 수도 있습니다. 변경하려는 클립을 선택하고 마우스 우측 버튼을 클릭하여 Speed/Duration을 선택하거나 메인 메뉴에서 Clip 〉 Speed/Duration을 선택합니다.

2) Clip Speed/Duration 대화상자가 나타나며 현재 클립의 속도가 Speed 에 표시됩니다. Speed에 새로운 값을 지정하면 지정한 값에 의해 자동 으로 Duration 즉, 지속시간도 변경됩니다. Reverse Speed 옵션을 체크 하면 클립이 뒤부터 거꾸로 재생됩니다.

클립의 속도를 변경하면 오디오 클립의 속도도 함께 변경되므로 음 높이(Pitch : 피치)도 바뀌게 됩니다. 즉, 클립의 속도가 빨라지면 피치가 올라가며, 느려지면 피치도 내려갑니다. 카세트의 오디오 테이프를 빠르게 재생하면 음 높이가 올라가는 것과 같은 경우입니다. Maintain Audio Pitch 옵션을 체크하면 클립의 속도가 변경되더라도 오디오 클립의 음 높이는 그 대로 유지됩니다.

02 타임 리맵핑으로 구간별 속도 조절하기

타임 리맵핑을 사용하면 클립의 구간별로 재생 속도를 자유롭게 변경할 수 있습니다. 각 구간별로 다른 속도를 지정하기 위해 클립을 분할해 줄 필요가 없어 편리합니다.

1) 타임라인의 클립을 모두 삭제하고, 다시 '04.mp4' 클 립을 등록한 다음 트랙 헤더에서 V1 트랙과 V2 트랙 의 경계선을 위쪽으로 드래그하여 V1 트랙의 높이를 크게 변경합니다. 충분히 키워야 작업하기 편합니다.

2) 트랙에 등록된 클립의 좌측 상단의 'fx'라고 표시된 부 분에서 마우스 우측 버튼을 클릭하여 단축 메뉴를 열 고 Time Remapping > Speed를 선택합니다.

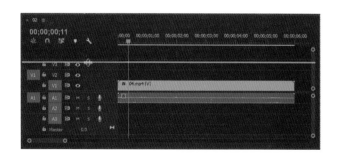

3] 클립 중앙에 Speed 라인이 나타납니다. 클립을 선택하고 재생 헤드를 1초 지점에 둔 후, V1 트랙 헤더에서 Add/Remove Keyframe 버튼을 클릭합니다.

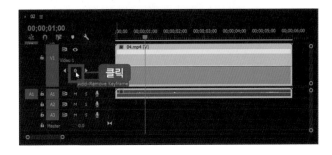

4] 클립의 윗부분을 보면 재생 헤드가 위치해 있는 지점에 Speed 키 프레임이 생성됩니다. 키 프레임 우측 지점 아무 곳에서나 Speed 라인을 아래로 드래그하여 스피드 값이 50%라고 표시되는 지점에서 마우스 버튼을 놓습니다.

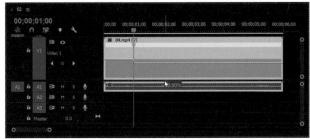

참고하세요!

키 프레임이란?

키 프레임(Keyframe)은 어떠한 변화를 위해 별도로 값을 지정하는 프레임을 의미합니다. 특정 프레임을 키 프레임으로 설정하고 원하는 값을 지정해 놓으면 시간의 흐름에 따라 변화되는 결과를 얻을 수 있습니다.

5] 클립 위쪽의 키 프레임을 3초 지점으로 드래그합니다. 현재 드래그되고 있는 지점의 위치는 아래에 표시됩니다. 이렇게 하면 1초 지점까지 100%의 정상 속도로 재생되던 클립은 3초 지점까지 점차 느리게 재생되면서 이후부터는 앞에서 설정한 50%의 속도로 재생됩니다. 키 프레임은 두 개의 조절점으로 분리되며, 조절점을 드래그하면 속도가 변화되는 시작점과 변화를 마치는 끝 지점의 위치를 변경할 수 있습니다.

6) 재생 헤드를 5초 지점에 두고 V1 트랙 헤더에서 Add/ Remove Keyframe 버튼을 클릭합니다.

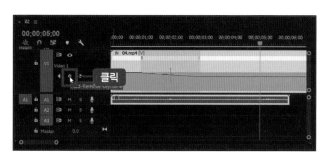

7) 새로 추가된 키 프레임 우측 아무 지점에서나 Speed 라인을 위쪽으로 드래그하여 스피드 값이 200%로 표시되는 지점에서 마우스 버튼을 놓습니다.

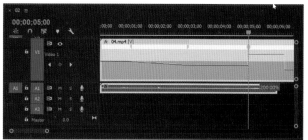

8) 변화되는 구간을 조절하기 위해 키 프레임을 6초 지점으로 드래그합니다. 이제 5초 이전 지점까지 50%의 속도로 재생되던 클립은 5초 지점에서 200% 즉, 두 배의 속도로 재생됩니다. 물론 속도의 변화에 따라 클립의 재생 시간도 함께 변화되는 것을 볼 수 있습니다.

9) 키 프레임의 두 조절점 중 하나를 클릭하면 중앙에 키 프레임 핸들이라는 작은 원이 나타납니다. 하나를 클릭하고 드래그하면 Speed 라인의 경사도를 변경할 수 있습니다. 즉, 두 조절점 사이에서 클립의 스피드가 완만하게 변화되도록 할 것인지, 급격하게 변화되도록 할 것인지를 조절합니다.

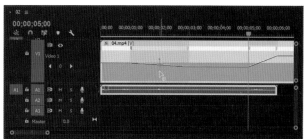

참고하세요!

Effect Controls 패널에서 키 프레임 설정하기

클립이 선택된 상태에서 Effect Controls 패널을 열고 Time Remapping 〉 Speed 순으로 좌측의 확장 버튼을 클릭하면 타임라인에서 보았던 스피드 라인과 키 프레임 등을 볼 수 있습니다. 물론 타임라인에서와 동일하게 키 프레임을 생성하거나 핸들을 조절할 수도 있습니다. Effect Controls 패널에서의 키 프레임 조작에 대해서는 이펙트를 다룰 때 더욱 자세하게 설명합니다.

Chapter 11

불투명도와 볼륨값 조절하기

타임라인에 등록된 클립의 불투명도 핸들을 조절하면 간편하게 비디오 클립의 불투명도나 오디오
클립의 볼륨값을 조절할 수 있습니다. 트랜지션을 사용하는 것과 달리 원하는 지점에 키 프레임을
생성하여 자유롭게 불투명도를 조절할 수 있습니다.

---

01 클립의 불투명도 조절하기

타임라인 패널의 트랙에 등록된 비디오 클립의 불투명도 값을 낮추면 클립이 투명해지며 현재 클립은 희
미하게 나타나고, 이 영역을 통해 하위 트랙에 등록된 다른 클립이 나타나게 됩니다. 가장 기초적인 영상
합성 방식입니다.

◉ 비디오 클립의 불투명도 값 조절하기

타임라인 패널의 트랙에 클립을 등록하고 트랙의 높이를 충분히 키우면 클립 위쪽에 불투명도 라인이 나
타나는 것을 볼 수 있는데, 이것을 아래로 드래그하면 클립의 불투명도 값이 작아져 점차 투명해집니다.
드래그할 때 현재 불투명도 값이 표시되며 프로그램 모니터를 통해 클립이 희미해지는 것을 볼 수 있습
니다.

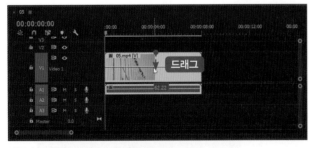

불투명도 라인을 아래로 드래그합니다.

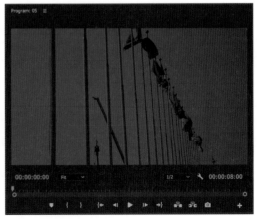

클립이 어둡게 나타납니다.

하나의 트랙에 클립이 등록되어 있는 경우에 클립의 불
투명도 값을 낮추면 해당 클립이 희미하게 나타나지만
하위 트랙에 다른 클립이 존재하는 경우에는 이렇게 투
명해진 영역을 통해 하위 트랙의 클립이 나타나므로 합
성되는 결과를 얻을 수 있습니다.

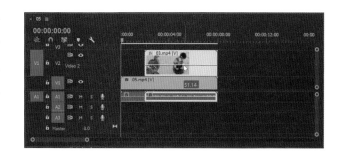

V1 트랙의 불투명도를 기본값인 100%로 되돌려 놓은
후, V2 트랙에 새로운 클립을 등록하고 불투명도를 50%
정도로 변경합니다. 라인을 클릭한 다음 Ctrl 키를 누르
면 좀 더 미세하게 조절할 수 있습니다.

재생 헤드를 두 클립이 겹쳐 있는 부분에 두고 프로그램
모니터를 보면 V2 트랙의 클립이 투명해진 만큼 하위 트
랙인 V1 트랙의 클립과 겹쳐져 나타나는 것을 볼 수 있
습니다.

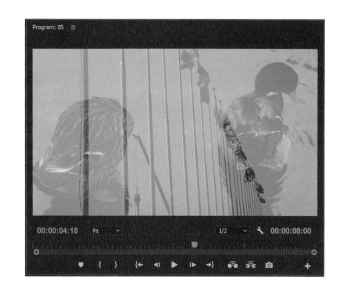

참고하세요!

현재 클립의 불투명도 값 보기

소스 모니터와 그룹을 이루고 있는 이펙트 컨트롤 패널을 열
고 Opacity 좌측의 삼각형 버튼을 클릭하면 현재 선택된 클
립의 Opacity 값, 즉 불투명도 값을 볼 수 있습니다. 이 값을
드래그하거나 클릭한 다음 직접 원하는 값을 입력할 수 있으
므로 더욱 정확하게 불투명도 값을 지정할 수 있습니다. 이
펙트 컨트롤 패널을 통한 여러 속성값의 설정은 이펙트나 트
랜지션, 모션 등을 학습할 때 상세하게 다루게 됩니다.

이펙트 컨트롤 패널에 나타나는 Opacity 값

◉ 오디오 클립의 볼륨값 조절하기

오디오 클립의 볼륨도 비디오 클립의 불투명도 조절과
마찬가지 방법으로 간단히 조절할 수 있습니다. 트랙에
등록된 오디오 클립 위에는 기본적으로 레벨(Level) 라
인이 나타납니다. 위로 드래그할수록 볼륨값이 커지며,
아래로 드래그할수록 볼륨값이 낮아집니다. 기본값은
0.00dB입니다.

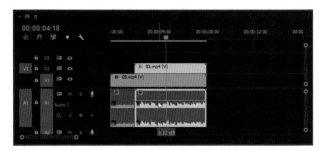

레벨 라인으로 드래그하여 볼륨값을 조절합니다.

02 Fade In과 Fade Out 효과 만들기

클립의 각 지점별로 각기 다른 불투명도 값을 지정함으로써 점차 밝게 나타나는 효과인 Fade In 효과와
점차 희미해지면서 사라지는 Fade Out 효과를 만들어 보겠습니다.

1] 새 프로젝트를 시작하고 부록의 [Source] 폴더에서 '10.mp4', '11.mp4' 클립을 불러온 후, '10.mp4' 클립을 타임라인 패널로 드래그합니다.

2] 시퀀스가 생성되고 클립이 등록됩니다. 타임라인의 눈금 단위를 작게 하여 클립의 길이가 충분히 나타나고, 트랙의 높이도 충분히 키워 불투명도 라인이 나타나도록 합니다. Ctrl 키를 누른 상태에서 V1 트랙에 등록된 클립 시작 지점의 불투명도 핸들 위에 마우스를 가져갑니다. 마우스 포인터가 +로 표시되면 클릭합니다.

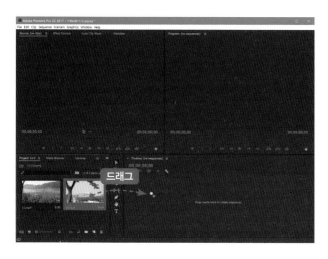

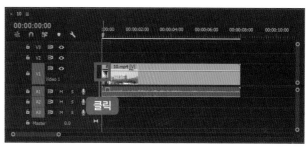

3] 파란색의 마름모꼴로 키 프레임이 생성됩니다. 계속해서 1초 지점, 끝에서 앞쪽으로 1초 지점, 끝 지점에도 Ctrl 키를 누른 상태에서 클릭하여 각각 키 프레임을 생성합니다.

4] 클립에 시작 지점과 끝 지점에 생성된 키 프레임을 각각 아래로 드래그하여 해당 지점의 불투명도 값을 '0'으로 조절합니다.

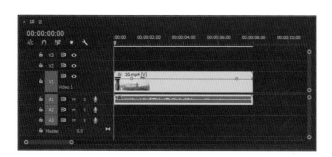

잠깐만! **키 프레임 이동하기**

원치 않는 지점에 키 프레임이 생성되었다면 해당 키 프레임을 드래그하여 원하는 지점으로 이동시킬 수 있습니다. 생성된 키 프레임이 선택된 상태는 파란색, 그렇지 않은 상태는 회색으로 표시됩니다.

5) 프리뷰해 보면 시작 지점에서 1초 지점까지는 클립이 점차 밝게 나타나면서 재생되며, 끝나기 1초 전 지점부터 끝 지점까지는 점차 어두워지면서 재생되는 것을 볼 수 있습니다. Fade In과 Fade Out 효과가 만들어진 것입니다.

6) 오디오 클립에도 비디오 클립과 동일한 네 군데 지점에 키 프레임을 만들고 시작 지점과 끝 지점의 키 프레임을 아래로 드래그하여 볼륨의 레벨 값을 최저값으로 조절합니다. 큰 소리로 시작되었다가 점점 작아지면서 재생을 마치게 하려는 것입니다. 비디오 클립과 마찬가지로 Ctrl 키를 누른 상태에서 클릭하면 키 프레임을 생성하고 조절합니다.

7) 프로젝트 패널에서 '11.mp4' 클립을 타임라인 패널의 V3 트랙에 등록하되 V1 트랙에 등록된 클립의 끝 지점과 1초 정도 겹쳐지도록 합니다. 예제의 경우, 7초 지점에 등록하면 됩니다.

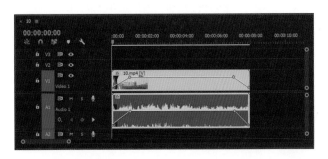

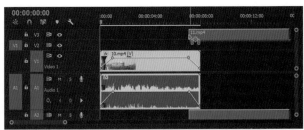

8) 타임라인 패널에 등록된 클립이 선택된 상태에서 Ctrl+C를 누르거나 팝업 메뉴를 열고 Copy를 선택한 다음, V3 트랙에 등록된 클립을 선택하고 팝업 메뉴를 열어 Paste Attribute를 선택합니다.

9) Paste Attributes 대화상자가 나타나면 기본값 그대로 두고 OK 버튼을 클릭합니다. V2 트랙의 높이를 키워서 클립의 불투명도 라인이 나타나도록 해 보면 V1 트랙의 클립과 동일한 위치에 키 프레임이 생성되어 있음은 물론, 각 키 프레임의 불투명도 값도 동일하게 설정되어 있는 것을 볼 수 있습니다. Paste Attribute는 복사한 클립의 속성만을 붙여넣기 때문입니다.

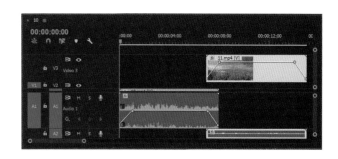

10) 오디오 클립에 대해서도 동일하게 A1 트랙의 클립을 복사한 다음, A2 트랙의 클립에 Paste Attribute를 적용하고 클립을 재생하여 작업 결과를 확인합니다. 두 클립이 겹쳐진 부분을 보면 앞 클립이 Fade Out되면서 다음 클립이 Fade In되는 것을 볼 수 있습니다. 이러한 효과는 추후에 다루게 될 트랜지션으로 구현할 수도 있습니다.

파일 생성을 위한 출력 옵션들

작업한 결과는 AVI, MP4를 비롯한 다양한 포맷의 파일로 생성할 수 있으며 영상의 용도에 따라 세부 옵션을 설정할 수 있습니다. Export Settings 대화상자의 인터페이스와 다양한 옵션들을 살펴보겠습니다.

---

01 Export Settings 설정 대화상자

작업 결과를 다양한 포맷의 파일로 생성하려면 타임라인 패널이 선택되어 있는 상태에서 File > Export > Media를 선택합니다. 우리말로 출력 설정 대화상자라고 부를 수 있는 Export Settings 대화상자가 나타납니다. 좌측에는 Source 패널과 Output 패널이 탭으로 구분되어 자리하고 있으며, 우측에는 여러 파일 포맷과 옵션들이 자리하고 있습니다. 좌측 패널과 우측 옵션 영역 사이에 있는 경계선을 드래그하면 양쪽 영역에 대한 너비를 조절할 수 있습니다.

Export Settings 대화상자

잠깐만!

선택되어 있는 패널에 따라 인코딩 대상이 달라집니다.

프로젝트 패널이 선택되어 있는 상태에서 File 〉 Export 〉 Media를 선택하면 현재 프로젝트 패널에 선택되어 있는 클립이 인코딩 대상이 됩니다. 따라서 작업 결과를 출력하려면 타임라인 패널이 선택된 상태에서 Export Settings 대화상자를 열어야 합니다.

132

02 Source 패널과 Output 패널

Export Settings 대화상자의 Source 탭에서 Crop the output video를 클릭하면 프레임의 모서리에 4개의 핸들이 나타나며, 이것을 드래그함으로써 원하는 영역만 잘라낼 수 있습니다. 사각형 안쪽의 영역이 실제로 출력되는 부분입니다.

일정 영역만을 크롭

Crop 버튼 우측의 4개의 숫자 부분은 차례대로 Left(좌측), Top(위쪽), Right(우측), Bottom(아래쪽) 영역의 좌표값을 가리키는 것으로, 각 숫자 부분을 드래그하여 해당 영역을 잘라 낼 수도 있습니다.

Crop 영역 내부를 클릭하고 드래그하면 Crop 영역을 이동시킬 수 있으며, 상단 우측의 드롭다운 메뉴를 열면 Crop 영역에 대한 종횡비를 선택할 수 있습니다.

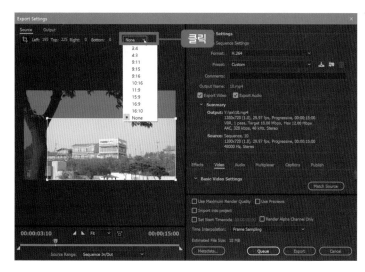

종횡비 선택

Output 패널은 최종적으로 출력되는 영상을 보여 줍니다. 소스 패널에서 일정 영역을 잘라 내었다면 해당 영역만 나타납니다. 하단의 타임라인에 있는 Set In Point, Set Out Point 버튼을 클릭하거나 타임라인 양쪽에 있는 포인터를 드래그하여 특정 영역만 출력할 수도 있습니다. 상단의 Source Scaling 옵션 메뉴에서는 현재 영상을 출력할 파일 포맷에 따라 어떠한 종횡비로 나타나게 할 것인지를 선택합니다.

03 Export Settings 옵션

어도비 인코더 출력 설정 대화상자 우측 상단의 Export Settings 옵션에서는 출력할 파일에 대한 포맷과 파일 이름, 저장 경로 등을 설정할 수 있습니다.

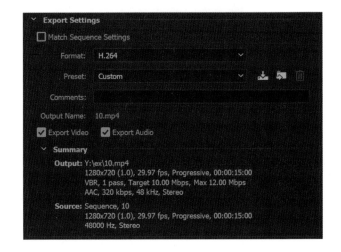

Export Settings 옵션

● Match Sequence Settings

현재 프로젝트의 시퀀스 세팅값으로, 모든 옵션을 동일하게 지정합니다. 생성될 파일 이름을 제외한 나머지 옵션은 변경할 수 없습니다.

● Format

출력할 파일 형식을 선택합니다. 일반적인 AVI 파일을 비롯하여 비트맵, MP3, MPEG1, MPEG2, H.264, FLV, QuickTime, Windows Media 등의 다양한 포맷으로 출력할 수 있습니다. DVD나 Blu-ray가 붙은 포맷은 각각 그 용도에 따라 여러 옵션들이 미리 지정되어 있는 것을 의미합니다. 모든 포맷의 옵션들은 사용자가 변경할 수 있습니다.

- AIFF : 매킨토시 환경의 표준 오디오 파일 포맷(Audio Interchange File Format)인 aif로 생성합니다. 윈도우즈 환경에서도 재생할 수 있습니다.
- Animated GIF : 애니메이션 GIF 포맷의 파일을 생성합니다.

- AVI : 일반적인 AVI 포맷의 동영상 파일로 생성됩니다. 코덱은 하단의 Video 탭에서 지정할 수 있습니다.

- AVI(Uncompressed) : Microsoft Video for Windows의 파일 즉, AVI 포맷으로 생성하되 무압축 포맷이므로 코덱을 선택할 수는 없습니다. 화질은 가장 뛰어나지만 파일 용량이 너무 커서 자주 쓰이지는 않습니다.

- BMP : 동영상의 각 프레임을 연속된 비트맵(Windows Bitmap) 파일로 생성합니다. File01.bmp, File02.bmp, File03.bmp…와 같은 형식으로 파일 이름 뒤에 일련번호가 붙게 됩니다.

- GIF : 동영상의 각 프레임을 연속된 GIF파일로 생성합니다. 역시 일련번호가 파일 이름에 붙습니다.

- H.264 : H.264 코덱이 적용된 MP4 파일로 생성합니다.

- H.264 Blu-ray : 블루레이에 적합한 설정값으로, H.264 코덱이 적용된 M4V 파일을 생성합니다.

- MPEG2, MPEG4 : 각각 MPEG2 또는 MPEG4 포맷의 파일로 생성합니다.

- MP3 : MP3 포맷의 오디오 파일을 생성합니다.

- MPEG2-DVD, MPEG2 Blu-ray : 각각 MPEG2 코덱이 적용된 DVD용, 블루레이용 파일을 생성합니다.

- P2 Movie : Panasonic DVCPRO50 및 DVCPRO HD 캠코더에서 사용하는 MXF 포맷으로 생성합니다.

- PNG : 작은 용량으로 최상의 화질을 보여주는 PNG 포맷의 이미지 파일을 생성합니다.

- QuickTime : 퀵타임 플레이어를 선택한 경우에 나타나며, 퀵타임 무비 포맷인 MOV 파일을 생성합니다.

- Targa : 동영상의 각 프레임을 연속된 타가 파일(.TGA)로 생성합니다. 파일 이름 뒤에 일련번호가 붙습니다.

- TIFF : 동영상의 각 프레임을 TIFF파일(.TIF)로 생성합니다. 파일 이름 뒤에 일련번호가 붙습니다.

- Waveform Audio : 윈도우즈용 사운드 파일 포맷인 WAV 파일로 생성합니다.

- Windows Media : 윈도우즈 미디어 포맷인 WMV 포맷의 파일로 생성합니다.

● Preset

자주 사용되는 설정값이 미리 지정되어 있는 목록입니다. 목적에 따라 적절한 전송률이나 프레임 크기에 대한 프리셋을 선택합니다. 프리셋으로 지정된 값이 마음에 들지 않는다면 하단의 탭을 통해 옵션들을 변경할 수 있습니다.

MPEG2 포맷을 선택한 경우의 프리셋

Preset 우측에는 사용자가 설정한 값을 프리셋으로 저장하거나 삭제할 수 있는 세 개의 버튼이 존재합니다.

· Save Preset : 직접 설정한 여러 옵션 값들을 프리셋으로 저장합니다. 기본적으로 제공되는 프리셋을 선택한 후, 사용자가 옵션을 변경하여 Preset에 Custom으로 나타날 때 Save Preset 버튼을 사용할 수 있습니다. 버튼을 클릭하여 대화상자가 나타나면 식별하기 좋은 프리셋 이름을 입력하고 OK 버튼을 클릭합니다.

· Import Preset : 파일로 저장된 프리셋 파일(*.epr)을 불러옵니다.

· Delete Preset : 현재 선택된 프리셋을 삭제합니다. 사용자가 추가한 프리셋만 삭제할 수 있으며 기본적으로 등록되어 있는 시스템 프리셋은 삭제할 수 없습니다.

● Output Name

생성될 파일의 경로와 파일 이름을 표시합니다. 기본적으로 현재 시퀀스 이름이 지정되어 있으며, 클릭하면 Save As 대화상자가 나타나 경로와 파일 이름을 변경할 수 있습니다.

● Export Video / Export Audio

선택한 트랙만 출력합니다. 가령 Export Video만 선택하면 소리가 없는 영상 파일이 만들어집니다.

● Summary

Output에서는 현재 설정되어 있는 여러 옵션에 대한 정보, Source에서는 시퀀스 설정값에 대한 여러 정보들을 보여 줍니다.

04 Video 탭

출력 설정 대화상자 하단에는 여러 냅이 자리하고 있습니다. 각 탭의 옵션은 Export Settings에서 선택한 파일 포맷에 따라 각각 다르게 나타납니다. 주요 옵션들을 살펴보되, 중복되는 옵션은 반복 설명하지 않겠습니다.

Video 탭에서는 Basic Video Settings 항목과 Advanced Settings 항목을 통해 영상의 코덱과 인코딩 방식, 해상도(프레임 사이즈), 비트 레이트 등 영상 출력과 관련된 여러 옵션들을 설정합니다. 선택한 포맷에 따라 옵션이 다르게 나타나는데, AVI와 MPEG2의 경우를 살펴보도록 하겠습니다. 나머지 포맷에도 유사한 옵션이 많으며 큰 차이가 없으므로 두 가지 포맷에 대한 기본적인 옵션만 이해해도 좋습니다.

● AVI

● Video Codec

기본적으로 선택한 Preset에 지정된 코덱이 나타납니다. 목록 버튼을 클릭하면 시스템에 설치되어 있는 코덱이 나타나 선택할 수 있습니다. 선택한 코덱에 따라 Codec Settings 버튼이 활성화되기도 하는데 이것을 클릭하여 코덱에 대한 옵션을 설정할 수 있습니다.

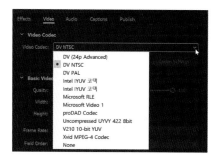

● Basic Settings

• Quality : 영상의 화질을 설정합니다.

• Width/Height : 가로/세로 크기를 지정합니다. 우측 고리 모양의 버튼을 클릭하면 가로와 세로 크기 비율이 고정되므로 어느 한쪽 값을 변경하면 다른 한쪽 값도 같은 비율로 변경됩니다.

MPEG2

Basic Video Settings

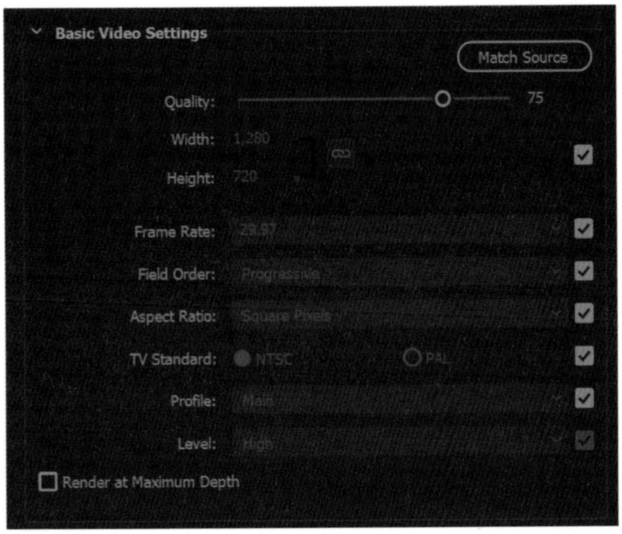

• Quality : 영상의 화질을 설정합니다.

• Width/Height : 영상의 가로 크기와 세로 크기를 지정합니다.

• Frame Rate : 초당 프레임 수를 지정합니다.

• Field Order : 렌더링할 주사 방식을 선택합니다.

– Progressive : 두 필드를 한 번에 주사하는 프로그래시브 방식으로 렌더링합니다.

– Upper : Upper 필드부터 렌더링합니다.

– Lower : Lower 필드부터 렌더링합니다.

• Aspect Ratio : 픽셀 종횡비를 선택합니다. 재생할 디스플레이 장치에 따라 적절한 종횡비를 선택하고 프레임의 가로, 세로 크기를 지정해야 합니다. 가령 0.9의 픽셀 종횡비를 갖는 DV 포맷의 클립을 4:3 비율을 갖는 NTSC 방식의 TV에서 정상적으로 나타나게 하려면 1.0의 픽셀 종횡비를 선택하고 가로, 세로 크기를 4:3 비율로 지정해 주어야 합니다.

• TV Standard : 영상의 전송 방식을 NTSC와 PAL 중에서 선택합니다.

Bitrate Settings

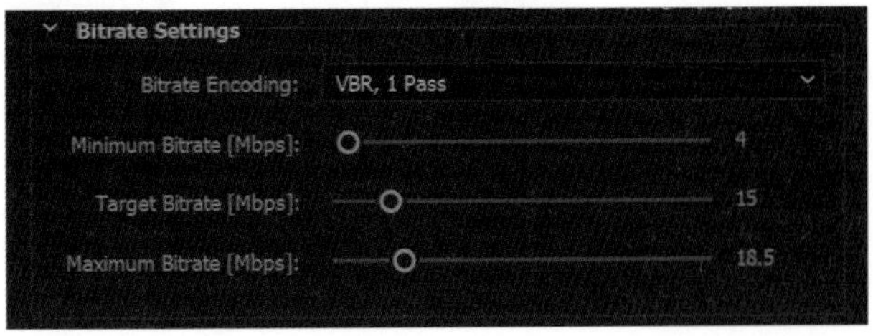

• Bitrate Encoding : 비트레이트 인코딩 방식을 선택합니다. CBR과 VBR 1 Pass, VBR 2 Pass 중에서 선택할 수 있습니다.

• Bitrate [Mbps] : CBR을 선택한 경우에 초당 전송률을 지정합니다.

• Minimum Bitrate [Mbps] : VBR을 선택한 경우에 최소 전송률을 지정합니다.

• Target Bitrate [Mbps] : VBR을 선택한 경우에 목표로 하는 기본 전송률을 지정합니다.

• Maximum Bitrate [Mbps] : VBR을 선택한 경우에 최대 전송률을 지정합니다.

참고하세요!

압축 방식과 인코딩 방식

▶ 압축 방식

인코딩 옵션에 자주 등장하는 용어인 VBR과 CBR은 압축 방식을 가리키는 것으로 다음과 같은 차이를 가지고 있습니다.

- VBR(Variable Bit Rate) : 가변 비트 레이트라는 의미로서, 압축할 때 기준이 되는 프레임의 앞뒤 프레임 변화에 따라 자동으로 비트 레이트가 변하도록 하는 방식입니다. 변화가 많은 소스일 경우 용량이 다소 커질 수 있지만 좋은 화질을 얻을 수 있습니다. DVD 비디오는 보통 VBR을 사용합니다.

- CBR(Constant Bit Rate) : 고정 비트 레이트라는 의미로서, 지정된 비트 레이트 값으로 압축합니다. 전체적인 용량이나 영상의 움직임 등을 고려하여 비트 레이트 수를 임의로 지정할 수 있으므로 화질을 우선시할 것인지 용량을 우선시할 것인지와 같이 사용자의 의도에 따른 결과물을 얻을 수 있습니다.

▶ 인코딩 방식

VBR은 1 Pass와 2 Pass 방식으로 구분되는 것을 볼 수 있습니다. 1 Pass는 영상을 한 번에 인코딩하지만 2 Pass는 먼저 영상을 분석한 후 그 결과에 따라 인코딩합니다. 따라서 2 Pass 방식은 1 Pass 방식에 비해 인코딩에 많은 시간이 소요되지만 그만큼 좋은 화질을 보여 줍니다.

● GOP Settings

- M Frames : I 프레임과 P 프레임 사이에 삽입될 B 프레임의 수를 지정합니다.

- N Frames : 연속되는 I 프레임의 수를 지정합니다. N 프레임 값은 M 프레임 값의 배수로 지정해야 합니다.

- Closed GOP every : GOP의 주기를 지정합니다. 외부의 프레임을 참조할 수 없습니다.

- Automatic GOP placement : GOP가 자동으로 배치되도록 합니다.

참고하세요!

GOP와 I, B, P 프레임이란?

Group of Picture의 약자인 GOP는 MPEG-1/2 인코딩의 기본 옵션으로서, 키 프레임에서 다음 키 프레임까지의 프레임 모음을 의미합니다.

GOP의 프레임 타입은 I, P, B 등이 있습니다.

- I 프레임 : 인트라 프레임(Intra Frame)의 약자로, 키 프레임을 의미합니다. JPEG와 같은 방식으로서 소스에서 직접 압축되어 온 이미지입니다. 가장 좋은 화질을 가지고 있으며 용량도 가장 큽니다.
- P 프레임 : Predicted Frame의 약자로 이전에 나온 키 프레임의 정보를 바탕으로 구성된 프레임입니다. 화질과 용량은 모두 중간 정도입니다.
- B 프레임 : Bidirectional Frame의 약자로, 전/후의 I/P 프레임의 정보를 바탕으로 구성된 프레임입니다. 화질과 용량은 모두 최하급입니다.

I, P, B 프레임의 구성 예는 다음과 같습니다.

즉, I 프레임들 사이에 P 프레임들이 들어가며, 다시 I 프레임과 P 프레임들 사이에는 B 프레임이 들어갑니다. I 프레임에서 다음 I 프레임까지를 하나의 GOP로 묶으며, GOP 크기는 그룹으로 묶인 프레임들의 개수가 됩니다. 예의 경우, 다음 I 프레임이 나오기 전까지의 프레임 개수가 12개이므로 GOP 크기는 12입니다.

I, P, B 프레임의 구성에 따라 출력물의 화질과 용량이 달라지지만 기본값 그대로 사용해도 문제없습니다.

05 Audio 탭

오디오의 코덱이나 음질, 채널, 샘플링 비율 등을 설정합니다. 공통적으로 많이 등장하는 옵션에 대해서
만 살펴봅니다.

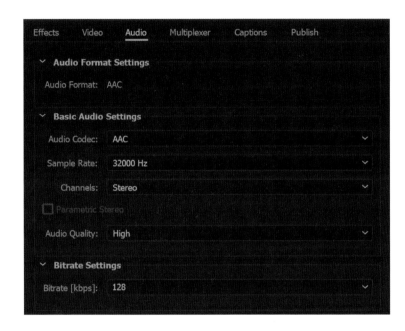

● Audio Codec

오디오의 코덱을 선택합니다. 포맷에 따라 옵션이
주어지지 않는 경우도 있습니다. 오디오 파일은
비디오 파일에 비해 용량이 작기 때문에 특별히
용량에 제약을 받는 상황이 아니라면 압축하지 않
는 Uncompressed를 사용하는 것이 가장 좋은 음
질을 들려 주며, 지속시간이 커서 어느 정도의 압
축이 필요하다면 적절한 코덱을 사용합니다.

● Basic Audio Settings

• Sample Rate : 오디오의 샘플링 비율을 선택합니다. 높게 설정할수록 좋은 음질을 얻을 수 있지만 그만큼 파
일의 용량이 커지게 됩니다.

• Channels : 모노와 스테레오 등의 채널 수를 선택합니다. 원본 소스가 모노라면 스테레오로 선택해도 모노로
출력됩니다.

• Sample Type : 샘플링할 때의 비트 수를 선택합니다.

Chapter 13

이미지나 오디오 파일 생성과
미디어 인코더 사용하기

다양한 포맷으로 파일을 출력해 보도록 하겠습니다. 영상을 사진과 같은 정지 이미지 파일로 출력하거나 정지 이미지를 동영상 파일로 출력하는 방법에 대해 알아본 다음, 동영상에 포함된 오디오만 별도의 오디오 파일로 생성하는 방법을 익혀 봅니다.

---

01 영상을 이미지 파일로 생성하기

영상의 특정 프레임을 이미지 파일로 저장할 수 있으며 영상에 포함된 전체 프레임을 프레임별로 한꺼번에 이미지 파일로 저장할 수도 있습니다.

1) 새 프로젝트를 시작하고 부록의 [Source] 폴더에서 '07.mp4' 파일을 불러와 타임라인 패널의 V1 트랙에 등록하고, 타임라인 패널이 선택된 상태에서 File > Export > Media를 선택합니다. Export Settings 대화상자가 나타나면 우측의 Export Settings 패널의 Format 메뉴를 열고 BMP를 선택합니다.

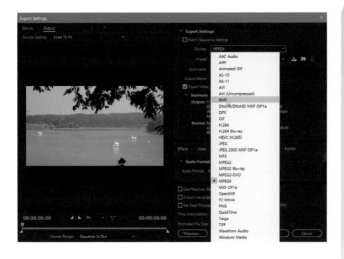

참고하세요!

파일 속성만 변경하여 인코딩하려면?

사실, 편집하지 않고 단순히 파일 포맷이나 기타 속성만 변경하여 인코딩하려면 굳이 타임라인 패널에 등록하지 않아도 됩니다. 프로젝트에 등록된 클립을 선택하여 프로젝트 패널이 선택된 상태에서 File 〉 Export 〉 Media를 선택하면 되기 때문입니다.

파일 포맷만 변경하는 단순 인코딩이 목적이라면 굳이 프리미어 프로를 사용할 필요는 없습니다. Adobe Media Encoder에서 원하는 파일을 등록하고 곧바로 인코딩하면 되기 때문입니다.

2) 생성될 파일의 경로와 이름을 지정하기 위해 Output Name에 표시된 파일 이름을 클릭합니다.

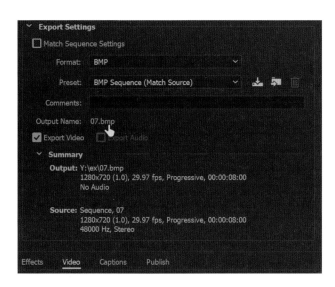

3) Save As 대화상자가 나타납니다. 파일을 저장할 폴더로 이동하고 적절한 파일 이름을 입력한 후, 저장 버튼을 클릭합니다.

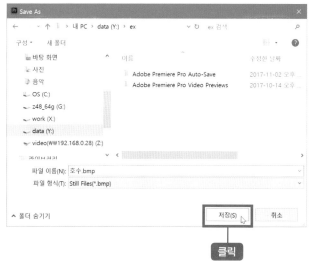

4) 잔상이 남지 않는 깨끗한 이미지로 출력되도록 Video 탭의 Basic Settings에서 Field Order 옵션이 Progressive로 되어 있는지 확인하고 Export As Sequence 옵션을 체크한 다음 Export 버튼을 클릭합니다. Export As Sequence 옵션이 체크되지 않으면 재생 헤드가 위치해 있는 프레임에 대한 하나의 이미지만 생성됩니다.

5) 인코딩이 진행됩니다. 완료된 후 지정한 폴더를 열면 지정한 파일 이름 뒤에 000, 001, 002…와 같이 숫자가 붙어 있는 것을 볼 수 있습니다. 각 프레임마다 순서대로 일련번호가 붙어 저장되기 때문입니다.

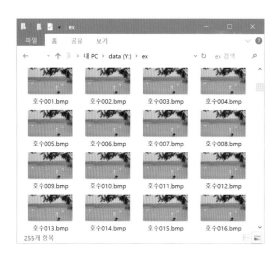

143

참고하세요!

특정 프레임만 이미지 파일로 생성하려면

특정 프레임 하나만 이미지로 생성하는 경우라면 소스 모니터를 통해 간단히 완료할 수 있습니다.

1) 소스 모니터에 클립을 등록한 다음, 이미지로 생성할 프레임에 재생 헤드를 두고 Export Frame 버튼을 클릭합니다.

2) Export Frame 대화상자가 나타나면 Name에 생성될 파일 이름을 입력하고, Format 메뉴에서 이미지 타입을 선택한 다음 OK 버튼을 클릭합니다. Browse 버튼을 클릭하면 이미지가 저장될 폴더를 변경할 수 있습니다.

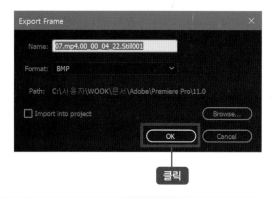

---

02 무비 클립의 오디오만 파일로 출력하기

Export Settings 대화상자에서 Export > Audio 메뉴를 사용하면 비디오와 오디오를 포함하고 있는 무비 클립에서 오디오 부분만을 독립된 오디오 파일로 생성할 수 있습니다.

1] 새 프로젝트를 시작하고 부록의 [Source] 폴더에서 '03.mp4' 파일을 불러와 타임라인 패널로 드래그하여 등록하고 타임라인 패널이 선택된 상태에서 File > Export > Media를 선택합니다. Export Audio 대화상자가 나타나면 Format 메뉴에서 Waveform Audio를 선택합니다.

2] Output Name의 경로명을 클릭하여 Save As 대화상자가 나타나면 파일이 생성될 경로와 파일명을 지정하고 OK 버튼을 클릭합니다. Audio 탭에서 생성될 오디오 파일의 샘플 레이트와 샘플 타입 등을 설정하고 Export 버튼을 클릭합니다. 렌더링이 시작되고 지정한 폴더에 오디오 파일이 생성됩니다.

클릭

참고하세요!

MP3 파일 생성하기

Export Settings 대화상자의 Format 메뉴에서 MP3를 선택하면 MP3 파일로 생성할 수 있으며, Audio 탭의 Audio Bitrate 메뉴를 클릭하면 다양한 비트레이트를 선택할 수 있습니다.

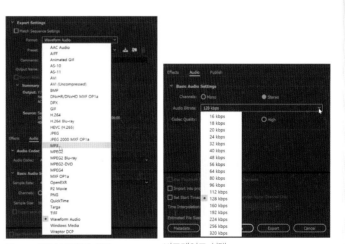

Format에서 MP3를 선택   비트레이트 선택

03 Adobe Media Encoder 사용하기

Adobe Media Encoder는 인코딩 프로그램의 일종입니다. 독립적으로 실행되며, 원하는 파일을 개별적으로 등록하여 인코딩할 수 있을 뿐만 아니라, 프리미어 프로 CC의 Export Settings 대화상자를 통해 인코딩 목록으로 넘겨받을 수도 있습니다. 또한 미디어 인코더에서 곧바로 프리미어 프로의 Export Settings 대화상자를 불러와 옵션을 변경할 수도 있습니다.

1) 프리미어 프로 CC의 Export Settings 대화상자에서 파일 생성을 위한 여러 옵션을 마친 후, Queue 버튼을 클릭합니다.

2) 어도비 미디어 인코더가 실행되면서 Export Settings 대화상자에서 설정한 옵션 그대로 작업 목록에 추가됩니다. 인코딩을 시작하려면 Start Queue 버튼을 클릭합니다.

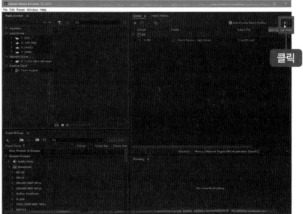

3) 작업 목록의 Format이나 Preset 메뉴를 열면 다른 포맷이나 프리셋을 선택할 수 있으며, Preset 항목을 선택하면 프리미어 프로 CC의 Export Settings 대화상자를 통해 옵션을 재설정할 수 있습니다.

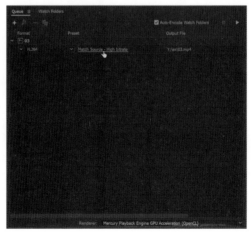

4) 메뉴에서 File > Add Source를 선택하거나 Add Source 버튼을 클릭하면 인코딩할 파일을 목록에 추가할 수 있으며, 윈도우 탐색기에서 파일을 어도비 미디어 인코더 안으로 드래그하여 인코딩 목록에 추가할 수도 있습니다. 인코딩이 시작되면 아래에 인코딩 상황과 프리뷰 화면이 나타납니다. 인코딩이 완료된 목록은 Status 항목에 녹색의 체크표시가 나타나게 됩니다. 목록 중 하나를 선택하고 Remove 버튼을 클릭하면 해당 목록이 삭제됩니다.

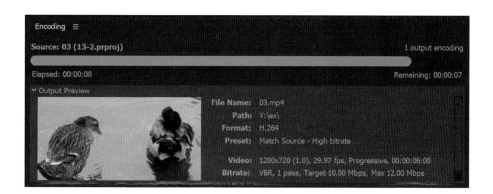

03
P.A.R.T

이펙트와 모션, 합성 등
고급 효과 익히기

클립에 독특한 효과를 구현할 수 있는 이펙트와 두 클립이 전환될 때 나타나는 효과인 트랜지션의 적용 방법에서부터
각 아이템의 속성에 이르기까지 상세히 살펴보겠습니다.
이펙트와 트랜지션을 적절히 사용하면 더욱 영상미 넘치는 결과물을 만들 수 있습니다.

Chapter 14

이펙트의 적용과 속성 살펴보기

이펙트란 클립에 적용할 수 있는 특수한 효과로서 포토샵의 필터와 같은 기능을 수행합니다. 이펙트는 크게 비디오 이펙트와 오디오 이펙트로 나뉘며 각 이펙트는 Effects 패널에 기능별로 Bin으로 나뉘어 수록되어 있습니다.

01 이펙트 관련 패널과 이펙트 적용

이펙트는 영상을 보정하거나 독특한 효과를 만드는 데 자주 사용됩니다. 하지만 남용할 경우 조잡한 결과를 초래할 수 있으며, 화질의 손실도 수반되므로 꼭 필요한 경우에만 사용하는 것이 좋습니다.

● 이펙트 패널의 구성

비디오 클립에 적용할 수 있는 비디오 이펙트는 Video Effects, 오디오 클립에 적용할 수 있는 오디오 이펙트는 Audio Effects에 종류별로 등록되어 있습니다. 좌측에 있는 삼각형 모양의 [확장/축소] 버튼을 클릭하면 하위 Bin이 나타나며, 마찬가지로 [확장/축소] 버튼을 클릭하면 각 이펙트 아이템들이 나타나게 됩니다. 이펙트 패널은 이펙트 Bin을 비롯하여 검색란과 이펙트 패널 메뉴와 장면 전환 효과에 사용되는 트랜지션이 수록되어 있는 트랜지션 Bin들로 구성되어 있습니다.

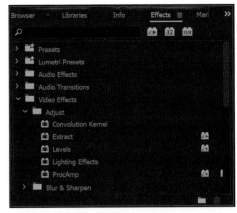

이펙트 패널

● 이펙트 적용하기

이펙트는 타임라인 패널에 등록된 클립으로 드래그하여 적용하며 그 결과는 프로그램 모니터에 즉시 반영되어 나타납니다. 만일, Video Effects > Stylize의 Posterize 이펙트를 적용했다면 그림과 같이 클립의 색상 수가 줄어 거친 이미지 형태로 나타나게 될 것입니다.

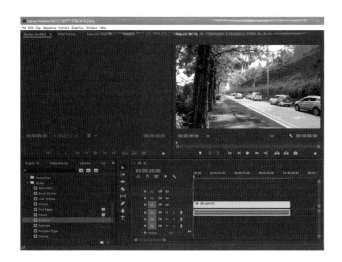

또한 이펙트가 적용된 클립 구간에는 타임라인 아래에 빨간색 라인이 나타나 렌더링이 필요한 구간이라는 것을 표시해 줍니다. 따라서 시스템 사양이 낮거나 여러 이펙트가 복수로 적용된 경우, 프리뷰할 때 다소 끊기는 현상이 발생할 수도 있습니다.

● 이펙트 컨트롤 패널의 구성

클립에 적용된 이펙트는 속성을 변경하여 사용자가 원하는 효과를 만들 수 있습니다. 이펙트가 적용된 클립이 선택된 상태에서 Effect Controls 패널을 열면 클립에 적용된 이펙트 이름이 표시되며, 좌측의 확장 버튼을 클릭함으로써 해당 이펙트의 속성을 열 수 있습니다. 현재 적용된 Posterize 이펙트는 Level이라는 속성 하나만 가지고 있으며 기본값이 '7'로 지정되어 있음을 알 수 있습니다.

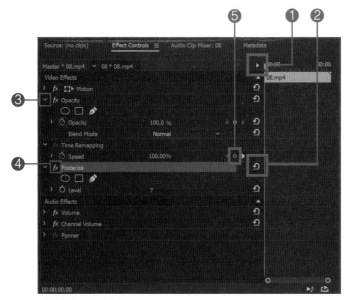

이펙트 컨트롤 패널

❶ Show/Hide 타임라인 뷰 : 토글 형태의 버튼으로서 타임라인을 보이거나 감춥니다.

❷ Reset Effect : 이펙트의 속성값을 이펙트가 적용된 초기 상태 즉, 기본값으로 되돌립니다. 속성값을 조절하다가 처음 상태로 빠르게 되돌리고 싶을 때 사용합니다.

❸ 확장/축소 : 토글 형태의 버튼으로서 이펙트의 속성을 펼쳐 보이거나 감춥니다. 정식 명칭은 Show/Hide 버튼이지만 다른 곳에서 비슷한 용도로 사용하는 버튼처럼 확장/축소 버튼이라고 부르겠습니다.

❹ On/Off : 토글 형태의 버튼으로서 이펙트의 적용/해제 상태를 전환합니다. 이펙트를 완전히 삭제하지 않은 상태에서 이펙트 적용 전과 후의 결과를 비교해 볼 때 편리하게 사용할 수 있습니다.

❺ Toggle Animation : 재생 헤드가 위치해 있는 지점에 키 프레임을 생성합니다.

이펙트 컨트롤 패널의 타임라인에 현재 클립만 나타내기

이펙트 컨트롤 패널의 우측 상단에 있는 메뉴 버튼을 클릭하면 Pin to Clip 메뉴가 선택 상태로 나타납니다. 이것은 이펙트 컨트롤 패널의 타임라인에 현재 클립 구간만 나타나도록 합니다. 따라서 타임라인 패널에 다른 여러 클립이 등록되어 있는 상태라 하더라도 이펙트 컨트롤 패널의 타임라인에서는 재생 헤드를 다른 클립 구간으로 이동시킬 수 없습니다.

Pin to Clip 메뉴

이펙트 컨트롤 패널에서는 오직 이펙트가 적용된 현재 클립에 대해서만 작업하는 것이 대부분이므로 불필요하게 다른 클립 구간으로 이동할 수 있는 것을 방지해 주는 것입니다. 물론 이 메뉴의 선택을 해제하면 다른 클립 구간으로 이동할 수 있습니다.

이펙트의 속성값은 값이 표시되는 부분을 드래그하거나 클릭하여 직접 값을 입력함으로써 변경할 수 있습니다. 현재 Posterize 이펙트의 경우, 기본값인 '7'보다 큰 값으로 변경해 보면 원래의 색상과 가깝게 나타나는 것을 볼 수 있습니다. 적용한 이펙트를 완전히 삭제하려면 이펙트 이름을 클릭하여 선택하고 Delete 키나 Back Space 키를 누릅니다.

이펙트의 속성값 변경

프로그램 모니터에서 이펙트 속성 변경하기

일부 이펙트는 몇 가지 속성을 프로그램 모니터를 통해서도 설정할 수 있습니다. Video Effects 〉 Distort 〉 Corner Pin 이펙트를 클립에 적용하고 이펙트 컨트롤 패널에서 이펙트 이름 좌측을 보면 트랜스폼(Transform) 아이콘이라고 부르는 아이콘이 나타납니다.

이것은 프로그램 모니터에서 직접 값을 변경할 수 있는 속성을 포함하고 있다는 것을 의미합니다. 이펙트 컨트롤 패널에서 이펙트 이름을 클릭하면 프로그램 모니터의 클립 주위에 4개의 조절점이 나타나며, 이것을 드래그하면 곧바로 클립의 형태를 변경할 수 있습니다. 이렇게 조절점을 드래그하여 변경된 속성값은 즉시 이펙트 컨트롤 패널의 속성값에 반영되어 표시됩니다.

이펙트의 속성만 복사하기

클립에 적용된 이펙트를 다른 클립에 복사하여 동일하게 적용할 수도 있습니다. 이펙트를 적용하였거나 속성을 변경한 클립 위에서 마우스 우측 버튼을 클릭하여 팝업 메뉴를 열고 Copy(Ctrl+C)를 선택합니다. 이어서 다른 클립의 팝업 메뉴를 열고 Paste Attributes를 선택하면 복사한 클립의 속성(이펙트와 설정한 속성값, 기타 클립의 모든 속성)을 붙여넣을 수 있습니다.

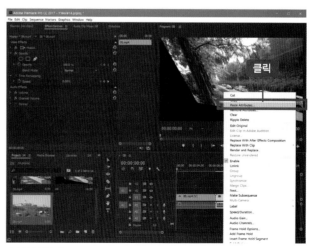

속성 붙여넣기

02 키 프레임 추가하고 속성값 변경하기

클립에 이펙트를 적용하면 기본적으로 클립의 모든 구간에 동일한 속성값이 적용됩니다. 따라서 클립의 처음부터 끝까지 동일한 효과를 보여 줍니다. 클립의 특정 지점에 키 프레임을 생성하고 각 키 프레임 지점에 다른 값을 설정하면 구간별로 다른 효과를 보여 주기 때문에 변화되는 영상을 만들 수 있습니다. 키 프레임(Keyframe)이란 값이 바뀜으로써 변화가 이루어지는 프레임을 의미하며, 이펙트 컨트롤 패널에서 간단히 생성할 수 있습니다.

1) 부록의 [Source] 폴더에서 '08.mp4' 파일을 불러와 타임라인에 등록하고 이펙트 패널에서 Video Effects > Distort > Corner Pin 이펙트를 타임라인의 클립에 드래그하여 적용합니다.

2) 타임라인의 클립이 선택된 상태에서 이펙트 컨트롤 패널을 열고 방금 적용한 이펙트 목록의 좌측에 있는 확장/축소 버튼을 클릭하여 이펙트 속성이 나타나면 Upper Left 좌측에 있는 Toggle Animation 버튼(간단히 '애니메이션' 버튼으로 부릅니다)을 클릭합니다.

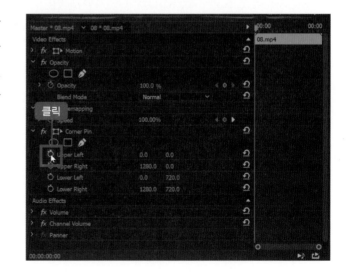

3) 이펙트 컨트롤 패널 타임라인의 현재 지점에 마름모 형태의 아이콘이 나타납니다. 이것은 키 프레임이 생성되었다는 것을 의미합니다.

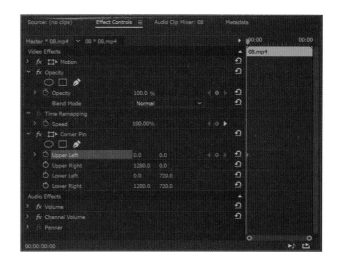

4) 이펙트 컨트롤 패널의 재생 헤드를 4초 지점으로 이동시키고 Upper Left 속성의 두 값을 모두 150으로 설정합니다. 속성값이 변경되면 자동으로 현재 시간 지점에 키 프레임이 생성됩니다. 속성값의 변경으로 인해 프로그램 모니터를 보면 클립의 좌측 부분이 아래로 젖혀져 나타나게 됩니다.

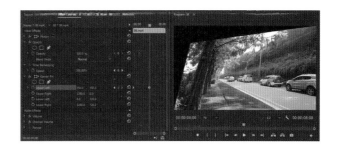

5) 재생 헤드를 클립의 마지막 프레임으로 이동시키고 Coner Pin 이펙트의 Reset 버튼을 클릭합니다.

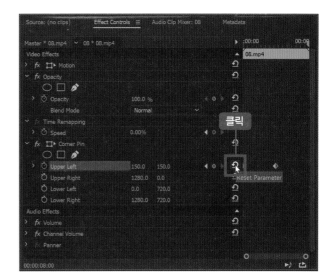

잠깐만!

단축키를 사용하면 보다 편리하고 정확하게 원하는 지점으로 재생 헤드를 이동시킬 수 있습니다. 클립의 첫 프레임으로의 이동은 Home, 마지막 프레임으로는 End, 한 프레임씩 이동은 좌/우 방향키를 사용합니다.

6) 끝 지점에도 키 프레임이 생성되고 Upper Left의 속성값이 초기값으로 지정됩니다. 키 프레임 지점의 속성값이 각각 다르게 설정되었기 때문에 Space Bar를 눌러 클립을 재생해 보면 클립의 좌측 상단이 젖혀지면서 변화하다가 다시 원래의 상태로 되돌아가는 애니메이션이 나타나게 됩니다.

참고하세요!

키 프레임의 다루기

키 프레임은 드래그하여 위치를 이동시킬 수 있으며, 속성값 우측에 있는 삼각형 모양의 키 프레임 내비게이터 버튼을 사용하면 각 키 프레임 위치로 재생 헤드를 빠르게 이동할 수 있습니다. 좌측 버튼은 현재 키 프레임의 앞쪽에 있는 키 프레임 지점, 우측 버튼을 현재 키 프레임의 뒤쪽에 있는 키 프레임 지점으로 재생 헤드를 이동시켜 줍니다.

키 프레임 내비게이터 버튼 사이에 있는 Add/Remove 키 프레임 버튼은 키 프레임을 생성하거나 삭제합니다. 즉, 키 프레임이 없는 지점에서 버튼을 클릭하면 키 프레임을 생성하며, 키 프레임이 생성되어 있는 지점에서 버튼을 클릭하면 삭제합니다.

키 프레임을 선택하고 Delete 키를 눌러 키 프레임을 삭제할 수도 있으며, 키 프레임 주위를 드래그하여 여러 키 프레임을 선택하고 Delete 키를 누르면 선택된 모든 키 프레임들을 한꺼번에 삭제할 수도 있습니다. 선택된 키 프레임은 파란색으로 표시되며, 키 프레임 이외의 영역을 클릭하면 선택 상태가 해제됩니다.

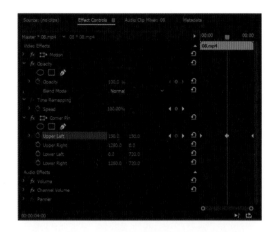

드래그하여 여러 키 프레임을 선택

속성에 생성되어 있는 모든 키 프레임을 한꺼번에 삭제하려면 속성 좌측에 있는 애니메이션 버튼을 클릭합니다. 모든 키 프레임이 삭제될 것임을 알리는 대화상자가 나타나는데 [OK] 버튼을 클릭하면 해당 속성에 설정된 모든 키 프레임이 삭제됩니다.

03 키 프레임 보간법 설정하기

이펙트의 각 키 프레임에는 다음 키 프레임으로 진행되어 가면서 속성값이 변화될 때의 속도를 여러 방법으로 지정할 수 있는데, 이를 속도 보간법(Velocity Interpolation)이라고 합니다.

키 프레임의 간격과 각 키 프레임의 설정값 차이에 따라 변화의 속도는 달라지만 속도 보간법은 이러한 속도의 변화가 어떻게 일어나게 할 것인지를 결정합니다. 즉, 설정값이 다른 두 키 프레임 사이를 재생할 때, 점점 빠르게 변하도록 하거나, 급격히 변화한 후 완만한 변화가 이루어지도록 하는 등의 변화에 대한 속도 유형을 지정할 수 있습니다.

키 프레임 사이의 속도뿐 아니라 이동 경로에 대한 보간법인 공간 보간법(Spatial Interpolation)도 있지만 이것은 모션을 다룰 때 설명하겠습니다.

1) 부록의 [Source] 폴더에서 '15.mp4' 클립을 타임라인에 등록하고 이펙트 패널에서 Video Effects > Distort > Twirl 이펙트를 클립에 적용합니다. 이어서 이펙트 컨트롤 패널에서 Twirl 이펙트의 Angle 속성 애니메이션 버튼을 클릭합니다. 현재 재생 헤드가 위치하고 있는 시작 지점에 키 프레임이 생성됩니다.

2) 이번에는 키 프레임을 먼저 생성해 보도록 하겠습니다. 재생 헤드를 4초 지점에 두고 Add/Remove 키 프레임 버튼을 클릭하여 키 프레임을 생성한 다음, 끝 지점에 대해서도 동일한 방법으로 생성합니다.

3) 키 프레임 네비게이터 버튼으로 재생 헤드를 가운데 키 프레임 위치에 두고 Angle 속성값을 드래그하여 90°로 설정하거나 직접 '90'을 입력하고 Enter 키를 누릅니다. 프로그램 모니터를 보면 클립의 중앙 부분이 소용돌이치는 것처럼 왜곡되어 나타납니다.

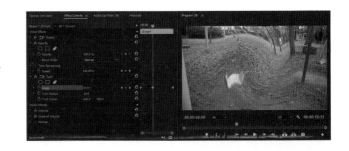

4) Angle 속성 좌측의 확장 버튼을 클릭하면 두 개의 그래프가 나타납니다. 위쪽은 속성값의 변화를 보여 주는 그래프이며, 아래쪽은 타임라인의 각 키 프레임 사이의 속도를 표시하는 그래프입니다. 속도 그래프에는 키 프레임 지점의 속도를 변경할 수 있는 핸들이 있어 드래그하여 속도를 변경할 수 있습니다. 속도 그래프는 위쪽에 위치할수록 빨라지는데, 속도가 빠르다는 것은 그만큼 다음 키 프레임 지점의 값으로 빠르게 변화한다는 것을 의미합니다.

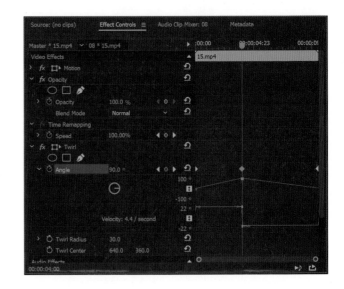

5] 타임라인의 키 프레임 위에서 마우스 우측 버튼을 클릭하면 다음과 같이 아래쪽에 보간법에 대한 여러 메뉴가 나타납니다. 기본적으로 Linear가 선택되어 있으며, 선택한 보간법에 따라 속도의 변화 형태와 키 프레임에 표시되는 아이콘 모양도 다릅니다.

참고하세요!

여러 가지 보간법

1) Linear : 키 프레임 사이의 속도를 일정하게 유지합니다.

2) Bezier : 키 프레임의 핸들을 드래그하여 키 프레임 사이의 속도를 부드럽게 조절할 수 있습니다.

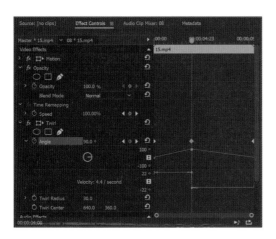

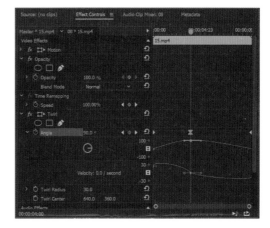

3) Auto Bezier : 키 프레임 사이의 속도가 부드럽게 변화
하도록 자동으로 조절합니다.

4) Continuous Bezier : 양쪽 핸들을 모두 조절하여 키 프
레임 사이의 속도를 부드럽게 조절할 수 있습니다.

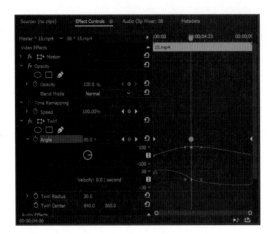

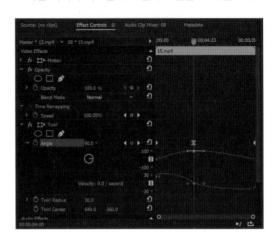

5) Hold : 다음 키 프레임까지 값이 변하지 않고 정지 상
태로 설정합니다.

6) Ease In : 키 프레임 지점에 가까워질수록 속도를 느
리게(감속) 합니다.

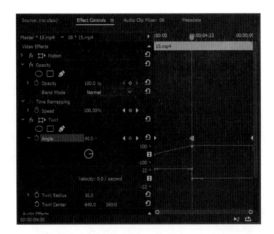

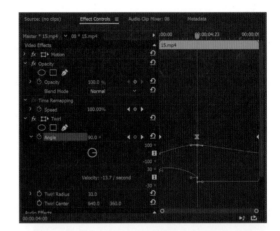

7) Ease Out – 키 프레임 지점에서 멀어질수록 속도가
빨라지게(가속) 합니다.

6) 속도 그래프는 타임라인 패널에도 나타나며, 이펙트 컨트롤 패널에서와 마찬가지로 핸들을 드래그하여 속도를 변경할 수 있습니다. 타임라인 패널의 클립 위에 fx라고 표시된 부분 위에서 마우스 우측 버튼을 클릭하여 단축 메뉴를 열면 가장 아래에 현재 클립에 적용된 이펙트의 속성 목록이 나타납니다. 키 프레임을 생성한 속성을 선택합니다.

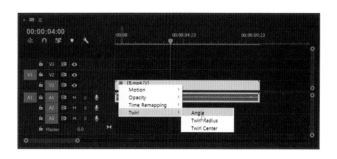

7) 해당 속성에 대한 키 프레임과 속도 그래프가 나타납니다. 트랙 헤더에서 V1 트랙과 V2 트랙의 경계선을 위쪽으로 드래그하면 트랙의 클립이 크게 표시되므로 속도 그래프를 더욱 자세하게 볼 수 있으며, 키 프레임을 클릭하면 핸들도 볼 수 있습니다. 키 프레임 위에서 마우스 우측 버튼을 클릭하면 역시 속도 보간법 메뉴가 나타납니다.

8) Linear나 Hold를 제외한 보간법을 선택한 상태에서는 키 프레임을 클릭했을 때 양쪽에 나타나는 핸들을 드래그하여 속도의 변화를 자유롭게 변경할 수 있습니다.

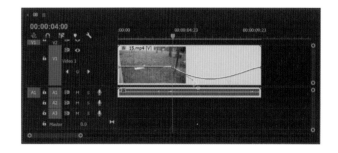

Chapter 15

클립의 전환 효과 다루기

하나의 클립에서 다른 클립으로 전환되는 부분에 적용하는 효과를 트랜지션(장면 전환 효과)이라
고 부르며 적절히 사용함으로써 영상의 흐름을 자연스럽게 보여 줄 수 있습니다. 하지만 남발할
경우 혼란스러운 느낌을 주므로 꼭 필요한 부분에만 사용하는 것이 좋습니다.

01 트랜지션 적용하기

트랜지션은 장면 전환 효과이기 때문에 기본적으로 타임라인에 두 개 이상의 클립이 서로 겹쳐지도록 배
치하고 겹쳐진 구간에 적용하지만, 하나의 클립에 대해 클립의 시작 부분이나 끝 부분에 적용할 수도 있
습니다.

1) 그림과 같이 하나의 클립이 등록되어 있는 상태에서
다른 클립을 이미 등록되어 있는 클립의 뒷부분과 1초
이상 겹쳐지도록 드래그합니다.

2) 이펙트 패널에서 Video Transitions > Page Peel에 있
는 Page Turn 트랜지션을 타임라인 패널의 두 클립이
겹쳐져 있는 부분으로 드래그합니다. 해당 부분에 트
랜지션 아이콘이 나타납니다.

3) 마우스 버튼을 놓으면 해당 지점에 트랜지션이 적용
되어 트랜지션 표시가 나타납니다.

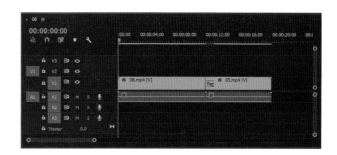

4) Space Bar를 눌러 적용된 트랜지션 효과를 프리뷰합니다. Page Turn은 첫 번째 영상이 페이지처럼
벗겨지면서 두 번째 영상으로 전환되도록 하는 트랜지션입니다.

● 적용된 트랜지션 교체 및 삭제하기

트랜지션은 이펙트와 달리 동일 지점에 하나만 적용할 수 있습니다. 이미 적용된 트랜지션이 마음에 들
지 않는다면 다른 트랜지션을 적용하고자 하는 지점에 드래그합니다. 이전에 적용된 트랜지션은 자동으
로 새로운 트랜지션으로 교체됩니다.

적용되어 있는 트랜지션을 클릭하여 선택하고(클립을 선택하지 않도록 주의) Delete 키나 Back Space
키를 누르면 해당 트랜지션이 삭제됩니다. 트랜지션 위에서 마우스 우측 버튼을 클릭하여 Clear 메뉴를
선택하여 트랜지션을 삭제할 수도 있습니다.

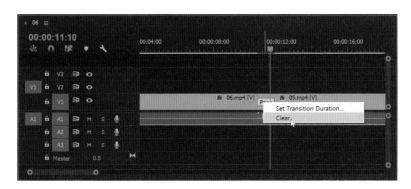

02 트랜지션의 속성 다루기

클립에 적용된 트랜지션의 각종 속성과 옵션은 이펙트처럼 이펙트 컨트롤 패널을 통해 설정합니다. 트랜지션 종류에 따라 약간의 차이는 있으나 대부분 공통된 속성과 옵션을 가지고 있습니다.

트랜지션의 속성을 보려면 클립에 적용되어 있는 트랜지션을 클릭하고 이펙트 컨트롤 패널을 엽니다. 다음 그림은 Video Transitions > Iris > Iris Box 트랜지션을 적용한 경우입니다. 일단 각 부분을 살펴보고 기능에 대해 익혀보도록 하겠습니다.

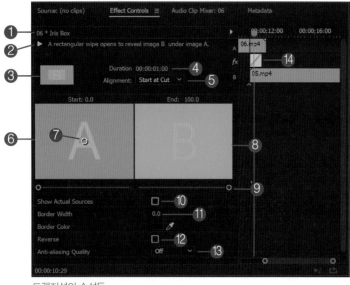

트랜지션의 속성들

❶ **트랜지션 이름** : 현재 적용되어 있는 트랜지션 아이템의 이름을 보여 줍니다.

❷ **프리뷰 버튼** : 적용되어 있는 트랜지션을 프리뷰합니다.

❸ **트랜지션 프리뷰 영역** : 트랜지션이 프리뷰되는 모습을 보여 줍니다.

❹ **트랜지션 지속시간** : 트랜지션이 적용되어 있는 지속시간을 설정합니다.

❺ **트랜지션 정렬 방식** : 트랜지션의 정렬 방식을 설정합니다.

❻ **시작 부분 프리뷰 영역** : 트랜지션이 시작하는 지점의 모습을 보여 줍니다.

❼ **트랜지션 센터 포인트** : 트랜지션이 적용되는 중심 위치를 지정합니다.

❽ **끝부분 프리뷰 영역** : 트랜지션이 끝나는 지점의 모습을 보여 줍니다.

❾ **프레임 슬라이더** : 트랜지션의 시작 지점과 끝 지점을 설정합니다.

❿ **Show Actual Sources** : 클립의 실제 모습이 나타나도록 합니다.

⓫ **Border Width** : 전환되는 영상의 주위에 나타나는 테두리 폭을 설정합니다.

⓬ **Reverse** : 트랜지션의 재생 순서를 반대로 바꿉니다.

⓭ **Anti-aliasing Quality** : 클립이 전환될 때 경계 부분의 부드러움 정도를 선택합니다.

⓮ **트랜지션** : 적용되어 있는 트랜지션을 가리킵니다.

● 트랜지션의 지속시간 변경하기

트랜지션 옵션의 Duration에는 현재 적용된 트랜지션의
길이가 표시됩니다. 이것을 드래그하거나 클릭한 후 새
로운 값을 입력함으로써 트랜지션의 지속시간을 변경할
수 있으며 우측의 타임라인에 나타난 트랜지션의 경계선
을 드래그하여 트랜지션의 길이를 변경할 수도 있습니
다. 이러한 두 방법을 사용하면 두 클립이 겹쳐진 구간보
다 더 길게 트랜지션의 지속시간을 설정할 수 있습니다.

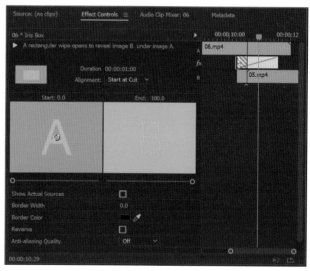

트랜지션의 경계를 드래그하여 변경

타임라인 패널에 표시된 트랜지션의 경계 부분을 드래그
하여 트랜지션의 지속시간을 변경할 수도 있습니다. 이
경우에도 클립이 겹쳐진 구간보다 길게 트랜지션의 길이
를 설정할 수 있습니다.

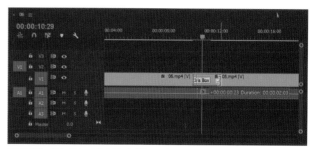

타임라인 패널에서 트랜지션 경계를 드래그

참고하세요!

트랜지션의 디폴트 지속시간 변경하기

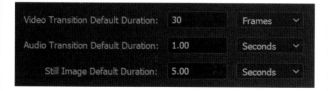

클립에 트랜지션을 적용하면 기본적으로 30 프레임의
지속시간을 갖습니다. 이 기본 지속시간(디폴트 지속시
간) 값을 변경하려면 Edit 〉 Preferences 〉 Timeline을
선택하여 Preferences 대화상자를 엽니다.

옵션 중에서 Video Transition Default Duration 값이
30프레임으로 지정되어 있는 것을 볼 수 있습니다. 앞에서 트랜지션이 기본적으로 1초의 길이로 적용되었던 것을 기억할 것
입니다. 이 값을 변경하면 비디오 클립에 적용되는 트랜지션의 기본 지속시간을 변경할 수 있으며 Audio Transition Default
Duration 값을 변경하면 오디오 클립에 적용되는 트랜지션의 기본 지속시간을 변경할 수 있습니다.

◉ 트랜지션의 정렬 방식 변경하기

트랜지션의 지속시간이 표시되는 부분 아래의 Alignment라고 표시된 부분에서는 트랜지션의 정렬 방식
을 선택할 수 있습니다. 정렬 방식이라고 말하지만 트랜지션이 적용되는 위치를 의미합니다. 우측의 메
뉴를 클릭하면 다음과 같이 4개의 항목이 나타납니다.

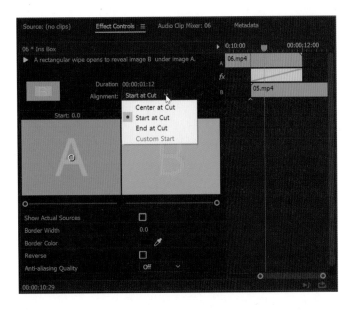

• Center at Cut : 기본값으로서 두 클립이 겹쳐진 부분
의 중앙에 트랜지션이 위치합니다.

• Start at Cut : 뒤 클립의 시작 지점에 트랜지션이 위치
합니다.

• End at Cut : 앞 클립의 끝 지점에 트랜지션이 위치합
니다.

• Custom Start : 직접 선택할 수는 없으며 사용자가 타
임라인에서 트랜지션을 드래그하여 위치를 변경했을
때 선택되어 표시됩니다.

◉ 트랜지션의 시작 지점과 끝 지점 변경하기

시작 부분 프리뷰 영역(A로 표시되는 부분)은 앞쪽의 클립에서 트랜지션이 시작되는 지점의 상태를 보여
줍니다. 끝부분 프리뷰 영역(B로 표시되는 부분)은 뒤 클립에서 트랜지션이 끝나는 지점의 상태를 보여
줍니다.

두 영역 아래에는 모두 프레임 슬라이더가 존재하는데, 이것을 드래그하면 트랜지션의 시작 지점과 끝
지점을 변경할 수 있습니다. 클립 위의 트랜지션 적용 지점을 변경하는 것이 아니라 트랜지션이 가지고
있는 전환 효과가 어느 부분부터 시작되게 할 것인지 또는 어느 부분에서 끝나게 할 것인지를 지정하는
것입니다.

두 슬라이더를 다음 그림처럼 각각 가운데 쪽으로 조금씩 드래그해 보면 위의 프리뷰 영역에 트랜지션의 시작 지점과 끝 지점이 나타나게 됩니다. 이것을 조절하여 트랜지션이 가지고 있는 전환 효과의 일부 구간만을 사용할 수 있습니다.

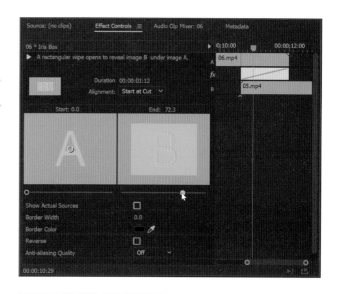

Shift 키를 누른 상태에서 한쪽 슬라이더를 클릭하면 다른 쪽 슬라이더도 동일한 위치로 이동하게 되며, 이 상태에서 드래그하면 함께 움직입니다. 트랜지션의 시작 지점과 끝 지점의 위치를 동일하게 지정하면 장면 전환효과는 나타나지 않으며 이펙트처럼 특별한 효과를 보여 주기 위해 사용할 수도 있습니다.

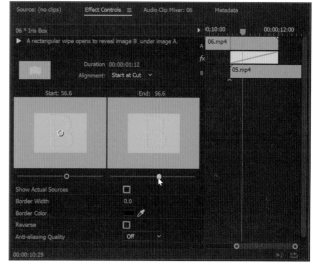

● 실제 클립 보기와 거꾸로 적용하기

Show Actual Source 옵션을 클릭하면 두 프리뷰 영역에 A, B가 아닌 실제 클립이 나타납니다. 더욱 정확한 프리뷰를 위해 이 옵션은 항상 켜 놓고 작업하는 것이 좋습니다.

실제 클립 상태

참고하세요!

디폴트 트랜지션(Default Transition)

Automate to Sequence 기능으로, 클립을 자동으로 타임라인에 등록하거나, 단축키(Ctrl+D)를 사용할 때 기본적으로 적용되는 트랜지션을 의미합니다. 디폴트 트랜지션은 Dissolve Bin에 있는 Cross Dissolve로 지정되어 있으며, 다른 트랜지션과 다르게 주위에 파란색으로 표시되어 있어 디폴트 트랜지션으로 지정되어 있음을 알려 줍니다.

디폴트 트랜지션

다른 트랜지션을 디폴트 트랜지션으로 지정하려면 원하는 트랜지션을 마우스 우측 버튼으로 클릭하여 팝업 메뉴를 열고 Set Selected as Default Transition을 선택합니다.

선택된 트랜지션이 디폴트 트랜지션으로 지정되면 트랜지션 아이콘 주위에 파란색이 표시됩니다. 디폴트 트랜지션으로 지정된 트랜지션은 단축키를 사용하여 적용할 수 있습니다. 비디오 디폴트 트랜지션 적용을 위한 단축키는 Ctrl+D이며, 오디오 디폴트 트랜지션 적용을 위한 단축키는 Ctrl+Shfit+D입니다. 단축키로 디폴트 트랜지션을 적용하려면 겹쳐지는 부분이 있는 클립이 모두 선택된 상태여야 합니다.

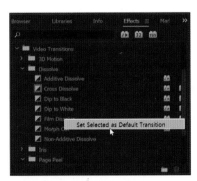

디폴트 트랜지션 설정

Chapter 16

예제파일
[Example₩16-1.mp4], [Example₩16-2.mp4]

페이드 효과를 위한 여러 방법 익히기

클립의 시작 부분과 끝 부분에 키 프레임을 생성하고 불투명도 값을 조절하여 페이드 인과 페이드 아웃 효과를 만들어 본 적이 있습니다. 하지만 페이드 인/아웃은 다양한 방법을 사용하여 구현할 수 있습니다. 트랜지션을 적용하여 작업하는 방법과 원하는 색상으로 페이드 인/아웃되는 영상을 만들어 보겠습니다.

01 트랜지션으로 간단하게 페이드 인/페이드 아웃하기

클립에 적용된 트랜지션의 각종 속성과 옵션은 이펙트처럼 이펙트 컨트롤 패널을 통해 설정합니다. 트랜지션 종류에 따라 약간의 차이는 있으나 대부분 공통된 속성과 옵션을 가지고 있습니다.

트랜지션의 속성을 보려면 클립에 적용되어 있는 트랜지션을 클릭하고 이펙트 컨트롤 패널을 엽니다. 다음 그림은 Video Transitions > Iris > Iris Box 트랜지션을 적용한 경우입니다. 일단 각 부분을 살펴보고 기능에 대해 익혀 보도록 하겠습니다.

1) 부록의 [Source] 폴더에서 '028.mp4' 클립을 불러와 타임라인 패널의 Video 1 트랙에 등록한 다음, 재생 헤드를 시작 지점에 두고 Ctrl+D 키를 누릅니다. Video 1 트랙에 등록된 클립의 시작 지점에 비디오 디폴트 트랜지션이 적용됩니다.

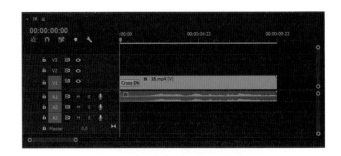

2) 클립에 적용된 트랜지션을 클릭하고 이펙트 컨트롤 패널을 열면 현재 적용된 트랜지션의 설정 상태와 옵션들이 나타납니다. 디폴트 트랜지션인 Cross Dissolve 트랜지션이 적용되어 있다는 것을 확인할 수 있습니다.

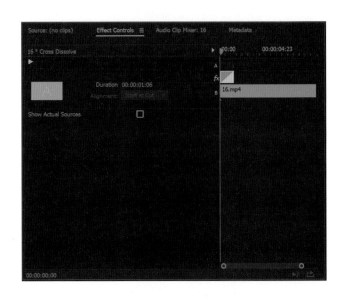

3) 타임라인의 오디오 클립을 클릭하여 선택 상태로 두고 Ctrl+Shift+D 키를 누릅니다. Audio 1 트랙에 등록된 오디오 클립의 시작 지점과 끝 지점에 오디오 디폴트 트랜지션이 적용됩니다. 오디오 디폴트 트랜지션을 다른 것으로 변경하였다면 직접 이펙트 패널에서 Audio Transitions > Crossfade Bin에 있는 Constant Power 트랜지션을 오디오 클립의 시작 지점으로 드래그하면 됩니다.

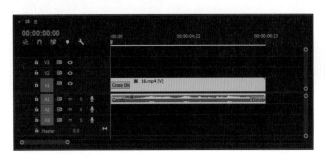

4) 타임라인 패널이 선택된 상태에서 End 키를 눌러 재생 헤드를 클립의 끝 지점으로 이동하고 Ctrl+D 키를 눌러 비디오 디폴트 트랜지션을 적용합니다.

5) 재생 헤드를 드래그하여 클립을 재생해 보면 비디오 클립과 오디오 클립에 모두 페이드 인과 페이드 아웃 효과가 나타나는 것을 볼 수 있습니다. 페이드 인, 페이드 아웃 효과가 적용되는 구간의 길이를 변경하려면 클립에 적용된 각 트랜지션의 끝부분을 드래그하여 트랜지션의 길이를 변경합니다.

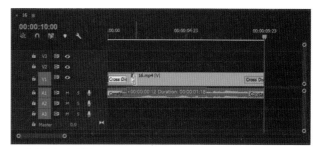

트랜지션의 끝부분을 드래그

02 원하는 색상으로 페이드 인/페이드 아웃하기

기본적으로 페이드 인 또는 페이드 아웃 효과를 적용하면 클립이 희미하게 나타나는 부분은 검정색으로 나타나는데, 원하는 색상을 지정함으로써 색다른 느낌을 받게 할 수도 있습니다.

1) 새 프로젝트를 시작하고 부록의 [Source] 폴더에서 '16.mp4', '17.mp4' 클립을 불러오고 File > New > Color Matte를 선택합니다.

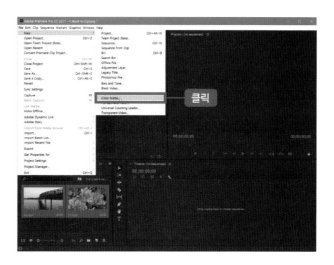

2) New Color Matte 대화상자가 나타나면 기본값을 그 대로 두고 OK 버튼을 클릭합니다.

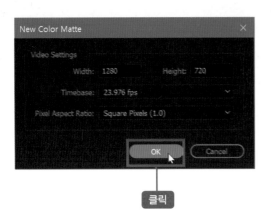

3) 이어서 컬러 피커 창이 나타납니다. R, G, B 값을 모 두 255로 입력하고 OK 버튼을 클릭합니다. 흰색을 지정한 것입니다.

4) 컬러 매트의 이름 입력을 위한 Choose Name 대화상 자가 나타납니다. 쉽게 식별할 수 있도록 '흰색매트' 라는 이름을 입력하고 OK 버튼을 클릭합니다.

5) 프로젝트 패널에 컬러 매트 클립이 등록됩니다. 먼저 두 개의 무비 클립을 이름 순으로 차례로 드래그하여 V2 트랙에 나란히 등록합니다.

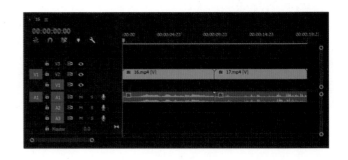

6) V2 트랙의 높이를 충분히 키워 불투명도 라인이 나타 나도록 하고 Ctrl 키를 누른 상태에서 첫 번째 클립의 시작 지점과 1초 지점, 끝 지점으로부터 1초 지점, 끝 지점 이렇게 네 군데 지점을 클릭하여 키 프레임을 생성합니다.

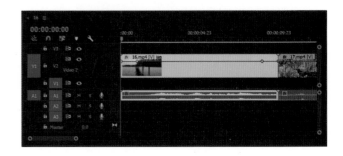

잠깐만!

정확한 지점에 키 프레임을 생성하지 못했다면 생성된
키 프레임을 좌우 방향으로 드래그하여 이동시켜 주면
됩니다. 드래그할 때 현재 키 프레임에 대한 타임코드
가 표시되므로 정확히 원하는 지점에 둘 수 있습니다.

7) 클립의 시작 지점과 끝 지점의 키 프레임을 아래로
드래그하여 불투명도 값이 0이 되도록 합니다.

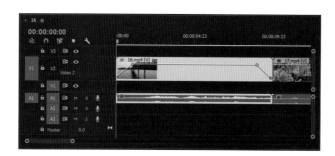

8) V2 트랙의 첫 번째 클립을 클릭하고 Ctrl+C 키를 누
르거나 마우스 우측 버튼으로 클릭하여 팝업 메뉴에
서 Copy를 선택합니다.

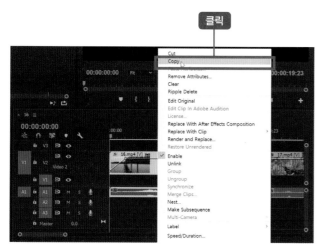

9) V2 트랙의 두 번째 클립을 선택하고 Ctrl+Shift+V 키
를 누르거나 마우스 우측 버튼으로 클릭하여 팝업 메
뉴를 열고 Paste Attributes를 선택합니다. 이것은 복
사해 둔 클립의 속성 즉, 불투명도 값만을 붙여넣기
하려는 것입니다.

10) Paste Attributes 창이 나타나면 OK 버튼을 클릭합
니다. 두 번째 클립의 불투명도 값이 첫 번째 클립과
동일하게 적용되어 나타납니다.

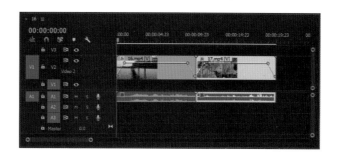

11] 프로젝트 패널에 있는 컬러 매트 클립을 V1 트랙의 시작 부분으로 드래그합니다.

12] V1 트랙에 등록된 컬러 매트 클립의 우측 끝 부분을 드래그하여 V2 트랙에 등록된 전체 클립의 지속시간 과 동일하게 조정합니다.

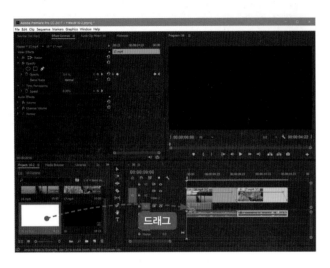

13] 재생 헤드를 드래그하거나 Space Bar를 눌러 작업 결과를 프리뷰합니다. 페이드 인과 페이드 아웃 으로 인하여 클립이 희미하게 나타나는 부분이 흰색으로 표시되는 것을 볼 수 있습니다. 흰색이 마 음에 들지 않는다면 원하는 색상의 매트를 만들어 사용하면 됩니다.

Chapter 17

다양한 방법으로 클립 합성하기

상위 트랙에 등록된 클립의 불투명도 값을 조절하면 하위 트랙에 등록된 클립과 합성할 수 있는데, 이러한 기본적인 합성 방식 외에도 마스크를 지정하거나 키잉(Keying) 이펙트를 사용하면 특정 영역이나 특정 색상 영역을 투명하게 처리할 수 있어 다양한 결과물을 얻을 수 있습니다.

01 불투명도 조절로 클립 합성하기

각각 다른 트랙의 동일 시간 지점에 두 개 이상의 클립을 등록한 경우 가장 위쪽 트랙에 있는 클립만 나타납니다. 하위 트랙의 클립은 위 트랙의 클립으로 인해 가려지기 때문입니다. 하지만 위쪽 트랙 클립의 불투명도를 조절하면 아래 트랙의 클립과 합성되는 결과를 얻을 수 있습니다.

두 클립을 각각 V1 트랙과 V2 트랙의 동일 시간 지점에 등록하고 이펙트 컨트롤 패널에서 상위 트랙인 V2 트랙에 등록된 클립의 불투명도(Opacity) 값을 50%로 설정하면 다음과 같은 결과가 나타나게 됩니다.

V2 트랙의 클립

V1 트랙의 클립

합성 결과

V2 트랙에 등록된 클립의 Opacity를 50%로 설정

상위 트랙 클립의 불투명도 값이 100%이면 완전히 불투명한 상태이므로 오직 상위 트랙의 클립만 보이게 되지만, 불투명도 값을 낮출수록 상위 트랙의 클립은 희미하게, 하위 트랙의 클립은 짙게 나타납니다. 가장 기본적인 합성의 예라고 할 수 있습니다.

Effect Controls 패널의 Opacity 속성 아래에 있는 Blend Mode 메뉴를 열면 다음과 같이 다양한 합성 방식을 선택할 수 있습니다.

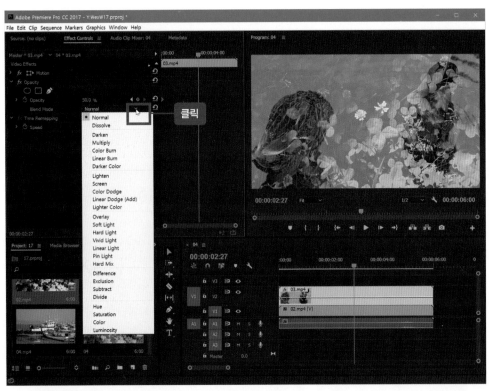

다양한 Blend Mode

02 마스크로 특정 영역만 합성하기

Effect Controls 패널에서 Opacity 속성의 마스크 버튼을 사용하면 상위 트랙의 특정 영역만 마스크로 설정하여 해당 영역만 나타나도록 할 수 있습니다. 마스크로 설정되지 않은 영역은 하위 트랙의 클립이 나타나게 됩니다.

마스크 버튼은 타원, 사각형, 프리 드로우(Free draw) 등 세 가지가 있습니다. 타원 마스크 버튼을 클릭하면 프로그램 모니터에 타원형으로 마스크 영역이 나타납니다.

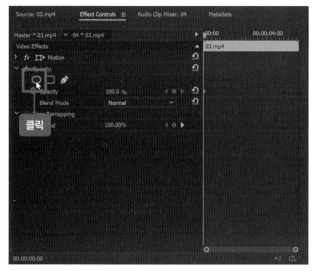

마스크 버튼을 클릭

선택한 모양의 마스크가 나타납니다.

마스크 영역의 조절점을 드래그하여 마스크 영역의 크기나 형태를 변경할 수 있습니다. 마스크 패스 위에 마우스를 두면 + 버튼이 나타나며, 클릭하면 조절점이 추가되어 더욱 세밀하게 원하는 형태를 만들 수 있습니다.

마스크 내부를 드래그하면 마스크 영역을 이동시킬 수 있습니다. 마스크가 생성되면 이펙트 컨트롤 패널에 마스크 속성이 추가되며, 값을 조절하여 마스크 경계선의 부드러움이나 불투명도 등을 변경할 수도 있습니다. 마스크는 여러 개 생성할 수 있어 다양한 영역과 형태로 다른 클립과 합성할 수 있습니다.

마스크의 크기와 위치를 변경합니다.

여러 개의 마스크를 추가할 수도 있습니다.

03 키잉(Keying) 이펙트로 합성하기

이펙트 패널의 Video Effects > Keying에 있는 키잉(Keying) 이펙트들은 상위 트랙에 등록된 클립의 특정 색상 영역을 통해 아래에 있는 클립과 합성하는 데 사용합니다. 합성을 위하여 사용되는 특정 색상 영역을 키(Key)라고 부릅니다.

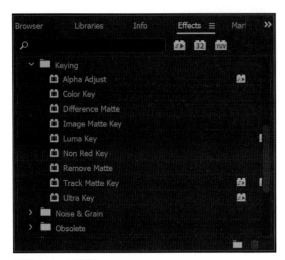

키잉(Keying) 이펙트

● Alpha Adjust

프리미어 프로에서 만든 타이틀(자막)은 기본적으로 알파 채널을 포함하고 있으며, 이러한 타이틀이나 포토샵에서 알파 채널을 포함하여 만든 이미지를 다른 클립의 상위 트랙에 올려 놓으면 알파 채널 영역을 통하여 하위 트랙에 등록된 클립이 나타나게 됩니다.

알파채널을 포함하고 있는 클립에 Alpha Adjust 이펙트를 적용하면 이러한 합성 결과는 물론, 알파 채널 영역에 대한 몇 가지 추가 설정이 가능합니다.

상위 트랙에 타이틀 클립, 하위 트랙에 일반 비디오 클립을 등록한 경우를 보겠습니다. 상위 트랙의 타이틀 클립에 Alpha Adjust 이펙트를 적용하고 이펙트 컨트롤 패널에서 이펙트 속성을 열면 다음과 같은 속성들이 나타납니다.

Alpha Adjust 이펙트 적용

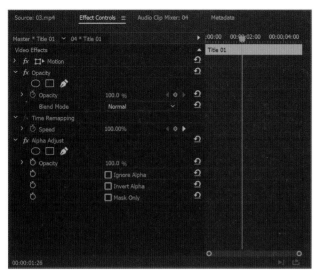

속성들

• Ignore Alpha : 알파 채널 영역을 무시합니다. 따라서 타이틀 배경 영역에 하위 트랙의 클립이 보이지 않게 됩니다.

• Invert Alpha : 알파 채널 영역과 그렇지 않은 영역이 반전됩니다. 따라서 배경 영역은 불투명하게, 타이틀 영역은 투명하게 바뀝니다.

• Mask Only : 불투명하게 처리되는 부분을 흰색으로 표시합니다. 타이틀 클립의 문자 색상이 흰색이 아닌 다른 색상으로 지정되어 있어야 변화를 확인할 수 있습니다.

● Color Key

지정한 색상과 유사한 모든 이미지 픽셀을 투명하게 처리합니다.

Color Key 이펙트 적용

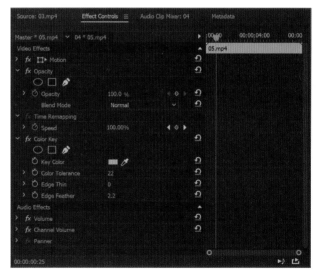

속성들

• Key Color : 제거할 색상을 지정합니다. 색상 박스를 클릭하여 색상을 지정하거나 스포이드로 프로그램 모니터에서 제거할 색상을 클릭합니다.

• Color Tolerance : 색상의 범위를 설정합니다.

• Edge Thin : 투명 영역과 불투명 영역의 경계에 대한 두께를 설정합니다.

• Edge Feather : 투명 영역과 불투명 영역 사이의 경계에 대한 부드러움을 조절합니다.

● Difference Matte

지정한 트랙의 클립과 다른 색상 영역을 제거하여 이 영역을 통해 하위 트랙에 놓인 클립이 나타나도록
합니다.

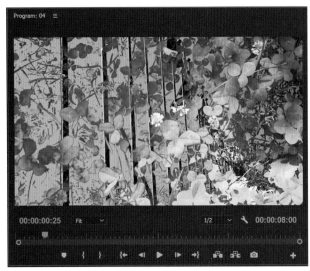

Difference Matte 이펙트 적용

속성들

• Difference Layer : 색상이 비교될 다른 클립이 등록된 트랙을 선택합니다.

• Matching Tolerance : 색상의 차이에 대한 범위를 조절합니다. 값이 클수록 다른 색상을 더 포함하여 투명하
  게 처리합니다.

• Matching Softness : 제거되는 부분과 그렇지 않은 부분의 경계에 대한 부드러움을 조절합니다.

● Image Matte Key

별도로 지정한 이미지 영역을 통해 하위 클립이 나타나
도록 합니다.

1] V2 트랙에는 '05.mp4' 클립, V1 트랙에는 '02.mp4'
  클립을 등록하고 상위 트랙인 V2 트랙의 클립에
  Video Effects > Keying > Image Matte Key 이펙트
  를 드래그하여 적용합니다.

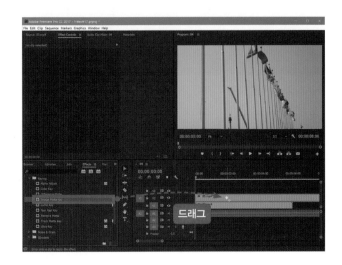

2) 이펙트 컨트롤 패널에서 이펙트 목록 우측에 있는
Setup 버튼을 클릭합니다.

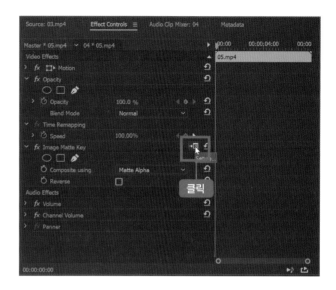

3) 매트로 사용할 이미지를 선택하기 위한 Select a
Matte Image 대화상자가 나타나면 매트로 사용할 이
미지로 [etc] 폴더에서 'matte.tif' 파일을 선택하고 [열
기] 버튼을 클릭합니다. 현재 선택한 이미지는 다음
과 같이 흰색 바탕에 검정색 비행기가 그려져 있는
이미지입니다.

4) Image Matte Key의 Composite using 속성 메뉴를
열고 Matte Luma를 선택합니다. 선택한 이미지는 알
파값을 가지고 있지 않으며, 밝기 영역에 따라 투명
하게 처리하고자 하기 때문입니다.

5) 프로그램 모니터를 보면 매트로 지정한 이미지의 비행기 영역만 현재 클립에 나타나며, 배경 부분은 투명하게 처리되어 하위 트랙의 클립이 나타나는 것을 볼 수 있습니다. 즉, 매트로 사용한 이미지의 검정색 영역은 투명하게 처리되어 하위 트랙의 클립이, 흰색 영역은 불투명 영역으로 처리되어 현재 클립이 나타나게 됩니다.

참고하세요!

Reverse 속성

Reverse 속성은 투명 영역과 불투명 영역을 바꿉니다. 따라서 비행기 영역에는 현재 클립이, 나머지 영역을 통해서는 하위 트랙의 클립이 나타나게 됩니다.

Reverse – On

⦿ Luma Key

어두운 부분을 투명하게, 밝은 부분은 불투명하게 처리합니다. 밝고 어두운 영역을 대조적으로 표현하고자 할 때 사용합니다.

Luma Key 이펙트 적용

속성들

Threshold 속성에서 투명하게 처리할 어두운 영역의 범위를 설정하며 Cutoff에서는 Threshold에서 설정한 불투명 영역의 불투명도를 설정합니다. 이 두 값을 조절하면 투명하게 처리되는 영역을 반전시킬 수도 있습니다.

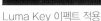 ## Non Red Key

Green 또는 Blue 컬러 영역에 대한 투명도를 적절히 조절할 수 있습니다.

Non Red Key 이펙트 적용

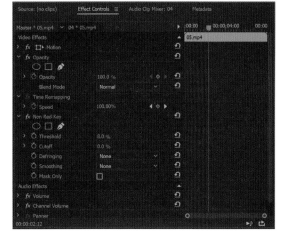

속성들

- **Threshold** : 클립의 투명 영역을 결정하는 파랑, 초록색의 레벨을 설정합니다.

- **Cutoff** : Threshold로 설정한 불투명 영역에 대한 불투명도를 설정합니다.

- **Defringing** : 클립의 불투명 영역의 경계선에 남아있는 색상을 파란색 또는 초록색 중에서 선택하여 제거합니다.

- **Smoothing** : 투명 영역과 불투명 영역의 경계에 대한 부드러움 정도를 None, Low, High 중에서 선택합니다.

- **Mask Only** : 투명 영역을 검정색으로, 불투명 영역을 흰색으로 표시합니다.

● Track Matte Key

두 개의 클립을 합성하면서 또 다른 트랙에 있는 클립을 매트로 사용할 수 있는 키 타입입니다. 결과적으로
3개의 트랙에 있는 클립을 합성할 수 있습니다.

1) V1 트랙에는 배경으로 사용할 클립으로 '11.mp4', V2 트랙에는 트랙 매트 이펙트를 적용할 클립으로 '06. mp4', V3 트랙에는 매트로 사용할 클립으로 [etc] 폴더에 있는 'premiere.prtl' 클립을 각각 등록합니다. 현재 프로그램 모니터에는 타이틀 클립과 V2 트랙의 클립만 보입니다. V1 트랙의 클립은 V2 트랙의 클립으로 인하여 보이지 않기 때문입니다.

2) 이펙트 패널에서 Video Effects > Keying의 Track Matte Key 이펙트를 V2 트랙에 놓인 클립으로 드래그하여 적용합니다. V2 트랙의 클립이 선택된 상태에서 이펙트 컨트롤 패널의 Track Matte Key 이펙트 속성을 열고 Matte 속성 메뉴에서 매트로 사용할 클립이 놓여 있는 트랙인 Video 3을 선택합니다.

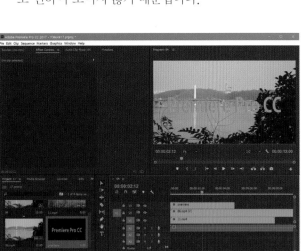

3) 세 개의 클립이 합성되어 나타나는 것을 볼 수 있습니다. 즉, V2 트랙의 클립은 매트로 지정한 V3 트랙의 클립 영역만 나타나게 되며 나머지 영역은 배경 클립인 V1 트랙의 클립이 나타나게 됩니다.

참고하세요!

Matte Alpha와 Matte Luma

앞에서 설명한 것처럼 Compositing Using 속성에서 Matte Alpha를 선택하면 매트로 사용하는 이미지의 알파 채널 영역을 통해 합성하며, Matte Luma를 선택하면 매트로 사용하는 이미지의 밝기값을 통해 합성합니다.

앞 예제에서 V3 트랙의 타이틀 클립을 삭제하고 부록 데이터의 [etc] 폴더에 있는 '행복.bmp'를 등록해 보기 바랍니다. 일반적인 이미지 클립은 알파 채널 영역이 없으므로 단순히 V2 트랙의 클립만 나타납니다.

V2 트랙의 클립을 선택하고 트랙 매트 키의 Composite Using 속성을 Matte Luma로 변경하면 매트로 사용하는 V3 트랙 클립의 밝기값에 따라 세 개의 클립이 합성되어 나타납니다.

Chapter 18

애니메이션을 위한 모션 다루기

모션(Motion)은 프레임의 진행에 따라 클립의 위치가 이동되는 일종의 애니메이션과 같은 효과를 의미합니다. 크기도 자유롭게 변경할 수 있으며, 이펙트와 마찬가지로 키 프레임을 생성하고 각 키 프레임 위치에 각기 다른 속성값을 설정할 수 있으므로 다양하게 변화되는 결과를 얻을 수 있습니다.

---

01 모션의 기본 익히기

기초적인 예제를 통해 모션의 이해와 적용 방법을 익혀 보도록 하겠습니다.

1) 부록의 [Source] 폴더에서 '15.mp4' 클립을 불러와 타임라인 패널에 등록하고 트랙에 놓인 클립이 선택된 상태에서 이펙트 컨트롤 패널의 Motion 항목의 좌측에 있는 확장 버튼을 클릭합니다.

2) 그림과 같이 여러 모션 속성들이 나타납니다.

• Position : 클립의 위치를 설정합니다.

• Scale : 클립의 크기를 설정합니다.

• Scale Width : 클립의 가로 크기를 설정합니다. 기본적으로 Uniform Scale 옵션이 선택되어 있어 비활성화된 상태로 나타납니다.

• Uniform Scale : 클립의 크기를 조절할 때 가로와 세로, 어느 한쪽 크기를 변경하면 다른 쪽 크기도 같은 비율로 함께 변경됩니다. 이 옵션은 기본으로 선택되어 있으며, 옵션을 해제하면 Scale 속성이 Scale Height로 바뀌어 나타나고, Scale Width 속성도 활성화되어 클립의 가로와 세로 크기를 각각 변경할 수 있게 됩니다.

• Rotation : 클립의 회전 각도를 설정합니다.

• Anchor Point : 클립의 중심점인 앵커 포인트 위치를 설정합니다.

• Anti-Flicker Filter : 모션의 적용으로 깜박거리는 현상이 나타나는 경우, 적절한 값을 설정하여 나타나지 않도록 합니다.

3) 재생 헤드를 클립의 시작 지점에 두고 Position과 Scale 속성의 애니메이션 버튼을 클릭하여 키 프레임을 생성합니다.

4) Motion이라고 표시되어 있는 이름 부분을 클릭하거나 프로그램 모니터에서 클립을 더블 클릭하면 프로그램 모니터의 클립 주위에 모두 8개의 조절점이 나타납니다. 이 중에서 우측 하단의 조절점을 드래그하여 클립의 크기를 줄여 줍니다. Scale 속성값을 보면서 20 정도의 값이 되도록 크기를 조절합니다.

클립을 더블 클릭

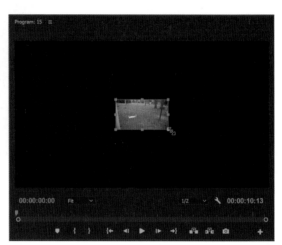
조절점을 드래그

참고하세요!

종횡비를 유지한 채로 크기 조절하기

Motion의 Uniform 옵션이 체크되어 있다면 8개의 조절점 어느 것을 드래그해도 원본과 동일한 종횡비 즉, 가로:세로 비율을 유지한 채로 클립의 크기가 변경됩니다. Uniform 옵션이 해제되어 있다면 조절점을 드래그하는 방향으로 자유롭게 가로 또는 세로 크기를 변경할 수 있으며, 종횡비가 유지된 채로 크기를 변경하려면 Shift 키를 누른 상태에서 네 모서리의 조절점을 드래그해야 합니다.

5) 클립의 내부를 클릭하고 그림과 같이 좌측 상단으로 드래그하여 위치를 변경해 줍니다.

6) 재생 헤드를 클립의 끝부분에 두고 이펙트 컨트롤 패널에서 모션의 Reset 버튼을 클릭합니다.

7) 끝 지점에 키 프레임이 생성되고 이펙트 컨트롤 패널의 Position 속성값과 Scale 속성값이 초기값으로 지정됩니다. 이에 따라 프로그램 모니터의 클립도 초기 상태로 바뀌어 나타나게 됩니다.

8) 결과를 확인해 보면 좌측 상단에 조그맣게 나타나던 클립이 점차 커지면서 모션 패스를 따라 중앙으로 이동하는 것을 볼 수 있습니다.

02 이동하면서 회전하는 애니메이션

앞에서는 간단히 크기와 위치만을 변경하였으나 이번에는 배경 클립 위에서 회전하면서 나타났다가 사라지도록 모션을 설정해 보겠습니다.

1) 부록의 [Source] 폴더에서 '15.mp4', '18.mp4' 클립을 임포트하고 '18.mp4' 클립은 V1 트랙, '15.mp4' 클립은 V2 트랙에 각각 등록합니다.

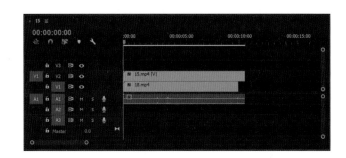

2) V2 트랙의 클립을 선택하고 이펙트 컨트롤 패널에서 모션 속성을 엽니다. 재생 헤드를 클립의 시작 지점에 두고 Scale 속성값을 직접 변경하거나 프로그램 모니터에 나타난 클립을 더블 클릭하여 조절점이 나타나게 한 후 조절점을 드래그하여 클립의 크기를 20% 정도로 줄여 줍니다.

3) 클립 내부를 클릭하고 좌측 상단으로 드래그하여 이동시킵니다. 이펙트 컨트롤 패널에서 Motion의
Position, Scale, Rotation 속성 애니메이션 버튼을 클릭하여 키 프레임을 생성합니다.

클립을 이동시키고

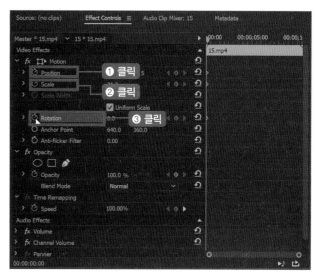

세 속성에 키 프레임을 생성합니다.

4) 재생 헤드를 5초 지점에 두고 클립이 중앙에 위치하
도록 드래그합니다. 현재 클립이 1280, 720픽셀의
크기를 가지고 있으므로 Position 값을 640, 360으
로 설정하면 정확히 중앙에 위치하게 됩니다.

5) 클립의 크기가 80%가 되도록 변경합니다. 역시
Scale 값을 직접 수정하거나 클립의 모서리를 드래
그하여 변경하면 됩니다.

6) 프로그램 모니터에서 클립의 외곽 부분에서 약간 떨어진 부분에 마우스를 가져가 마우스 포인터가 양쪽 화살표 모양으로 바뀌어 나타나면 마우스 버튼을 클릭하고 시계 방향으로 드래그하여 클립을 회전시킵니다. 클립을 180도 회전시키기 위해 Rotation 속성값이 180이 될 때까지 드래그하거나 직접 Rotation 값을 180으로 변경합니다.

회전 포인트가 나타나면 드래그

180도 회전

7) 재생 헤드를 V1 트랙의 끝 지점인 9초 28프레임 위치에 두고 Position 값을 640, 0으로, Scale 값을 0, Rotation 값을 360으로 각각 변경합니다. 이 경우에는 프로그램 모니터에서 클립을 조절하는 것이 쉽지 않으므로 이펙트 컨트롤 패널에서 직접 속성값을 변경하는 것이 좋습니다.

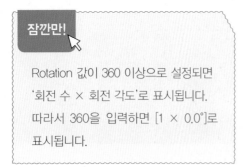

잠깐만!

Rotation 값이 360 이상으로 설정되면 '회전 수 × 회전 각도'로 표시됩니다. 따라서 360을 입력하면 [1 × 0.0°]로 표시됩니다.

8) 프리뷰를 통해 작업 결과를 확인합니다. 좌측 상단에 조그맣게 나타나던 클립은 회전하면서 점차 커지면서 중앙으로 이동하고 다시 상단으로 이동하면서 작아지다가 사라지게 됩니다.

03 **03 모션 키 프레임 보간법 변경하기**

모션도 일반적인 이펙트처럼 두 키 프레임 지점의 속도를 여러 방법으로 변경할 수 있습니다. 특히 모션에서는 시간적인 보간법 외에 움직임에 대한 공간적인 보간법도 변경할 수 있습니다.

● **일반 속성의 속도(Velocity) 보간법 변경하기**

1) 모션의 Position 속성을 제외한 다른 속성에 생성된 키 프레임 위에서 마우스 우측 버튼을 클릭하면 다른 이펙트처럼 여러 보간법이 나타납니다. 따라서 두 키 프레임 지점의 속도를 원하는 형태로 선택할 수 있습니다.

2) 물론 속성 확장 버튼을 클릭하면 값(Value) 그래프와 속도(Velocity) 그래프도 나타나게 됩니다. 각 보간법과 그래프에 대해서는 앞선 이펙트의 설명에서 다루었습니다.

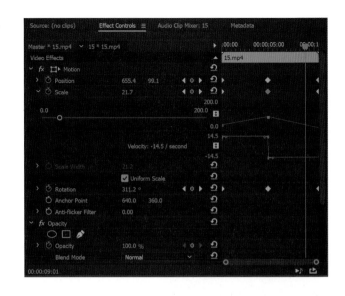

3) 타임라인 패널의 트랙에서도 모션의 각 속성에 대한 키 프레임과 Velocity 그래프를 볼 수 있으며 이펙트 컨트롤 패널에서와 동일하게 드래그함으로써 변경할 수 있습니다. 모션 속성을 설정한 트랙의 높이를 충분히 키워 주고 앞의 클립 위에 fx라고 표시된 부분의 단축 메뉴에서 Motion > Scale을 선택합니다.

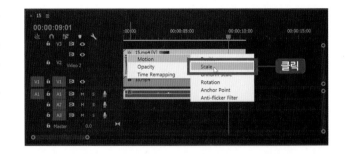

4) 모션의 Scale 속성에 대한 키 프레임이 나타납니다. 키 프레임 위에서 마우스 우측 버튼을 클릭하면 역시 이펙트 컨트롤 패널에서와 마찬가지로 보간 메뉴가 나타납니다. Bezier를 선택합니다.

5) 키 프레임 주위에 핸들이 나타납니다. 드래그하여 현재 속성에 대한 속도를 조절할 수 있습니다. 트랙 헤더에서 트랙의 경계선을 드래그하여 현재 트랙의 높이를 크게 변경해 주는 것이 작업하기 편합니다.

● Position 속성의 보간법 변경하기

모션의 Position 속성에 생성된 키 프레임 위에서 마우스 우측 버튼을 클릭하여 팝업 메뉴를 열면 가장
아래에 두 가지 분류의 보간법이 나타나는 것을 볼 수 있습니다.

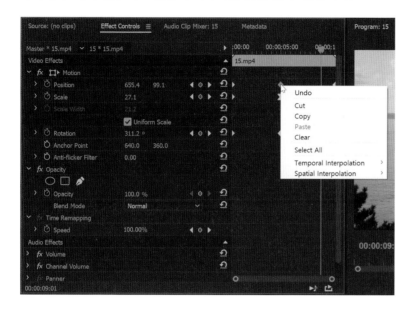

◐ Temporal Interpolation

이미 보아왔던 것처럼 일반적인 이펙트에서 사용하는 시간적인 보간
법으로, 두 키 프레임 사이의 속도에 대한 보간법입니다. 클립에 공
이 떨어지는 것 같은 움직임을 갖게 하면 기본적으로 동일한 속도로
이동하므로 사실적인 표현을 할 수 없습니다. 아래쪽에 도달할수록
가속이 붙어 빨라져야 하기 때문입니다. 이렇게 두 지점 사이를 이
동할 때 다양하게 변화되는 속도를 적용할 수 있는 것이 Temporal
Interpolation입니다.

• Linear : 키 프레임 사이의 속도를 일정하게 유지합니다.

• Bezier : 키 프레임의 핸들을 드래그하여 키 프레임 사이의
속도를 부드럽게 조절할 수 있습니다.

- Auto Bezier : 키 프레임 사이의 속도가 부드럽게 변화하도록 자동으로 조절합니다.

- Continuous Bezier : 한쪽 핸들의 Velocity 값을 조절하면 다른 쪽 핸들도 같은 값으로 자동 조절됩니다. 따라서 이전 키 프레임 쪽이나 다음 키 프레임 쪽 모두 동일하게 변화되도록 합니다.

- Hold : 다음 키 프레임까지 값이 변하지 않고 정지 상태로 설정합니다.

- Ease In : 키 프레임 지점으로 가까워질수록 속도를 느리게 (감속) 합니다.

- Ease Out : 키 프레임 지점에서 멀어질수록 속도가 빨라지게(가속) 합니다.

⊙ Spatial Interpolation

두 키 프레임 사이의 모션 패스 형태에 대한 보간법입니다. 즉, 속도에 영향을 미치는 시간적인 보간이 아니라 공간적인 보간으로서, 움직임의 경로에 영향을 미치게 됩니다. 발로 찬 공이 반듯이 나아가는 것만은 아닙니다. 공을 차는 부위에 따라 휘어져 나가기도 합니다. 이렇듯 특정 지점에서 다른 지점으로 이동할 때, 다양한 이동 경로를 적용할 수 있는 것이 Spatial Interpolation입니다.

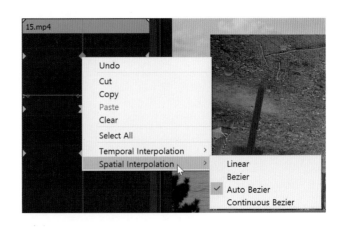

각 보간법에 대한 패스는 Temporal Interpolation과 동일합니다. 다만 Spatial Interpolation은 이동 경로에 대한 공간적인 보간법이므로 직접 프로그램 모니터에 나타난 핸들을 드래그하여 원하는 형태로 패스의 형태를 변경할 수 있습니다.

클립 위의 핸들로
패스 형태 변경

패스가 변경되면 속도도 자동으로 변경됩니다. 이것은 Velocity 그래프를 통해 확인할 수 있습니다. 즉, 직선에 가까운 모션 패스를 심하게 휘어지는 곡선 형태로 변경했다면 그만큼 이동하는 거리가 길어지게 되는데, 이동시간은 변함이 없고 거리가 길어졌으므로 속도가 빨라지게 됩니다.

04 타이틀을 활용한 다양한 영상 만들기

P.A.R.T

프리미어 프로 CC에서 타이틀을 제작하는 데 사용하는 타이틀러의 기능과 옵션을 살펴보고, 여러 형태의 타이틀 제작 과정을 익힙니다. 타이틀러에서는 방송급 고품질의 전문적인 타이틀을 편리하고 쉽게 만들 수 있도록 다양한 기능과 옵션을 제공하고 있습니다.

3장

운 아들은
훈계를 들으나
자는
을 즐겨듣지
느니라

입의 열매로 인하여
누리거니와
궤사한 자는

복록을 누리거니와
마음이 궤사한 자는
강포를 당하느니라
입을 지키는 자는
자기의 생명을 보전하나
입술을 크게 벌리는 자에게는
멸망이 오느니라

강포를 당하느니라
입을 지키는 자는
자기의 생명을 보전하나
입술을 크게 벌리는 자에게는
멸망이 오느니라

Chapter 19

타입 툴로 타이틀 만들기

타이틀은 영상의 특정 장면에 대한 설명은 물론 미적 요소를 더해 줄 수 있어 영상의 완성도를 높이는 필수적인 요소입니다. 프리미어 프로 CC 2017부터는 툴 패널에 타입 툴이 추가되어 프로그램 모니터의 클립 위에 직접 빠르고 편리하게 타이틀을 입력할 수 있습니다.

1) 타임라인에 클립 하나를 등록하고 툴 패널에서 타입 툴(Type Tool)을 클릭합니다.

2) 프로그램 모니터에서 타이틀을 입력하고자 하는 지점을 클릭합니다. 빨간색으로 입력 지점이 나타나며 이펙트 컨트롤 패널이 자동으로 열리면서 Text 항목이 추가됩니다.

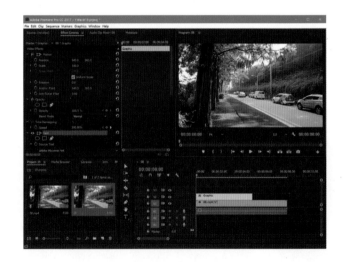

3) 문자를 입력합니다. 한글로 입력하려면 당연히 키보드의 한/영 키를 눌러서 입력합니다. 한글로 입력한 경우 마지막 문자 입력한 후 우측 방향키를 한 번 눌러야 마지막 문자가 제대로 나타납니다.

4) 문자 입력을 마쳤다면 툴 박스에서 선택 툴을 클릭하고 입력된 타이틀을 드래그함으로써 위치를 이동시킬 수 있습니다. 모서리의 조절점을 드래그하여 크기를 변경할 수도 있습니다.

5) 타이틀을 중앙에 위치시키려면 Snap Graphics 버튼을 사용하는 것이 편리합니다. 프로그램 모니터의 버튼 편집 버튼을 클릭합니다.

6) 여러 버튼들이 나타납니다. Snap Graphics 버튼을 아래 버튼 목록으로 드래그합니다.

7) OK 버튼을 눌러 변경된 버튼 상태를 적용하고 버튼 목록에 추가된 Snap Graphics 버튼을 클릭하면 버튼 색상이 파란색으로 변경되어 적용 중임을 표시합니다. 이 상태에서 입력된 타이틀을 가로 방향으로 드래그하다보면 빨간색 세로선이 나타나 타이틀이 정확하게 가로 중앙에 위치했다는 것을 알려 줍니다.

8) 다시 세로 방향으로 타이틀을 드래그하다 보면 가로로 빨간색이 나타납니다. 이 지점이 세로 중앙 상태임을 표시해 주는 것입니다.

9) 타이틀이 선택된 상태에서 이펙트 컨트롤 패널을 보면 입력된 문자와 동일한 이름으로 Text 항목이 추가된 것을 볼 수 있습니다. Source Text를 열면 타이틀의 폰트와 형태, 정렬 방식, 색상, 외곽선, 그림자 등 다양한 속성이 나타납니다. 폰트 목록 버튼을 클릭합니다.

10) 시스템에 설치된 폰트들이 나타납니다. 나눔 펜 글씨체를 선택해 보겠습니다.

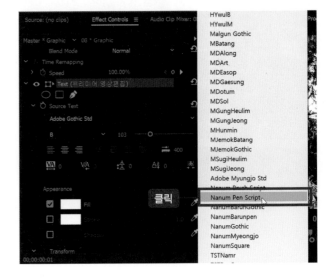

11) 폰트가 변경됨에 따라 타이틀의 위치나 간격이 변경되므로 크기와 위치를 적절히 변경해 줍니다. 글자의 간격(자간)은 Tracking 속성값을 조절하여 변경할 수 있습니다.

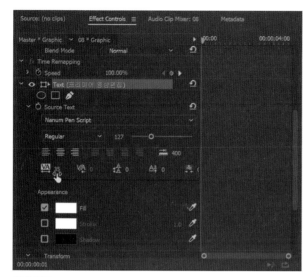

자간 조절

변경된 타이틀

12) 타이틀 색상을 변경하려면 Appearance의 Fill 색상 박스를 클릭합니다.

13) 컬러 피커 창이 나타나면 원하는 색상을 클릭하고 OK 버튼을 클릭합니다.

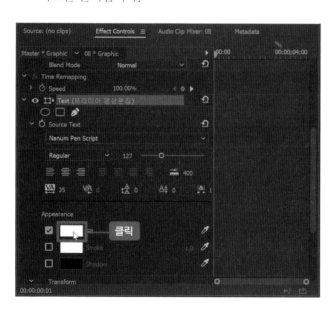

14) 외곽선을 추가하려면 Stroke 속성의 체크박스를 클릭하여 체크 상태로 변경하고 우측의 색상 박스를 클릭합니다.

15) 컬러 피커 창이 나타나면 외곽선으로 사용할 색상을 지정하고 OK 버튼을 클릭합니다. 외곽선의 두께는 Stroke 속성 우측에 있는 값을 변경하면 됩니다. 입력된 문자를 수정하려면 타입 툴이 선택된 상태에서 타이틀 영역을 클릭합니다. 타이틀 외곽에 빨간색 박스가 나타나 편집상태임을 표시해 줍니다.

외곽선의 두께 설정

외곽선이 추가된 타이틀

Chapter 20

타이틀러 패널에서 타이틀 만들기

타이틀러 패널을 사용하면 더욱 다양한 옵션을 적용하여 다양한 형태의 타이틀을 만들 수 있습니다.
간편하게 타이틀을 만들려면 툴박스의 타입 툴, 더욱 다양한 효과와 형태의 타이틀을 만들려면 타이틀
러 패널을 사용하는 것이 좋습니다.

---

01 타이틀러 패널에서 타이틀 만들기

1) 부록의 [Source] 폴더에 있는 '17.mp4' 파일을 불러와 타임라인 패널의 V1 트랙에 등록하고 File >
New > Legacy Title을 선택합니다.

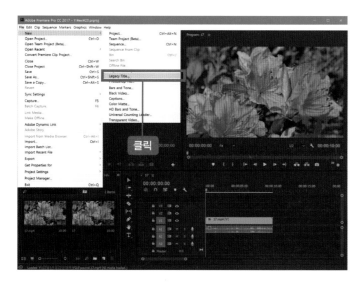

2) New Title 대화상자가 나타납니다. Name 입력란에
적절한 타이틀의 이름을 입력하고 OK 버튼을 클릭합
니다.

3] 타이틀러 패널이 나타납니다. 기본적으로 현재 타임
라인에 놓인 영상이 배경으로 나타나 타이틀과의 합
성 결과를 미리 보면서 작업할 수 있습니다. 좌측의
툴 패널에서 T로 표시된 타입 툴을 클릭합니다.

4] 문자를 입력하고자 하는 위치를 클릭하면 클릭한 위
치에 커서가 깜박거리면서 나타납니다.

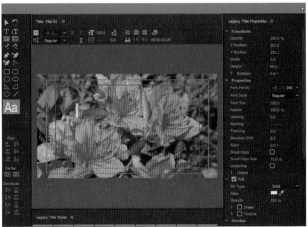

5] 우측의 타이틀 속성 패널에서 Properties 섹션의 Font
Family 속성 드롭다운 메뉴를 클릭합니다. 시스템에
설치되어 있는 여러 폰트 목록이 나타납니다. 타이틀
러에서는 일반 프로그램과 달리 영문 폰트가 선택된
상태에서는 키보드를 한글 모드로 전환해도 한글이
정상적으로 입력되지 않으므로 반드시 한글 폰트를
선택해야 합니다. 우측의 스크롤 바를 드래그하여 '굴
림' 폰트를 선택합니다.

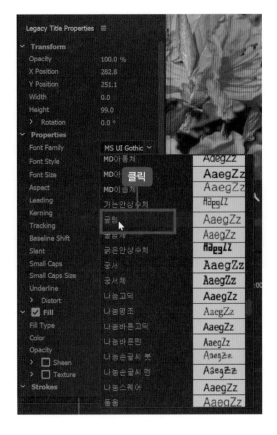

6) 키보드의 [한/영] 키를 눌러 한글 입력 모드로 전환하고 문자를 입력합니다. 한글의 경우 마지막 문자를 입력한 다음 우측 방향키를 한 번 눌러 주어야 제대로 나타납니다. 입력을 마쳤다면 ESC 키를 누르거나 툴 패널의 가장 위에 있는 화살표 모양의 선택 툴을 클릭합니다.

7) 문자 입력이 완료되고 입력한 문자가 선택 상태로 전환됩니다. 문자 주위에 나타난 작은 사각형 모양의 핸들을 드래그하면 크기를 조절할 수 있습니다. 위아래의 핸들을 드래그하면 수직 크기, 좌우측에 있는 핸들을 드래그하면 수평 크기를 조절할 수 있으며, 모서리의 핸들을 드래그하면 수직, 수평의 크기를 동시에 조절할 수 있습니다. 다음과 같이 모서리의 핸들을 드래그하여 문자 크기를 적절히 조절하고 문자 내부를 드래그하여 아래쪽에 위치시킵니다. 문자 내부를 더블 클릭하면 자동으로 타입 툴이 선택되고 편집 모드로 전환되어 문자를 수정할 수 있습니다.

참고하세요!

문자 크기 조절하기

Shift 키를 누른 상태에서 모서리의 핸들을 드래그하면 본래의 수직, 수평 크기 비율을 유지한 채 크기를 조절할 수 있습니다. 또, 우측의 속성 패널에서 Properties 섹션의 Font Size 속성에 표시된 현재의 값 위에 마우스를 가져가면 손가락 모양으로 마우스 포인터가 바뀌어 나타나는데 이때 좌우측으로 드래그함으로써 문자 크기를 조절할 수도 있으며, 값이 나타난 부분을 클릭하여 편집 상태로 전환하고 직접 원하는 값을 입력한 다음 Enter 키를 누름으로써 변경할 수도 있습니다.

02 문자의 속성 변경하고 클립과 합성하기

입력한 문자는 크기나 위치를 변경할 수 있음은 물론, 다양한 효과를 적용할 수도 있습니다. 색상을 변경하고 그림자를 적용하여 결과를 확인해 보도록 하겠습니다.

1) 입력된 문자를 선택하고 속성 패널에서 Fill 섹션의 Color 속성에 있는 색상 박스를 클릭합니다.

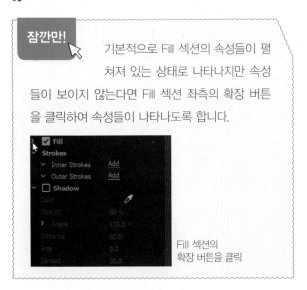

잠깐만!

기본적으로 Fill 섹션의 속성들이 펼쳐져 있는 상태로 나타나지만 속성들이 보이지 않는다면 Fill 섹션 좌측의 확장 버튼을 클릭하여 속성들이 나타나도록 합니다.

Fill 섹션의
확장 버튼을 클릭

2) 컬러 피커 창이 나타납니다. 파란색을 클릭하거나 R, G, B 값을 각각 0, 0, 255로 입력하여 파란색으로 지정하고 OK 버튼을 클릭합니다.

3) 문자의 색상이 파란색으로 바뀌어 나타납니다. 문자에 그림자 효과를 적용하기 위하여 Shadow 섹션의 옵션을 선택하여 체크 상태로 나타나게 합니다. 기본적으로 불투명도 50%의 검정색 그림자가 적용되어 있습니다.

4) 그림자에 대한 각 속성을 다음과 같이 변경합니다. 변경한 속성은 즉시 문자에 반영되어 나타납니다.

- Color(색상) : 흰색
- Opacity(불투명도) : 100%
- Angle(그림자의 각도) : −225°
- Distance(문자와 그림자와의 거리) : 4.0
- Size(크기) : 10
- Speread : 0.0

5) 타이틀러 패널 우측 상단의 [종료] 버튼을 클릭하여 타이틀러 패널을 닫습니다. 프로젝트 패널을 보면 작업한 타이틀이 목록에 등록되어 있는 것을 볼 수 있습니다. 이것을 타임라인 패널의 V2 트랙으로 드래그합니다.

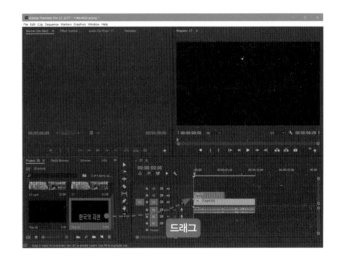

6) 타이틀러 패널에서 작업한 타이틀은 알파 채널을 포함하고 있으며, 배경 영역이 투명하게 처리되어 이 부분을 통하여 하위 트랙의 클립이 나타나게 됩니다. 타이틀 클립도 이미지 클립처럼 트랙에 등록되면 기본적으로 5초의 지속시간을 가지며, 끝부분의 경계선을 드래그하여 지속시간을 변경할 수 있습니다.

Chapter 21

예제파일
[Example₩21-1.mp4], [Example₩21-2.mp4]

롤링/크롤 타이틀 만들기

프레임의 진행에 따라 세로 또는 가로로 흐르는 타이틀은 한정된 영상 프레임 안에서 더 많은 내용을 전달할 수 있으며, 동적인 상태를 보여 주므로 시청자의 시선을 끌 수 있다는 장점도 가지고 있습니다. 스크롤되는 타이틀도 타이틀러 패널을 통해 간단히 만들 수 있습니다.

01 롤링 타이틀 만들기

1) 롤링 타이틀은 영화의 끝부분에 제작진의 이름이 올라가는 것처럼 문자가 세로로 흘러가는 타이틀을 가리킵니다. 새 프로젝트를 시작하고 부록의 [Source] 폴더에서 '16.mp4' 파일을 불러와 타임라인 패널에 등록하고 타이틀 작성을 위해 File > New > Legacy Title을 선택합니다.

2] New Title 창이 나타나면 OK 버튼을 누릅니다. 이어서 타이틀러 패널이 나타나면 Roll/Crawl Options 버튼을 클릭합니다.

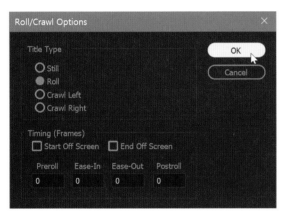

3] Roll/Crawl Options 창이 나타납니다. 롤링 타이틀을 만들 것이므로 Title Type을 Roll로 선택하고 OK 버튼을 클릭합니다.

4] 타입 툴을 선택하고 문자를 입력할 위치를 클릭합니다. 우측 속성 패널의 Font Family에서 폰트는 무료 폰트인 '나눔고딕', Font Size에서 폰트 크기를 '60' 정도로 설정하고 아래의 Stroke > Outer Strokes 속성의 Add를 클릭합니다.

5) 문자에 외곽선이 나타나도록 하려는 것입니다. 기본적으로 흰색 문자에 검정색 외곽선이 나타나게 됩니다. Outer Strokes의 Size 값을 '20'으로 변경하여 외곽선의 두께를 조절합니다. 폰트 크기나 외곽선의 색상 등은 문자 입력을 마친 후 변경해도 되므로 우선 이 상태로 문자를 입력합니다. 예제에서는 다음과 같이 작자 미상의 〈마음에 묻는 사랑〉이라는 시의 일부를 입력해 보겠습니다.

마음에 묻는 사랑

사랑이란 두 글자는
늘 마음을 설레이게 하고
기쁨과 행복도 함께한다.

만날 수 있는 사랑이 있는가 하면
만날 수 없는 사랑도 있는 법이다.
마음에 묻어야만 하는 사랑

만날 수 없다 해서 슬픈 것만은 아니다.
생각날 땐 언제나 어디서나
꺼내서 볼 수 있는 사랑이기에

사랑하는 사람의 숨소리를 들을 때면
마냥 행복해지고 편한 마음으로
잠들어 있는 나의 모습을 보곤 한다.

6) 한 행의 문자 입력이 끝나면 Enter 키를 눌러 다음 행에 문자를 입력합니다. 드로잉 영역을 벗어나면 자동으로 스크롤 바가 움직여 현재의 입력 위치를 보여 줍니다.

7) 툴 패널에서 선택 툴을 클릭하여 문자 입력을 마치고 속성 패널에서 Properties > Leading 속성 값을 '30' 정도로 지정하여 행 사이의 간격을 늘려 줍니다. 문자가 스크롤되면서 재생될 때 행 사이의 간격이 좁으면 알아보기 힘들기 때문입니다.

잠깐만! 드로잉 영역 우측의 스크롤 바를 드래그하여 잘못 입력된 문자가 없는지 확인하도록 합니다. 문자가 입력된 영역을 더블 클릭하면 편집 모드로 전환되어 잘못된 부분을 수정하거나 추가로 문자를 입력할 수 있습니다. 또한 문자 영역을 드래그하여 위치도 적절히 변경해 주도록 합니다.

8) 타이틀러 패널을 닫고 프로젝트 패널을 보면, 작업한 타이틀 클립이 등록되어 있는 것을 볼 수 있습니다. 이것을 타임라인 패널의 V2 트랙으로 드래그하고 V1 트랙의 클립과 동일한 길이로 맞추어 줍니다.

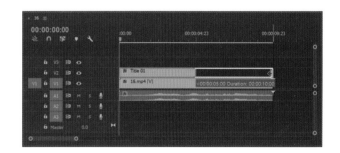

9) 타이틀 클립이 트랙에 등록되면 자동으로 배경 영역이 투명하게 처리되어 하위 트랙의 클립과 합성됩니다. 프리뷰로 작업 결과를 확인합니다.

10) 현재의 롤링 타이틀은 전체 타이틀 영역이 한꺼번에 나타나고 한꺼번에 사라지므로 자연스럽지 않습니다. 프로젝트 패널이나 타임라인의 타이틀 클립을 더블 클릭하여 타이틀러 패널을 열고 입력된 타이틀이 선택된 상태에서 다시 Roll/Crawl Options 버튼을 클릭합니다. 옵션 창이 열리면 Start Off Screen과 End Off Screen 옵션을 체크하고 OK 버튼을 클릭합니다. Start Off Screen 옵션은 롤링이 시작될 때 타이틀이 한꺼번에 나타나지 않고 첫 부분부터 나타나도록 하며, End Off Screen 옵션은 롤링 타이틀이 화면을 완전히 벗어날 때까지 스크롤이 계속되도록 합니다.

참고하세요!

Roll/Crawl Options 창의 기타 옵션들

◎ Title Type : 타이틀의 타입을 선택합니다. 정지 형태의 타이틀이나 롤링 타이틀, 왼쪽이나 오른쪽부터 크롤되는 타이틀 등을 선택할 수 있습니다.

◎ Pre-Roll : 타이틀 클립의 시작 지점으로부터 지정한 프레임 수만큼 스크롤을 정지시킵니다. 즉, 30을 입력한 경우, 타이틀 클립의 시작 지점부터 30프레임까지는 타이틀이 스크롤되지 않고 정지 상태로 나타납니다.

◎ Ease-In : 지정한 프레임 수만큼 점차 가속되어 스크롤되다가 정상적인 속도로 재생됩니다.

◎ Ease-Out : 지정한 프레임 수만큼 점차 감속되어 스크롤되다가 정상적인 속도로 재생됩니다.

◎ Post-Roll : 타이틀 클립의 종료 지점으로부터 지정한 프레임 수만큼 스크롤을 정지시킵니다. 즉, 30을 입력한 경우, 타이틀 클립의 종료 지점부터 앞쪽으로 30프레임까지는 타이틀이 스크롤되지 않고 정지 상태로 나타납니다.

11) 결과를 확인해 보면 더욱 자연스럽게 나타났다가 사라지는 롤링 타이틀을 볼 수 있습니다. 문자의 스크롤 속도가 너무 빠르다면 타이틀 클립의 길이를 길게 변경해 주면 됩니다. 물론 타이틀의 배경으로 사용하는 클립도 이에 맞춰 다른 클립을 추가해 주어야 할 것입니다.

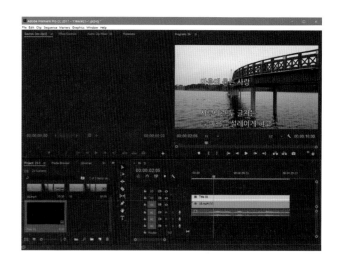

02 가로로 스크롤하는 크롤 타이틀 만들기

가로 방향으로 스크롤되는 타이틀은 크롤 타이틀이라고 부릅니다. TV 방송에서 화면 하단을 통해 프로그램 안내 자막을 보여줄 때에 주로 사용되는 방식으로서, 앞에서 다루었던 롤링 타이틀처럼 타이틀러 패널을 사용하여 쉽게 만들 수 있습니다.

1) 새 프로젝트를 시작하고 부록의 [Source] 폴더에서 '17.mp4' 클립을 불러와 타임라인 패널에 등록합니다. File > New > Legacy Title을 선택하여 New Title 대화상자가 나타나면 적절한 이름을 입력하고 OK 버튼을 클릭합니다. 타이틀러 패널이 나타나면 Roll/Crawl Options 버튼을 클릭하여 옵션 창에서 Title Type은 Crawl Left를 선택하고, Start Off Screen과 End Off Screen 옵션을 체크한 후 OK 버튼을 클릭합니다. 문자가 한쪽 끝에서 나타나면서 시작되고, 마지막 문자가 사라진 다음 클립의 재생을 마치도록 하는 것입니다.

2) 타입 툴을 선택하고 드로잉 영역 하단에 문자를 입력한 다음 크기나 기타 효과를 적용합니다. 문자는 롤링 타이틀과 달리 Enter 키를 누르지 않고 한 행에 모두 입력합니다. 예제에서는 '효율적이며 강력한 영상 편집 프리미어 프로 CC와 함께 하십시오'라는 문장을 입력했습니다.

3) 입력한 문자가 드로잉 영역을 벗어나면 가로 방향의 스크롤 바가 나타나고 자동으로 이동되므로 계속 문자를 입력할 수 있습니다.

4) 문자 입력을 마쳤다면 선택 툴을 클릭하고 적절히 문자의 속성을 변경하여 보기 좋게 만듭니다. 입력된 문자 위에서 팝업 메뉴를 열고 Position > Lower Third를 선택하면 가장 안정적으로 보이는 위치로 문자를 이동시킬 수 있습니다.

5) 타이틀러 패널을 닫고 프로젝트 패널에 등록된 타이틀 클립을 타임라인 패널의 V2 트랙으로 드래그한 후 프리뷰하면서 타이틀 클립의 지속시간을 적절히 조절합니다. 롤링 타이틀과 마찬가지로 타이틀 클립의 길이가 길면 천천히 스크롤되며 길이가 짧으면 빠르게 스크롤됩니다. 너무 빠르게 스크롤되면 문자를 알아보기 힘들므로 문자의 길이를 고려하여 적절한 지속시간으로 조절해 주는 것이 좋습니다.

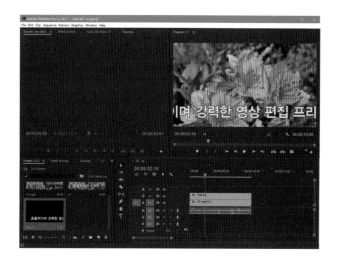

Chapter 22

예제파일
[Example₩22.mp4]

영상이 젖혀진 후 롤링되는 타이틀 만들기

배경 영상과 타이틀 클립에 적절한 이펙트와 모션을 적용하면 더욱 세련되고 영상미가 넘치는 롤링 타이틀을 만들 수 있습니다. TV 프로그램의 엔딩 영상에서 볼 수 있는 것으로, 화면을 한쪽으로 밀어놓고 타이틀이 스크롤되는 영상을 만들어 보겠습니다. 응용하기에 따라 얼마든지 다양하게 변형할 수 있습니다.

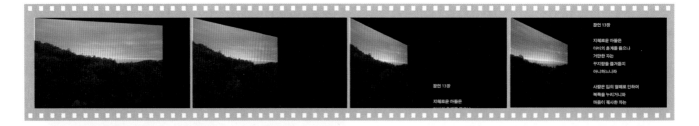

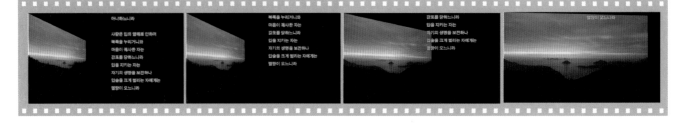

1) 새 프로젝트를 시작하고 부록의 [Source] 폴더에서 '20.mp4' 파일을, [etc] 폴더에서 '잠언13.prtl' 파일을 각각 불러옵니다. 무비 클립은 V1 트랙, 타이틀 클립은 V2 트랙에 등록한 후, 타이틀 클립의 뒷부분을 16초 지점까지 드래그합니다. 타이틀 클립은 미리 제작해 둔 롤링 타이틀입니다.

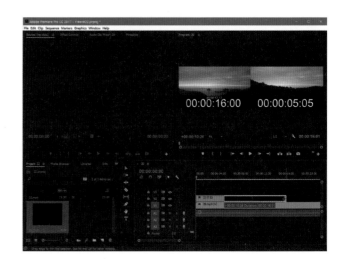

2] 타이틀 클립을 더블 클릭하여 타이틀러 패널을 통해 열고 그림과 같이 타이틀을 우측으로 이동시킵니다.

3] 타이틀 파일이 다른 해상도에서 작업한 것이라 적절한 크기로 나타나지 않으므로 타이틀 클립을 마우스 우측 버튼으로 클릭하고 단축메뉴에서 Scale to Frame Size를 선택합니다.

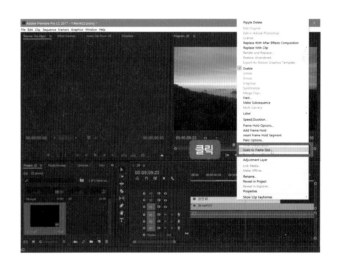

4] 이펙트 패널에서 Video Effects > Distort에 있는 Coner Pin 이펙트를 V1 트랙의 클립으로 드래그하여 적용합니다. V1 트랙의 클립이 선택된 상태에서 이펙트 컨트롤 패널을 열고 Corner Pin 이펙트의 Upper Right와 Lower Right 속성 좌측의 애니메이션(Toggle Animation) 버튼을 클릭하여 키 프레임을 생성합니다. 재생 헤드는 시작 지점에 있어야 합니다.

5) 재생 헤드를 3초 지점에 두고 이펙트 컨트롤 패널에서 Corner Pin 이펙트의 이름을 클릭합니다. 프로
그램 모니터에 클립의 네 모서리에 조절점이 나타나는데, 우측 상단의 조절점을 드래그하여 그림 과
같은 형태로 만들어 줍니다.

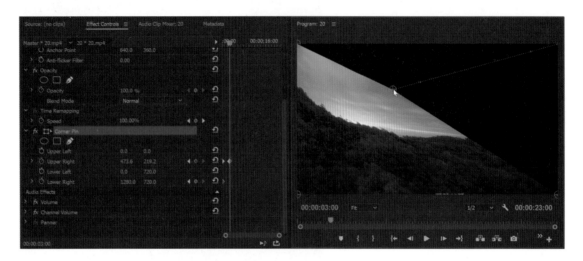

6) 계속해서 우측 하단의 조절점을 그림처럼 드래그합니다.

7] 재생 헤드를 12초 지점에 두고 Upper Right 속성의 키 프레임 추가(Add/Remove Keyframe) 버튼을 클릭합니다.

8] 해당 지점에 이전 키 프레임 지점과 동일한 속성값을 갖는 키 프레임이 생성됩니다. 즉, 3초 지점에서 12초 지점까지는 속성이 변하지 않도록 하는 것입니다. Lower Right 속성에도 키 프레임을 추가하기 위해 키 프레임 추가 버튼을 클릭합니다.

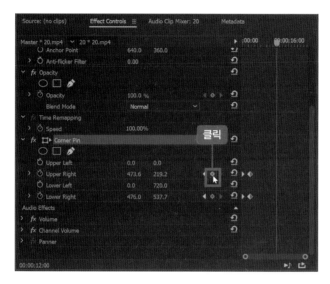

9] 재생 헤드를 10초 지점에 두고 이펙트의 Reset 버튼을 클릭합니다. 이 지점에는 이펙트의 기본값을 적용하려는 것입니다.

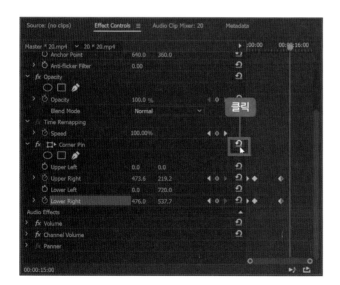

10) 작업 결과를 확인합니다. 롤링 타이틀을 학습할 때 설명한 것처럼, 타이틀이 스크롤되는 속도가 너무 빠르거나 느리다면 타이틀 클립의 지속시간을 적절히 변경해 주도록 합니다. 물론 배경으로 사용되는 무비 클립도 타이틀 클립의 길이에 맞는 적절한 길이를 가지고 있어야 할 것입니다.

참고하세요!

젖혀진 클립의 여백 색상 변경하기

Corner Pin 이펙트를 적용함으로 인하여 클립이 한쪽으로 젖혀질 때 발생하는 여백은 기본적으로 검정색입니다. 하지만 하위 트랙에 원하는 색상의 컬러 매트를 등록해 주면 이 부분의 색상을 원하는 것으로 변경할 수 있습니다.

1) 앞의 예제에서 타이틀 클립을 V3 트랙. 무비 클립을 V2 트랙으로 각각 드래그하여 옮겨 줍니다.

2) File 〉 New 〉 Color Matte를 선택하여 New Color Matte 대화상자가 나타나면 OK 버튼을 클릭하고 컬러 피커 창이 나타나면 원하는 색을 선택한 후 OK 버튼을 클릭합니다.

3) Choose Name 대화상자가 나타나면 OK 버튼을 입력하고 프로젝트 패널에 등록된 컬러 매트 클립을 V1 트랙으로 드래그한 후 매트 클립의 길이를 무비 클립의 길이와 동일하게 변경합니다.

4) 프리뷰해 보면 이펙트가 적용된 상위 클립의 여백 부분이 컬러 매트 클립의 색상으로 나타나게 됩니다.

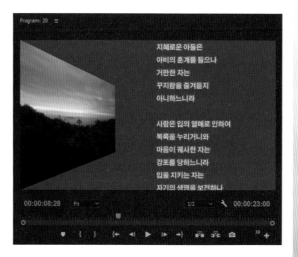

예제파일
[Example₩23.mp4]

Chapter 23

눕거나 특정 구역에서만 나타나는 롤링 타이틀 만들기

롤링 타이틀에 이펙트를 적용하여 타이틀이 누워서 올라가도록 하겠습니다. 영화 〈스타워즈〉에서 사용되었던 롤링 타이틀 형태입니다. 타이틀이 화면의 특정 영역에만 나타나는 부수적인 작업도 추가해 보도록 하겠습니다.

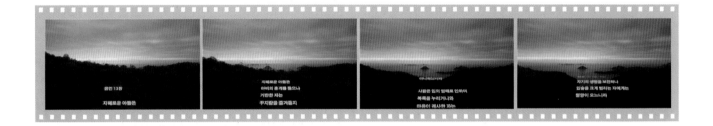

1) 앞의 예제처럼 부록의 [Source] 폴더에서 '20.mp4', [etc] 폴더에서 '잠언13.prtl'을 불러온 후, 무비 클립은 V1 트랙, 타이틀 클립은 V2 트랙에 각각 등록합니다. 이어서 타이틀 클립의 길이를 무비 클립과 동일하게 맞추어 줍니다.

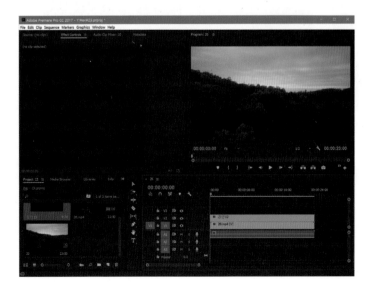

2) 이펙트 패널에서 Video Effects > Perspective에 있는 Basic 3D 이펙트를 V2 트랙에 놓인 타이틀 클립으로 드래그하여 적용하고 타이틀 클립의 문자가 잘 나타나는 지점으로 재생 헤드를 이동시킵니다. 이어서 이펙트 컨트롤 패널에서 Basic 3D의 Tilt 값을 −45° 정도로 변경합니다. 타이틀 클립이 누워 있는 상태로 나타나게 됩니다.

3) 이펙트 컨트롤 패널에서 Motion을 클릭하면 현재 선택된 클립 주위에 파란색 라인과 크기 조절 핸들이 나타납니다. 클립 내부를 드래그하여 중앙에 오게 하고 핸들을 드래그하여 크기도 키워 줍니다.

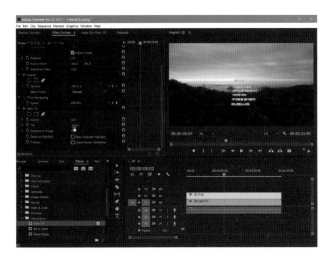

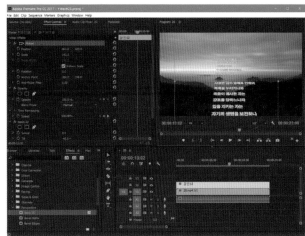

4) 마스크를 적용하여 롤링 타이틀이 화면의 일부 영역 안에서만 나타나도록 하면 또 다른 느낌을 얻을 수 있습니다. 타이틀 클립이 선택된 상태에서 이펙트 컨트롤 패널의 Opacity 속성에 있는 사각형 마스크 툴을 클릭합니다.

5] 프로그램 모니터에 사각형의 마스크 영역이 나타납니다. 이 영역을 통해서만 해당 클립이 나타나게 됩니다. 그림과 같이 아래 일부 영역만 나타나도록 핸들을 드래그하여 크기와 위치를 조절합니다.

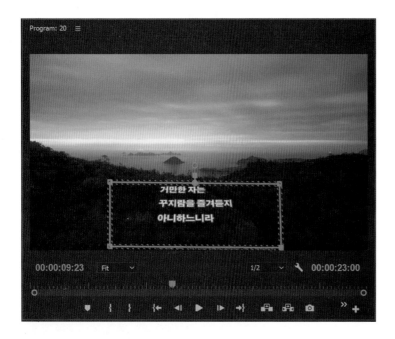

6] 작업 결과를 확인합니다. 예전에는 Garbage Matte 이펙트를 사용하여 구현할 수 있었으나 마스크 툴을 사용하면 아주 간단하게 특정 영역에서만 클립이 나타나는 영상을 만들 수 있습니다.

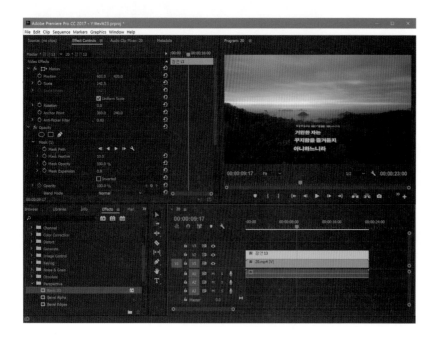

Chapter 24

예제파일
[Example₩24.mp4]

한 문자씩 나타나는 타이틀 만들기

세련된 타이틀은 영상의 품격과 완성도를 높입니다. 기본적인 타이틀 제작 방법을 살펴보고 마스크와 Blur 이펙트를 사용하여 문자가 한쪽부터 흐릿한 상태로 지나가면서 나타나도록 하겠습니다. 문자 애니메이션에서 많이 사용되는 타이틀입니다.

1) 부록의 [Source] 폴더에서 '02.mp4' 파일을 불러와 타임라인 패널에 등록합니다. 툴 패널에서 타입 툴 (Type Tool)을 클릭하고 프로그램 모니터에서 'Happy World'라는 문자를 입력합니다.

2) 선택 툴을 클릭하여 문자의 입력을 마친 다음, 이
펙트 컨트롤 패널의 Source Text 속성에서 폰트는
'Arial'로, 크기는 '150'으로 설정합니다.

3) 선택 상태인 문자를 드래그하여 드로잉 영역 중앙에
위치시키고, 이펙트 컨트롤 패널에서 Opacity 속성
에 있는 사각형 마스크 툴을 클릭합니다.

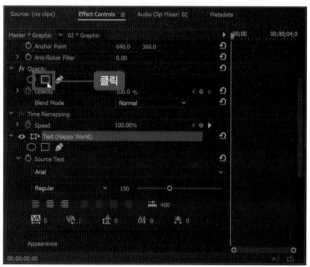

4) 프로그램 모니터의 중앙에 사각형의 마스크가 나타납니다. 이것을 좌측으로 드래그하여 이동시킨 다
음 조절점을 드래그하여 그림과 같이 타이틀이 보이지 않도록 마스크 영역을 조절해 줍니다.

생성된 마스크

마스크의 위치와 크기 조절

5] 재생 헤드가 시작점에 있는지 확인하고 Mask Path 속성에 키 프레임을 생성합니다.

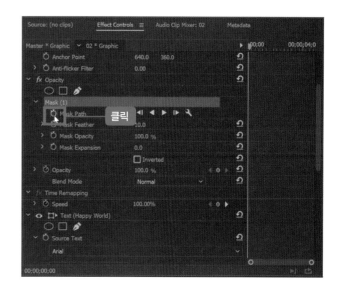

6] 재생 헤드를 3초 지점에 두고 프로그램 모니터에서 우측 두 개의 조절점을 클립의 가장 우측 지점으로 드래그하여 문자가 모두 나타나도록 합니다.

7] Alt 키를 누른 상태에서 V2 트랙의 클립을 V3 트랙으로 드래그합니다. 동일한 속성을 가진 클립이 추가됩니다.

8) 이펙트 패널에서 Video Effects > Blur & Sharpen > Directional Blur 이펙트를 V3 트랙의 클립에 적용하고 클립이 선택된 상태에서 이펙트 컨트롤 패널의 Directional Blur의 Blur Length 속성값을 '40'으로 설정합니다.

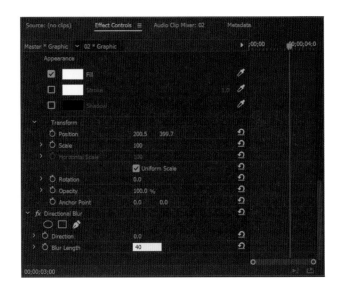

9) 두 클립은 동일한 위치로 모두 한 문자씩 좌측에서부터 나타나되, 위쪽 클립에만 블러 이펙트가 적용되어 있기 때문에 원래의 타이틀 클립 위에서 블러가 적용된 클립이 한 자씩 나타나게 됩니다. 문자가 흐리게 나타나는 부분이 자연스럽지 못하다면 V3 클립에 적용된 Direction Blur 이펙트의 Blur Length 값을 적절히 줄이도록 합니다.

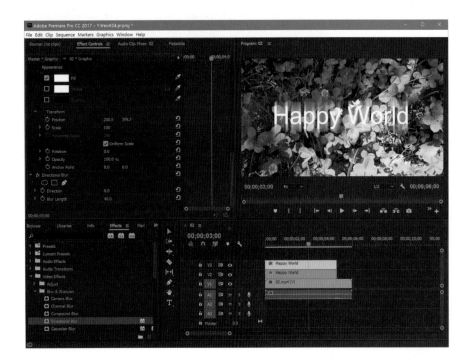

10) 현재 표시되고 있는 문자 부분만 블러로 표시하려면 블러 이펙트가 적용된 V3 트랙의 클립을 선택하고, 이펙트 컨트롤 패널에서 Mask(1)을 선택하여 조절점이 나타나도록 한 후 3초 지점에 생성된 키 프레임을 클릭합니다.

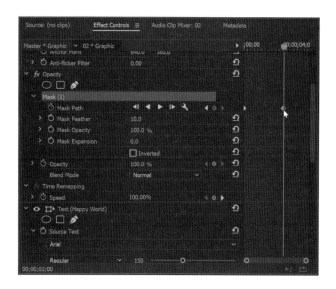

11) 그림처럼 좌측의 조절점을 드래그하여 마스크 영역에 문자가 나타나지 않도록 합니다.

05
P.A.R.T

다양한 실전 영상 만들기

여러 이펙트와 모션, 텍스트 등을 활용하여 독특한 효과를 보여 주는 영상을 만들어 보도록 합니다. 예제를 충분히 숙지한다면 약간의 변형만으로 더욱 독특하면서도 다채로운 결과물을 만들어 낼 수 있을 것입니다.

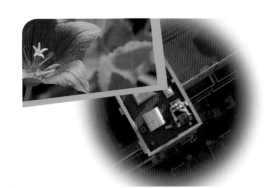

Chapter 25

예제파일
[Example₩25-1.mp4], [Example₩25-2.mp4]

여러 형태의 PIP 영상 만들기

하나의 클립 안에 다른 클립이 작게 나타나는 형태를 PIP(Picture In Picture)라고 부릅니다. PIP 영상을 만들어 모션을 적용해 보고, 테두리와 다양한 움직임까지 적용하여 여러 개의 PIP 영상이 가로로 흘러가도록 하겠습니다.

01 매트와 모션을 적용하여 흘러가는 PIP 영상 만들기

컬러 매트를 사용하여 영상의 테두리를 만들고 PIP 형태로 나타나도록 한 후, 간단한 모션 설정을 통해 PIP 영상이 이동되도록 합니다.

1] 새 프로젝트를 시작하고 부록의 [Source] 폴더에서 '10.mp4', '11.mp4' 파일을 불러옵니다. '10.mp4'는 타임라인 패널의 V1 트랙, '11.mp4'는 V3 트랙에 각각 등록합니다.

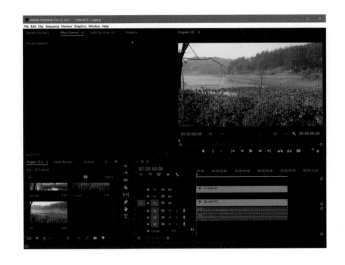

2] 클립의 배경으로 사용할 컬러 매트 클립을 만들기
위해 File > New > Color Matte 메뉴를 선택합니다.
New Color Matte 대화상자가 나타나면 OK 버튼을
클릭한 후, 컬러 피커 창에서 노란색 계열의 색상을
선택하고 OK 버튼을 클릭합니다.

3] Choose Name 대화상자가 나타나면 '노란매트'라고
입력하고 OK 버튼을 클릭합니다. 프로젝트 패널에
추가된 '노란매트' 클립을 타임라인 패널의 V2 트랙에
등록하고 다른 클립의 길이와 동일하게 맞춰 줍니다.

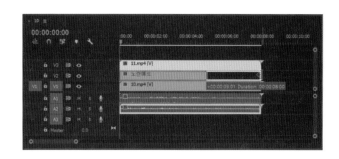

4] V3 트랙에 등록된 클립을 선택한 후, 이펙트 컨트롤
패널의 Motion 속성을 열고 Scale 값을 50으로 변경
하여 클립의 크기를 줄입니다. 직접 프로그램 모니터
에 나타난 조절점을 드래그하여 조절해도 됩니다.

5] 재생 헤드를 클립의 시작 지점에 두고 모션의
Position 속성에 있는 Toggle Animation 버튼을 클릭
하여 키 프레임을 생성합니다.

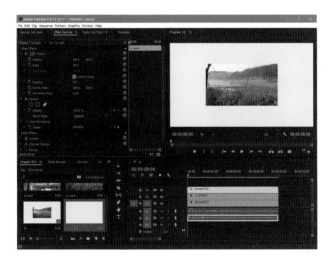

6) 클립이 프로그램 모니터의 뷰 영역 밖에 위치하는 경우에도 보일 수 있도록 프로그램 모니터의 View Zoom Level 메뉴를 열어 25%를 선택합니다.

7) 이펙트 컨트롤 패널에서 Motion을 클릭하여 클립에 조절점과 외곽선이 나타나도록 하고, 클립을 좌측으로 드래그하여 클립을 뷰 영역의 좌측 바깥으로 이동시킵니다.

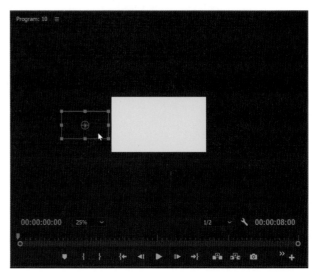

8) 재생 헤드를 클립의 끝 지점에 두고 다시 1프레임 앞으로 이동한 다음, 뷰 영역의 우측 바깥으로 드래그합니다. 재생 헤드가 끝 지점에 있으면 프로그램 모니터에 클립이 보이지 않으므로 1프레임 앞쪽으로 이동시킨 것입니다.

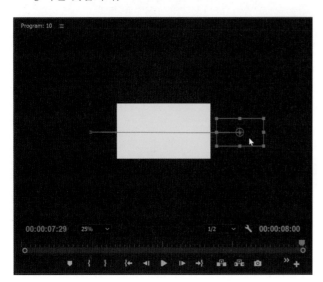

잠깐만! 어색해 보이지 않으려면 클립이 수평으로 정확히 이동되어야 합니다. 따라서 클립이 좌측에 있을 때와 우측에 있을 때의 수직 위치(Y값)가 동일해야 합니다. 좌측에 있을 때의 Position 속성의 수직 위치 값을 기억해 두었다가 우측에 있을 때도 동일한 값이 되도록 조절합니다. 드래그로 동일한 값을 설정하기 힘들다면 속성값을 클릭하여 직접 값을 입력해 주면 됩니다.

9) Motion 항목을 마우스 우측 버튼으로 클릭하고 Copy 를 선택하여 현재 설정된 모션 설정값을 복사합니다.

10) V2 트랙에 등록된 매트 클립을 선택한 후, Motion 항목 위에서 마우스 우측 버튼을 클릭하고 Paste를 선택하여 복사해 둔 모션 설정값을 붙여넣습니다.

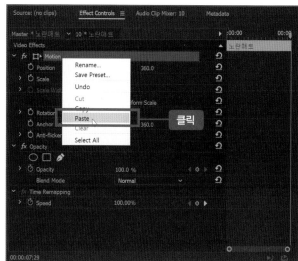

11) 모션의 Position, Scale 속성값, 키 프레임이 매트 클립에도 그대로 적용되었지만 매트는 클립의 테 두리로 사용할 것이므로 재생 헤드를 클립의 중앙 지점에 두어 클립이 잘 보이도록 하고, 모션의 Scale 속성값을 조금 크게 변경하여 테두리가 나타나도록 합니다.

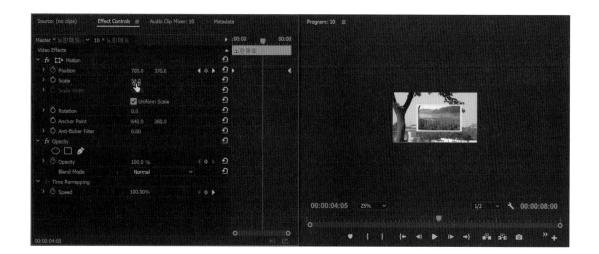

12) 작업 결과를 확인합니다. PIP 클립은 물론 테두리로 사용한 매트 클립도 함께 이동되는 것을 볼 수 있습니다.

02 가로로 흘러가는 다중 PIP 영상 만들기

여러 무비 클립과 매트를 복사하면 여러 개의 PIP 영상이 순차적으로 나타나는 다중 PIP 영상을 만들 수 있습니다. 이번에는 여러 시퀀스를 만든 후, 각 시퀀스에 배치된 무비 클립과 매트 클립을 하나의 시퀀스에 모아 등록하고 모션을 설정해 볼 것입니다.

1) 부록의 [Source]폴더에서 '02~07.mp4'의 6개 무비 클립을 불러옵니다. 먼저 '02.mp4' 클립을 타임라인 패널의 V2 트랙에 등록하고 노란색 매트 클립을 만들어 V1 트랙에 등록합니다. 아울러 매트 클립의 길이를 무비 클립과 동일하게 맞추어 줍니다.

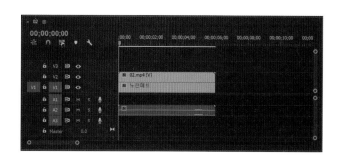

2) V2 트랙의 클립을 선택한 후, 이펙트 컨트롤 패널의 모션 속성에서 Scale 값을 '50'으로 변경하여 클립의 크기를 줄입니다. 프로그램 모니터의 클립을 클릭하고 조절점을 드래그하여 조절해도 됩니다.

3) V1 트랙의 매트 클립을 선택한 후, 이펙트 컨트롤 패널의 모션 속성에서 Scale 값을 '55'로 변경하여 무비 클립의 테두리처럼 나타나게 합니다.

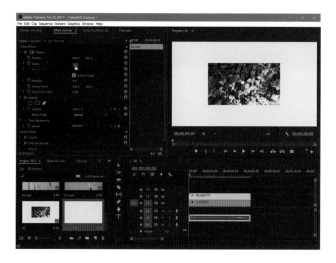

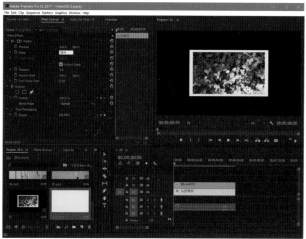

4) File > New > Sequence를 선택하여 New Sequence 대화상자가 나타나면 OK 버튼을 클릭합니다. 4개의 시퀀스를 추가하기 위해 이러한 과정을 4번 반복합니다. 모든 시퀀스의 해상도는 1280×720이며, 초당 30프레임으로 설정하여 작업합니다.

5) 4개의 시퀀스가 추가되었으므로 타임라인 패널에는 총 5개의 시퀀스 탭이 나타납니다. 클립을 타임라인으로 드래그하여 생성된 시퀀스는 기본적으로 클립과 같은 이름인 '02'로 되어 있을 것이며, 추가된 시퀀스는 'Sequence 01~Sequence 04'라는 이름으로 생성되었을 것입니다.

6) 새로 추가된 Sequence 01의 V2 트랙에 '03.mp4' 클립, V1 트랙에는 매트 클립을 각각 등록하고 매트 클립의 길이를 무비 클립과 동일하게 맞추어 줍니다.

참고하세요!

클립을 타임라인으로 드래그할 때 다음과 같은 경고 창이 뜬다면 좌측의 Change sequence settings를 선택합니다. 클립을 시퀀스 설정값과 동일하게 등록하는 것입니다.

7) Sequence 02의 V2 트랙에 '04.mp4' 클립, V1 트랙에 매트 클립을 등록한 후, Sequence 03의 V2 트랙에는 '05.mp4' 클립, V1 트랙에 매트 클립을 등록합니다. 모든 매트 클립의 길이는 무비 클립과 동일하게 맞추어 줍니다.

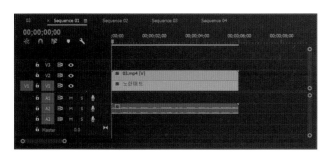

Sequence 03

Sequence 04

8) 첫 번째 시퀀스인 Sequence 02의 V2 트랙에 등록된 클립을 선택한 후, 이펙트 컨트롤 패널에서 Motion 항목을 마우스 우측 버튼으로 클릭하여 단축 메뉴에서 Copy를 선택합니다.

9) 추가된 Sequence 01에서 Sequence 03까지, V2 트랙에 등록된 클립을 차례로 선택해 가면서 Motion 항목을 마우스 우측 버튼으로 클릭하여 단축 메뉴에서 Paste를 선택합니다. 모션 속성을 붙여넣는 과정입니다.

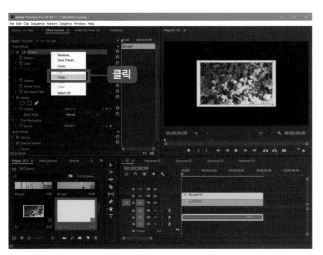

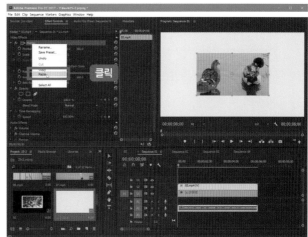

10) 마찬가지 방법으로 Sequence 02의 V1 트랙에 등록된 매트 클립을 선택하고 Motion 속성값을 복사합니다.

11) 이어서 Sequence 01에서 Sequence 03까지 V1 트랙에 등록된 각 매트 클립을 차례로 선택해 가면서 Motion 항목을 마우스 우측 버튼으로 클릭하여 단축 메뉴에서 Paste를 선택합니다. 역시 모션 속성값을 붙여넣는 것입니다.

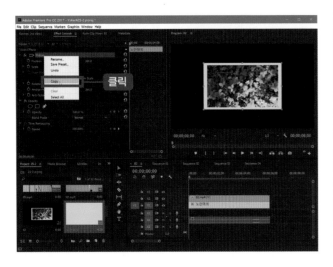
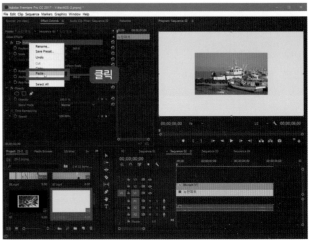

12) 프로젝트 패널에서 '06.mp4', '07.mp4' 클립을 Sequence 04의 V1 트랙에 나란히 등록하고, Sequence 02를 V2 트랙, Sequence 01을 V3 트랙에 등록합니다. 클립뿐만 아니라 시퀀스도 다른 시퀀스의 트랙으로 드래그하여 등록할 수 있습니다.

13) Sequence 02를 V3트랙 위쪽으로 드래그합니다. 자동으로 V4 트랙이 추가되면서 등록됩니다. 이어서 Sequence 03을 V4트랙 위로 드래그하여 추가되는 V5 트랙에 등록되도록 합니다.

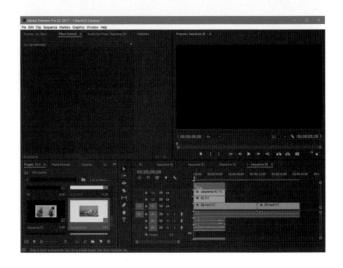

14) 재생 헤드를 시작 지점에 두고 V3, V4, V5 트랙의 헤더에서 눈동자 모양의 Toggle Track Output 버튼을 클릭하여 V2 트랙의 클립이 프로그램 모니터를 통해 나타나도록 합니다.

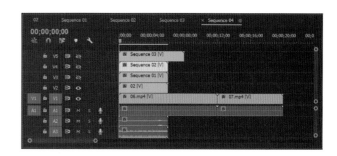

15) V2 트랙의 Sequence 02를 선택한 후, 이펙트 컨트롤 패널의 Motion 항목을 클릭하고 프로그램 모니터에서 클립을 좌측으로 드래그하여 그림처럼 클립이 보이지 않도록 합니다. 프로그램 모니터에 클립이 작게 나타나도록 View Zoom Level을 변경하고 작업하는 것이 좋습니다.

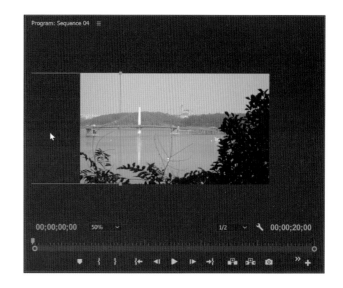

16) Motion의 Position 속성에 키 프레임을 생성한 후, 재생 헤드를 현재 클립이 끝나는 지점으로 이동시킵니다.

17) 프로그램 모니터에서 클립을 우측 바깥 영역으로 드래그하여 클립이 보이지 않도록 합니다.

18) Motion 항목을 마우스 우측 버튼으로 클릭하고 팝업 메뉴에서 Copy를 선택합니다.

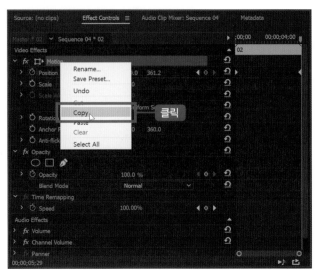

19) 타임라인 패널에서 V3부터 V5 트랙에 놓인 클립을 차례로 선택해 가면서 Motion 항목의 단축 메뉴를 열고 Paste를 선택하여 복사해 둔 모션 속성을 붙여넣습니다.

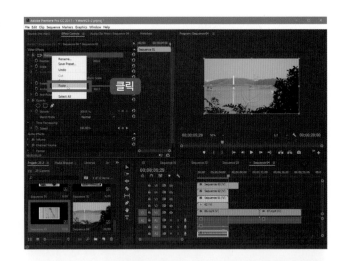

20) V3 트랙의 Toggle Track Output 버튼을 클릭하여 클립이 보이도록 하고 재생 헤드를 3초 지점에 둔 후, 타임라인 패널에서 V3 트랙의 시퀀스를 우측으로 드래그하여 그림과 같이 V2 트랙의 시퀀스와 적절한 간격을 두고 나타나도록 합니다.

21) Info 패널의 Start 항목을 보면 현재 선택되어 있는 V3 트랙에 놓인 시퀀스의 시작 지점이 표시됩니다. 예제의 경우에는 2초 14프레임으로 표시되고 있습니다.

22) V4 트랙의 시퀀스를 일단 V3 트랙의 시퀀스 시작 지점과 동일한 위치에 두고, 앞에서 표시된 프레임 수인 2초 14프레임만큼 우측으로 드래그하여 이동시킵니다. 드래그할 때 이동된 거리가 표시되므로 정확한 위치로 이동시킬 수 있을 것입니다. 만약 V3 트랙에 놓인 시퀀스의 시작 지점이 다르다면 그만큼의 거리로 이동시켜 주면 됩니다.

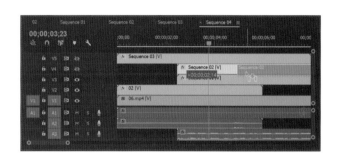

23) V5 트랙의 시퀀스도 일단 V4 트랙의 시퀀스의 시작 지점에 둔 다음, 다시 V4 트랙의 시퀀스보다 2초 14 프레임 뒤로 이동시킵니다.

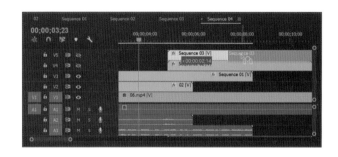

24) V4, V5 트랙의 Toggle Track Output 버튼을 다시 클릭하여 해당 트랙의 시퀀스가 모두 나타나도록 하고 작업 결과를 확인합니다. 테두리가 있는 PIP 영상이 좌측에서 순차적으로 나타나 이동하는 것을 볼 수 있습니다.

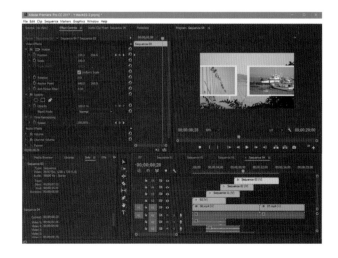

Chapter 26

이펙트와 프리셋으로
클립의 색상 보정하기

이펙트 패널은 여러 가지 강력한 색상 보정 이펙트를 포함하고 있습니다. 일반적인 색상 관련 이펙트보다
다양한 속성과 편리한 인터페이스를 가지고 있는 색상 보정 이펙트의 사용법과 적용 예를 살펴보겠습니다.

---

01 색상 보정 이펙트 속성 살펴보기

색상 보정 이펙트는 클립의 밝기 보정과 같은 기본적인 작업을 비롯하여 화이트 밸런스(White Balance)
가 잘못된 영상의 색상을 보정하거나 방송 표준 색상으로 보정할 때 사용하며, 사용자의 목적에 따라 클
립을 특정 색상으로 바꾸고자 할 때도 유용합니다. Video Effects > Obsolete에 있는 색상 보정과 관련된
몇 가지 이펙트에 대해서 살펴보겠습니다.

● Fast Color Corrector

색상 및 채도 컨트롤을 사용하여 클립의 색상을 보정합니다. 쉐
도우(shadow), 미드(mid), 하이라이트(highlight)의 명도 레벨
컨트롤도 가지고 있어서 간단한 색상 보정에 편리한 이펙트입
니다.

- **Output** : 색 보정 결과를 다양한 형태로 보여 줍니다.
  - **Composite** : 보정된 결과를 색상 그대로 보여 줍니다.
  - **Luma** : 보정된 결과의 명암을 보여 줍니다. 따라서 그레이스케일
    형태로 나타납니다.
  - **Mask** : 보정된 결과를 흰색의 마스크로 보여 줍니다.

- **Show Split View** : 프로그램 모니터를 분할하여 색 보정 전후의 결과를 나타냅니다.

- **Layout** : 스플릿 뷰어로 프로그램 모니터를 분할할 때, 수평(Horizontal)으로 분할할 것인지 수직(Vertical)으로 분할할 것인지 선택합니다.

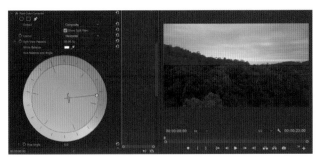

Horizontal

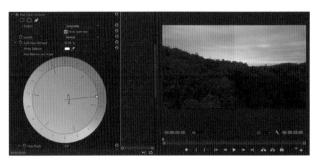

Vertical

- **Split View Percent** : 스플릿 뷰어로 프로그램 모니터를 분할할 때 색 보정 전과 후의 화면 비율을 설정합니다.

- **White Balance** : 화이트 밸런스를 맞출 때의 색상을 설정합니다. 즉, 흰색을 촬영한 결과가 흰색으로 나타나지 않은 경우, 흰색을 지정함으로써 촬영 당시의 화이트 밸런스로 조정할 수 있습니다.

- **Hue Balance and Angle** : 컬러 휠(Wheel)이라 부르는 중앙의 원을 원하는 색상 영역으로 드래그하여 색상과 채도를 조절합니다.

- **Hue Angle** : 컬러 휠의 바깥쪽 원을 회전시켜 색상을 조절합니다. 안쪽 원과 바깥쪽의 색상이 일치할 때 원본과 동일한 색상을 보여 줍니다.

- **Balance Magnitude** : 색 보정 밸런스의 크기를 조절합니다. 값이 클수록 크기 범위가 넓어집니다.

- **Balance Gain** : 밝은 픽셀이 어두운 픽셀보다 강하게 변화하도록 하여 밝기를 조절합니다.

- **Balance Angle** : Balance Gain으로 설정한 밝기에 의해 색상을 변경합니다.

- **Saturation** : 채도를 설정합니다. 값이 작을수록 색상이 제거되어 그레이스케일로 변화합니다.

- **Auto Black/Contrast/White Level** : 각각 어두운 영역과 대비, 밝은 영역의 값을 자동으로 설정합니다.

- **Black/Gray/White Level** : 각각 어두운 영역과 중간 영역, 밝은 영역의 기준 색상을 지정합니다.

- **Input Levels** : 입력 레벨을 조절합니다. 왼쪽의 삼각형으로 어두운 영역의 레벨, 오른쪽의 삼각형으로 밝은 영역의 레벨을 조절하며, 가운데 삼각형으로 감마값을 조절합니다. 왼쪽 삼각형을 중앙으로 드래그할수록 어두워지며 오른쪽 삼각형을 중앙으로 드래그할수록 밝아집니다. 또한 중앙의 삼각형을 좌측으로 드래그하면 콘트라스트가 높아지며 우측으로 드래그하면 낮아집니다.

- **Output Levels** : 출력 레벨을 조절합니다. 좌측과 우측의 삼각형을 드래그하여 어두운 영역과 밝은 영역의 범위를 조절합니다.

- **Input Black/Gray/White Level** : Input Levels의 각 영역에 대한 값을 직접 드래그하거나 입력하여 조절합니다.

- **Output Black/Gray/White Level** : Output의 각 영역에 대한 값을 직접 드래그하거나 입력하여 조절합니다.

● Luma Corrector

클립의 하이라이트와 미드, 쉐도우 영역의 밝기와 콘트라스트를 조절합니다. 대부분의 속성은 Fast Color Corrector와 동일하며 Secondary Color Correction에서는 보정하는 색의 범위를 지정합니다. + 표시의 스포이드 툴로 색의 범위를 확대하며 – 표시의 스포이드 툴로 색의 범위로부터 제외합니다.

● Luma Curve

커브를 사용해 클립의 밝기와 콘트라스트를 조절합니다. 그래픽 프로그램에서 흔히 볼 수 있는 커브와 동일한 방법으로 조절합니다.

그래프의 X축은 밝기 영역, Y축은 X축에 해당하는 밝기의 레벨을 의미합니다. 커브의 임의 지점을 클릭하면 포인트가 생성되며, 이것을 드래그하여 원하는 밝기와 콘트라스트로 지정할 수 있습니다. 커브의 상태에 따라 다음과 같은 결과를 보여 줍니다.

 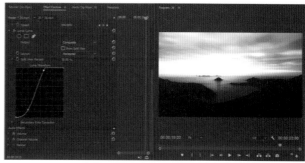

 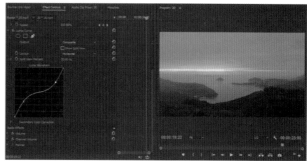

● RGB Color Corrector

각 컬러 채널별로 클립의 밝기와 계조(밝은 부분부터 어두운 부분까지 변화해 가는 농도의 단계)를 조절합니다. 또한 조절 범위를 전체, 하이라이트, 미드, 쉐도우 중에서 선택할 수 있습니다.

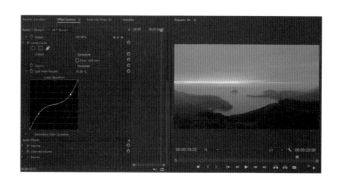

● Three-Way Color Corrector

클립의 쉐도우, 미드, 하이라이트 영역에 대해 각각의 컬러 휠을 통해 개별적으로 색상과 채도, 밝기를 조절할 수 있습니다.

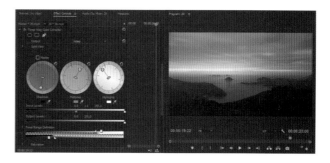

02 Fast Color Corrector 이펙트로 색상 보정하기

Fast Color Corrector 이펙트를 적용하여 색상을 보정하는 예를 살펴보겠습니다. 프로그램 모니터에서 적절한 Output 모드를 통해 정확한 색상 분포를 살펴보면서 작업하는 것이 중요합니다.

1) 부록의 [Source] 폴더에 있는 '25.mp4' 클립을 타임라인 패널에 등록하고 이펙트 패널에서 Video Effects > Color Correction > Fast Color Corrector 이펙트를 적용합니다.

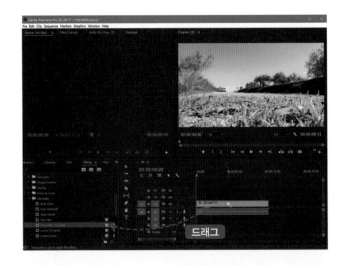

2) Window > Lumetri Scopes 메뉴를 선택하면 Lumetri Scoper 모니터가 이펙트 컨트롤 패널과 동일 패널 그룹에 추가되어 나타나는데, 작업하기 편하도록 Ctrl 키를 누른 상태에서 탭을 드래그하여 플로팅 윈도우 형태로 분리시키고 이펙트 컨트롤 패널을 가리지 않도록 적절히 크기와 위치를 조절합니다.

3] Lumetri Scoper 모니터에서 마우스의 우측 버튼을 클릭하거나 설정 버튼을 클릭하여 메뉴가 나타나면 Waveform Type > YC를 선택합니다.

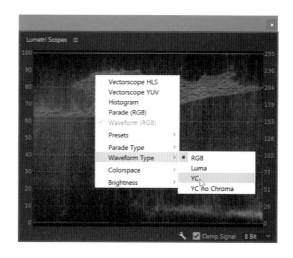

4] Waveform(YC)이 나타납니다. Waveform(YC)은 밝기 분포를 보여 주며, 수평 방향은 주사선의 폭, 수직 방향은 밝기값을 표시합니다. 좌측에 수직으로 NTSC 규격의 허용 영역인 IRE(Institute of Engineers)가 표시되며, 밝기값을 가리키는 그래프가 7.5~100IRE 영역 내에 놓여 있을 때 색상 손실이 발생하지 않습니다. 즉, 가장 어두운 영역인 검은색이 7.5IRE보다 작은 값이 되지 않아야 하며, 가장 밝은 영역인 흰색이 100IRE보다 큰 값이 되지 않아야 합니다.

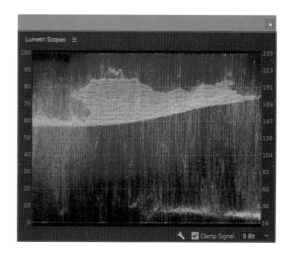

5] 타임라인의 클립이 선택되어 있는 상태에서 이펙트 컨트롤 패널에 나타난 Fast Color Corrector 이펙트의 Black Level 속성에 있는 스포이드 툴을 클릭합니다.

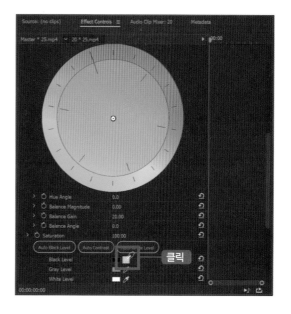

6) 스포이드 툴로 프로그램 모니터에 나타난 클립에서 가장 어두운 영역을 클릭합니다.

7) 이펙트의 Gray Level 속성의 스포이드 툴로 클립의 중간 밝기 영역인 풀잎 부분을 클릭하고 White Level 속성의 스포이트 툴로는 가장 밝은 영역인 흰색 부분을 클릭합니다.

Gray Level 지정

White Level 지정

8] 각 영역에 대한 밝기 설정으로 클립의 밝기와 콘트라스트가 변화합니다. 아울러 웨이브 폼 모니터의 그래프도 이전에 비해 폭이 크게 변화되어 밝기값이 증가했다는 것을 표시해 줍니다. Output Black Level 값을 약간 키워, 잘려 나간 어두운 영역이 나타나도록 합니다. 웨이브 폼 모니터를 보면 점선으로 표시되는 어두운 영역의 하한선(7.5IRE) 위로 어두운 영역이 좀 더 확보되는 것을 볼 수 있습니다.

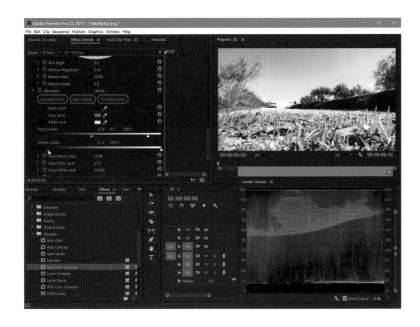

9] Output White Level 값도 웨이브 폼 모니터를 보면서 IRE 값이 100이 넘지 않도록 적절히 조절합니다. 100을 넘는 영역은 NTSC 영상에서 잘려 나가기 때문입니다.

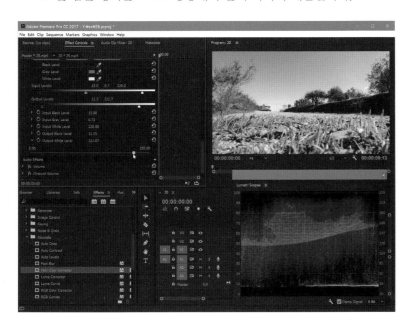

10) 이어서 Input Gray Level 속성값을 드래그하여 Waveform(YC)에서 그래프의 중심이 수직 중앙 영역
에 많이 분포하도록 조절합니다. 프로그램 모니터의 클립을 보면 어두운 영역과 밝은 영역이 고루
나타나는 것을 볼 수 있습니다.

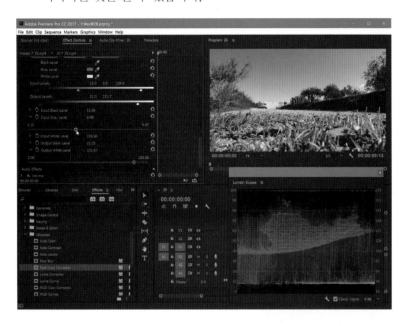

11) Lumetri Scopes 모니터의 팝업 메뉴를 열고
Vectorscope YUV를 선택합니다.

12) Lumetri Scopes 모니터 우측에 Vectorscope YUV
가 추가로 나타납니다. Vectorscope는 그래프가 원
의 중앙으로부터 멀리 퍼져 있을수록 색상과 채도
가 강하다는 것을 의미합니다. 그래프가 특정 방향
으로 치우치지 않고 고르게 분포되어 있어야 무난
한 색상을 보여 주는 상태입니다.

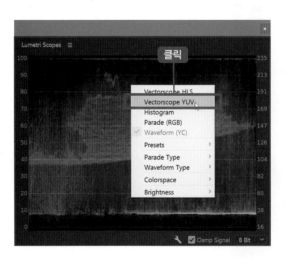

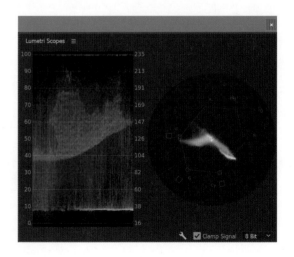

13) 이펙트 컨트롤 패널에서 Hue Balance and Angle 속성의 컬러 휠 중앙을 클릭한 다음, 한쪽 방향으로 드래그하면 해당 방향으로 색상이 변화되며 벡터스코프의 그래프도 동일한 방향으로 이동하는 것을 볼 수 있습니다. 이러한 식으로 색상의 분포를 보며 색상을 조절할 수 있습니다.

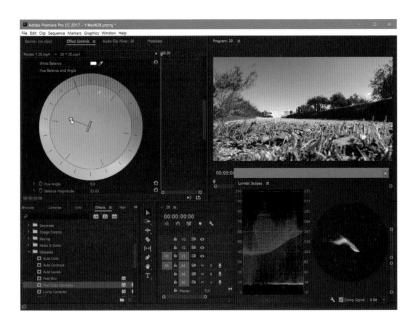

참고하세요!

Parade 스코프

Lumetri Scope 모니터의 단축 메뉴에서 선택할 수 있는 두 가지 형태의 Parade 스코프에 대해 살펴보겠습니다.

1) **Parade(YUV)** : IRE 단위로 Y(밝기), Cd(파란색 영역), Cr(빨간색 영역)을 표시합니다.

2) **RGB(RGB)** : 컴퓨터 모니터의 기본 색상인 R(빨간색), G(녹색), B(파란색)를 개별 신호로 분리하여 표시합니다.

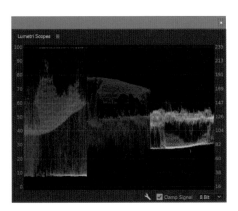

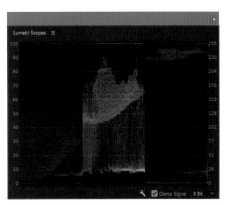

03 프리셋과 Color 워크스페이스로 편리하게 색상 보정하기

색상 보정용 프리셋을 사용하면 간단히 원하는 색상으로 변경할 수 있으며 Color 워크스페이스로 전환하면 색상 보정을 위한 Lumetri Color 패널과 이펙트로 편리하면서도 직관적으로 보정 작업을 할 수 있습니다.

1) 앞에서 클립에 적용했던 이펙트를 제거하고 이펙트 패널에서 Lumetri Presets를 엽니다. 여러 형태의 색상 보정용 프리셋이 나타납니다. 프리셋 중 하나를 선택하면 우측에 나타나는 프리뷰를 클릭해 선택할 수도 있으며 좌측의 확장/축소 버튼을 클릭해서 세부 프리셋을 선택할 수도 있습니다.

2) 원하는 프리셋을 타임라인의 클립으로 드래그하면 해당 프리셋에 설정된 색상이 적용되고 이펙트 컨트롤 패널을 통해 속성을 변경할 수도 있습니다.

3] 다시 클립에 적용된 이펙트를 제거하고 메뉴에서 Window > Workspaces > Color를 선택합니다. Color 워크스페이스로 변환됩니다. 우측에는 색 보정 작업을 위해 편리한 Lumetri Color 패널이 나타나며, 현재 선택된 클립에는 자동으로 Lumetri Color 이펙트가 적용됩니다. Lumetri Color 패널은 어도비 라이트룸과 비슷한 인터페이스를 가지고 있어 친숙하면서도 편리하게 원하는 보정작업을 할 수 있습니다.

4] Lumetri Color 패널의 각 항목을 클릭하면 세부 속성들이 나타나 정밀하게 설정할 수 있습니다. Color Wheels를 클릭합니다.

5] 쉐도우, 미드, 하이라이트 등의 밝기 영역별 컬러 휠이 나타나 영역별로 정밀하게 색상을 보정하거나 변형시킬 수 있습니다.

Chapter 27

예제파일
[Example₩27.mp4]

액자와 함께 이동하는 영상 만들기

이펙트와 모션을 적용하고 각 키 프레임에 다른 색상을 지정하면 단순하면서도 역동적인 느낌을 주는 영
상을 만들 수 있습니다. 액자에 담겨 있는 영상이 이동하면서 점차 커졌다 사라지도록 하겠습니다.

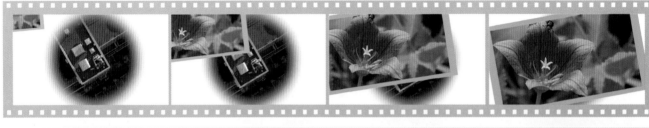

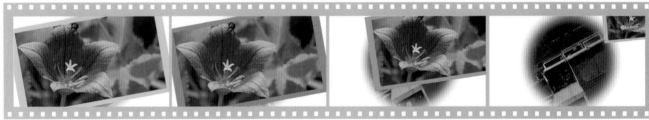

1) 새 프로젝트를 시작하고 부록의 [Source] 폴더에서
'22.mp4', '103.jpg' 파일을 불러온 다음, File > New
Sequence를 선택하여 New Sequence 창이 나타나
면 1280×720, 초당 30프레임 설정으로 새 시퀀스를
생성합니다.

2) 프로젝트 패널의 '103.jpg' 클립을 타임라인의 V2 트랙에 등록하고 File > New > Color Matte를 선택하여 New Color Matte 대화상자가 나타나면 OK 버튼을 클릭합니다. Color Picker 창이 나타나면 노란색을 선택하고 OK 버튼을 클릭합니다.

3) Choose Name 창이 나타나면 OK 버튼을 클릭하고 프로젝트 패널에 등록된 컬러 매트 클립을 V1 트랙에 등록합니다.

4) V2 트랙의 클립을 선택하고 이펙트 컨트롤 패널의 모션 속성을 열어 Scale 값을 '90'으로 변경합니다. V1 트랙의 매트 클립이 바깥쪽에 나타나 클립이 액자에 들어 있는 것처럼 보이게 됩니다.

5) 이펙트 패널에서 Video Effects > Adjust에 있는 ProcAmp 이펙트를 V1 트랙의 매트 클립에 적용하고, V1 트랙의 클립이 선택된 상태에서 이펙트 컨트롤 패널의 ProcAmp 이펙트의 속성을 열어 Hue 속성의 애니메이션 버튼을 클릭합니다. 재생 헤드는 클립의 시작 지점에 있어야 합니다.

6) 재생 헤드를 클립의 끝 지점에 두고 Hue 값을 360°로 변경합니다. '360'을 입력하고 Enter 키를 누르면 1×0.0°로 표시됩니다. 이로써 클립이 재생되면서 액자로 나타나는 매트 클립의 색상이 계속적으로 변화합니다.

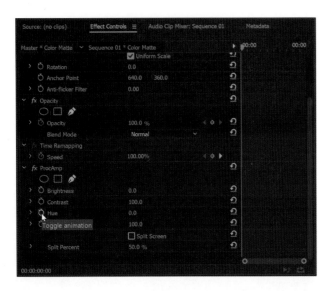

7) File > New > Sequence를 선택하여 새 시퀀스(1280×720, 30프레임)를 만들고 File > New > Legacy Title를 선택하여 New Title 창이 나타나면 OK 버튼을 클릭합니다. 타이틀러 패널이 나타나면 좌측의 툴 패널에서 원 툴을 선택하여 드로잉 영역 전체에 걸쳐 드래그하여 큰 원을 만듭니다.

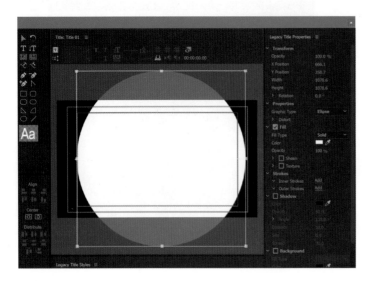

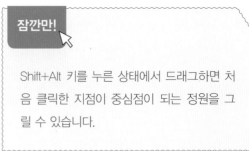

잠깐만!

Shift+Alt 키를 누른 상태에서 드래그하면 처음 클릭한 지점이 중심점이 되는 정원을 그릴 수 있습니다.

8] 타이틀 속성 패널에서 Fill Type을 Radial Gradient로 선택하면 Color 속성에 두 지점이 나타납니다. 좌측 지점을 클릭하고 Color Stop Color의 색상 박스를 클릭합니다.

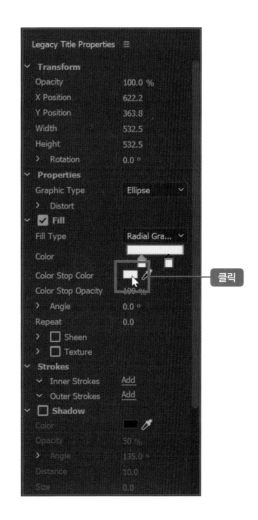

9] 컬러 피커 창이 나타나면 RGB 값을 각각 0, 0, 255로 설정하여 파란색이 되도록 하고 OK 버튼을 클릭합니다.

10) 두 번째 지점은 흰색으로 지정되어 있을 것입니다. 다른 색으로 표시된다면 앞의 방법으로 흰색으로 지정합니다. 이어서 Color 속성의 두 지점을 각각 좌측, 우측으로 드래그하여 그림과 같이 두 색상이 부드럽게 변화하도록 합니다.

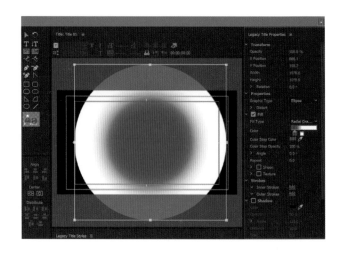

11) 다시 좌측의 툴 패널에서 사각형 툴을 선택하고 드로잉 영역 전체에 걸쳐 큰 사각형을 만듭니다.

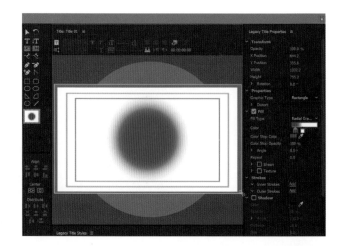

12) 이전 설정과 동일한 색상의 사각형이 만들어졌으니 흰색으로 변경하기 위해 Fill > Fill Type에서 Solid를 선택하고 Color 속성의 색상 박스를 클릭하여 흰색으로 설정합니다.

13] 사각형을 먼저 만들면 원을 그릴 때 잘 보이지 않기 때문에 사각형을 나중에 만들었는데, 나중에 그린 도형이 앞에 나타나게 되므로 먼저 그려 두었던 원이 보이지 않습니다. 사각형 위에서 단축 메뉴를 열고 Arrange > Send to Back을 선택합니다.

14] 사각형이 뒤에 위치하게 되므로 먼저 그려 두었던 원이 앞에 나타나게 됩니다. 타이틀러 패널을 닫고 프로젝트 패널에 등록된 타이틀 클립을 새로 추가된 Sequence 02는 V2 트랙, 이전에 등록해 두었던 '22.mp4' 클립은 V1 트랙에 각각 등록하고 '22.mp4' 클립의 길이를 blue_matte 타이틀 클립의 길이와 동일하게 조절합니다.

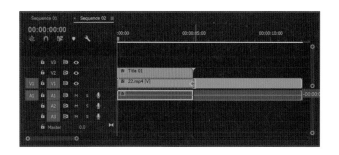

15] 프로젝트 패널에서 Sequence 01을 Sequence 02 타임라인의 V3 트랙으로 드래그하여 등록합니다.

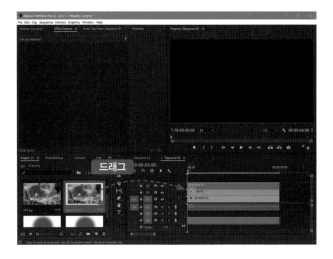

16] 이펙트 패널에서 Video Effects > Keying에 있는 Color Key 이펙트를 V2 트랙의 타이틀 클립 위로 드래그하여 적용하고, V3 트랙의 눈동자 아이콘을 클릭하여 V3 트랙의 클립이 보이지 않도록 합니다. V2, V1 트랙의 합성 결과를 보기 위해 일단 V3 트랙의 클립을 보이지 않게 하려는 것입니다.

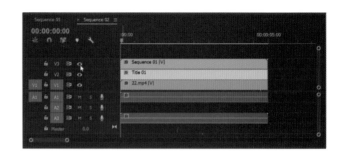

17] V2 트랙의 클립이 선택된 상태에서 이펙트 컨트롤 패널을 열고 Color Key 이펙트의 Key Color를 파란색으로 설정하고 Color Tolerance 값을 255, Edge Thin 값을 5, Edge Feather 값을 100으로 각각 설정하여 파란색 영역을 통해 하위 트랙의 클립이 부드럽게 나타나도록 합니다.

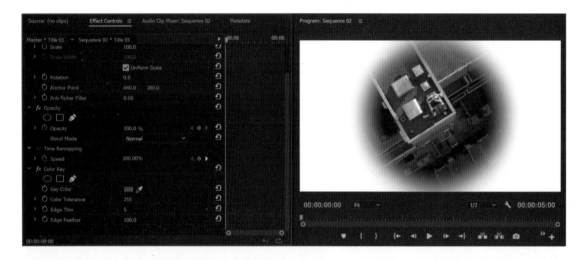

18] V3 트랙의 눈동자 아이콘을 다시 클릭하여 클립이 나타나도록 하고, V3 트랙의 클립을 선택한 다음, 프로그램 모니터의 View Zoom Level 메뉴에서 25%를 선택합니다.

19) 재생 헤드가 클립의 시작 지점에 있는지 확인하고 이펙트 컨트롤 패널의 Motion > Position 속성 좌측에 있는 Toggle Animation 버튼을 클릭하여 키 프레임을 생성합니다. 이어서 Motion 항목을 클릭하여 프로그램 모니터의 클립 주위에 조절점이 나타나도록 합니다.

20) 프로그램 모니터의 클립을 드래그하여 다음 그림과 같이 클립의 외곽선이 배경 클립의 좌측 모서리에 놓이는 위치에 둡니다.

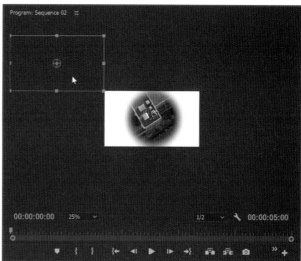

21) 재생 헤드를 1초 지점에 두고 클립을 프로그램 모니터의 중앙으로 드래그하여 이동시킵니다.

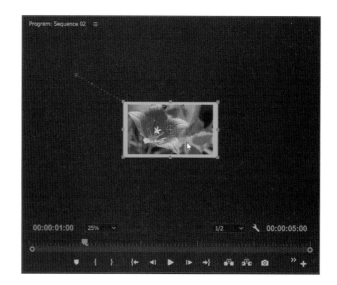

265

22) Alt 키를 누른 채로 1초 지점에 생성된 키 프레임을 4초 지점으로 드래그하여 키 프레임을 복사합니다. 1초 지점에서 4초 지점까지는 동일한 속성이 유지되도록 하려는 것인데 4초 지점에 재생 헤드를 두고 Add/Remove Keyframe 버튼을 클릭해도 됩니다.

Alt 키로 키 프레임 복사

4초 지점에서 키 프레임 생성

23) 재생 헤드를 클립의 끝 프레임 위치에 두고 다시 Motion을 클릭하여 핸들이 나타나도록 한 다음, 그림과 같이 클립의 외곽선이 배경 클립의 우측 모서리에 놓이는 위치로 드래그합니다. 이로써 좌측 상단에서 중앙 지점을 지나 우측 상단으로 이동하는 애니메이션이 만들어집니다.

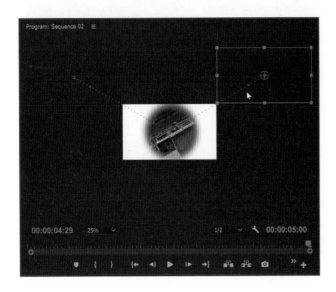

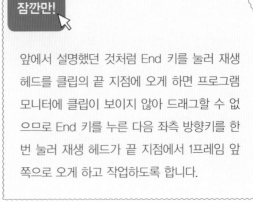

잠깐만!

앞에서 설명했던 것처럼 End 키를 눌러 재생 헤드를 클립의 끝 지점에 오게 하면 프로그램 모니터에 클립이 보이지 않아 드래그할 수 없으므로 End 키를 누른 다음 좌측 방향키를 한 번 눌러 재생 헤드가 끝 지점에서 1프레임 앞쪽으로 오게 하고 작업하도록 합니다.

24) Motion > Position 속성에 있는 Go to Previous Keyframe 버튼을 여러 번 클릭하여 재생 헤드를 클립의 시작 지점으로 이동시킵니다. 이어서 Scale 과 Rotation 속성 좌측에 있는 Toggle Animation 버튼을 클릭하여 키 프레임을 생성하고, Scale 값을 '0'으로 설정합니다.

25) Position 속성의 Go to Next Keyframe 버튼을 클릭하여 재생 헤드를 다음 키 프레임 지점인 1초 지점으로 이동시키고 Scale 값은 원래의 값인 '100'으로, Rotation 값은 '-10'으로 설정합니다.

26) Shift 키를 누른 채로 1초 지점에 생성된 Scale과 Rotation 속성의 키 프레임을 클릭한 다음, Ctrl+C 키를 누르거나 단축 메뉴에서 Copy를 선택하여 선택된 두 키 프레임을 복사합니다.

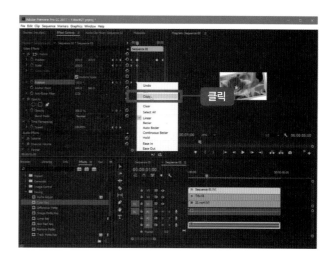

27) 재생 헤드를 직접 드래그하거나 Position 속성의 Go to Next Keyframe 버튼을 클릭하여 재생 헤드가 4초 지점에 오게 하고, Ctrl+V 키를 누릅니다. 복사해 둔 두 키 프레임이 5초 지점에 Paste되어 나타납니다.

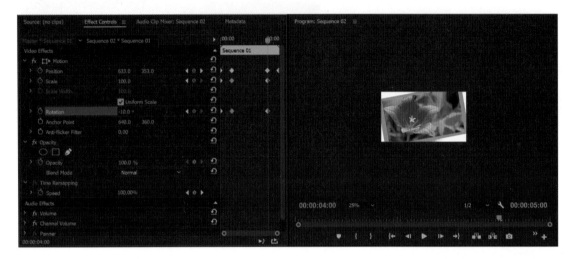

28) 다시 Position 속성의 Go to Next Keyframe 버튼을 클릭하여 재생 헤드를 클립의 끝 프레임에 두고, Scale 값과 Rotation 값을 모두 '0'으로 설정합니다.

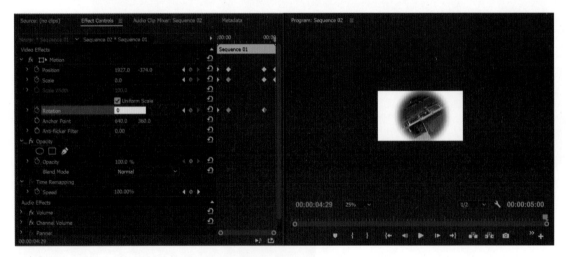

29) 프로그램 모니터의 View Zoom Level 메뉴에서 Fit를 선택하여 클립이 뷰의 크기에 맞게 나타나도록
하고 작업 결과를 프리뷰합니다. 모션 설정에 의해 액자 안의 클립이 애니메이션되면서 액자의 색
상도 변화하는 결과를 볼 수 있습니다.

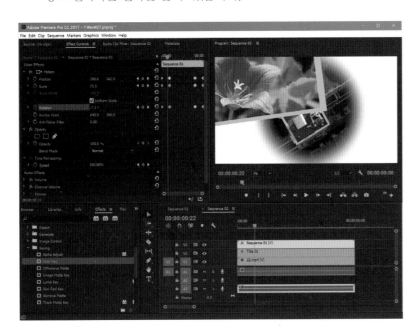

Chapter 28

예제파일
[Example₩28.mp4]

감성적으로 색상이 전환하는 효과 만들기

이펙트지만 속성값을 다르게 하여 트랜지션처럼 사용할 수 있습니다. Gradient Wipe 이펙트를 사용하여 기본 트랜지션에서는 맛볼 수 없는 독특한 전환효과를 만들어 보겠습니다. 뮤직 비디오 등에서 종종 사용하는 전환효과입니다.

1) 부록의 [Source] 폴더에서 '18.mp4'와 '22.mp4' 파일을 불러와 그림과 같이 트랙에 나란히 등록합니다.

2) 전환 효과를 위해 두 클립의 앞, 뒷부분을 일정 부분 겹치게 할 것입니다. 첫 번째 클립을 위로 드래그하여 V2 트랙으로 이동시키고, 오디오 클립은 아래로 드래그하여 A2 트랙으로 이동시킵니다. 다른 클립과 겹칠 때 잘려 나가지 않도록 오디오 클립도 다른 트랙으로 옮겨 주는 것입니다.

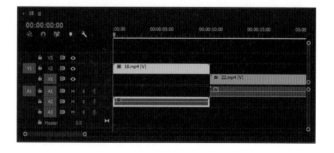

3] 뒤에 놓인 클립을 좌측으로 2초 정도 드래그하여 앞의 클립과 겹치도록 합니다. 비디오나 오디오 클립 모두 다른 트랙에 위치하고 있으므로 잘리는 부분 없이 제대로 겹쳐지게 됩니다.

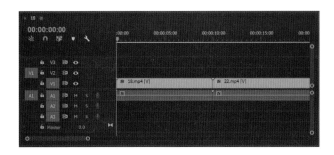

4] 이펙트 패널에서 Video Effects > Transition에 있는 Gradient Wipe 이펙트를 V2 트랙의 클립으로 드래그하여 적용하고 재생 헤드를 두 클립이 겹치는 시작 지점으로 이동합니다.

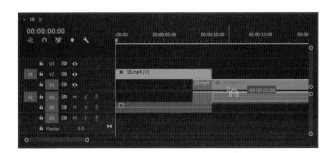

> **참고하세요!**
>
> Shift 키를 누른 상태에서 재생 헤드를 드래그하면 스냅 기능이 작동하여 두 클립이 겹치는 시작 지점에서 달라붙듯이 쉽게 위치시킬 수 있으며, 이때 클립 앞 부분에 역삼각형 모양이 표시됩니다.
>
>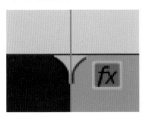
>
> 두 클립이 겹치는 시작 지점의 표시

5] 앞쪽 클립이 선택된 상태에서 이펙트 컨트롤 패널을 열고 Gradient Wipe 이펙트의 Transition Completion 속성의 애니메이션 버튼을 클릭합니다. 현재 재생 헤드가 위치해 있는 지점에 키 프레임이 생성됩니다.

6) 재생 헤드를 2초 뒤인 두 클립이 겹치는 끝 지점에 두
고 Transition Completion 속성값을 100%로 변경합
니다. 이로써 두 키 프레임 지점 사이에 색상이 변화
하는 애니메이션이 만들어집니다.

7) 좀 더 부드럽게 색상이 변화되도록 하려면 Transition Softness 값을 20~30% 정도로 설정합니다.
Invert Gradient 옵션을 체크하면 밝은색부터 사라지면서 전환됩니다. 변화하는 상태를 보면서 마음
에 드는 쪽으로 설정하도록 합니다.

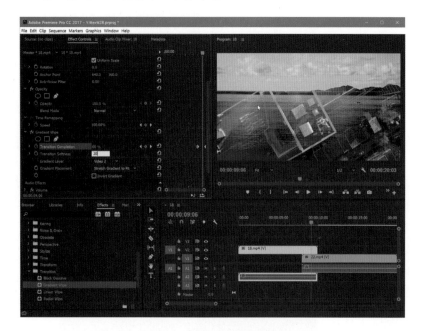

Chapter 29

예제파일

[Example₩29.mp4]

공의 형태로 떠다니는 영상 만들기

시퀀스를 추가하고 각각 다른 모션을 설정함으로써 공의 형태가 여기저기에서 나타나면서 떠다니는 것 같은
영상을 만들어 봅니다. 공처럼 나타나는 형태의 근원인 원은 타이틀러 패널에서 만들어 사용할 것입니다.

1] 새 프로젝트를 시작하고 부록의 [Source] 폴더에서
'26.mp4'와 '1008.jpg' 파일을 불러와 '26.mp4'는 V1
트랙, '1008.jpg'는 V2 트랙에 각각 등록합니다.

2] '26.mp4' 클립의 속성대로 시퀀스가 생성되어 있어
이미지 파일이 크게 나타나므로 V2 트랙의 이미지 클
립 위에서 단축 메뉴를 열고 Scale to Frame Size를
선택합니다.

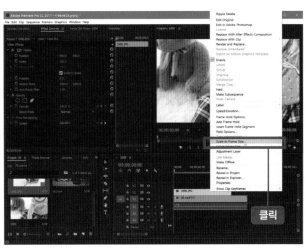

클릭

3) 이미지가 프로그램 모니터 안에 제대로 표시됩니다. 이펙트 컨트롤 패널에서 Opacity의 원형 마스크 툴을 클릭하고 프로그램 모니터에 나타난 마스크 영역과 크기를 조절하여 아이의 얼굴 영역만 나타나도록 합니다.

4) 이펙트 패널에서 Video Effects > Distort의 Spherize 이펙트를 V2 트랙의 이미지 클립에 적용하고, 클립이 선택된 상태에서 이펙트 컨트롤 패널을 열어 Spherize 이펙트의 이름 부분 좌측에 있는 아이콘을 클릭합니다.

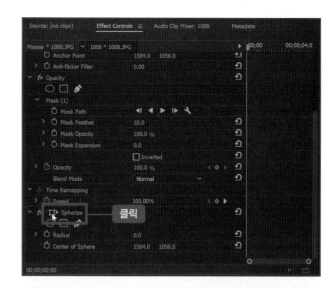

5) 이펙트가 적용될 중심점인 앵커 포인트가 프로그램 모니터에 나타납니다. 마스크 영역의 중앙 부분으로 앵커 포인트를 이동합니다.

6) Spherize 이펙트의 Radius 속성값을 '200' 정도로 설정합니다. 아이의 얼굴 부분이 왜곡되어 구(球)의 형태를 갖게 됩니다. 평면적인 원의 형태는 밋밋해 보이기 때문에 공처럼 만든 것입니다.

7) 재생 헤드를 클립의 시작 지점에 두고 Motion의 Position과 Scale 속성에 키 프레임을 생성합니다. 이어서 Motion 이름 부분을 클릭하거나 프로그램 모니터에서 마스크 영역을 더블 클릭하여 크기 조절 핸들이 나타나도록 하고 클립의 위치와 크기를 마음대로 변경합니다.

8] 재생 헤드를 현재 클립의 끝 지점으로 이동시킨 후, 클립을 드래그하여 위치를 변경합니다. 아울러 클립 주위에 나타난 핸들을 드래그하여 클립의 크기도 약간 변경해 주도록 합니다.

9] Alt 키를 누른 상태에서 V2 트랙의 클립을 V3 트랙으로 드래그합니다. 동일한 속성을 갖는 클립이 복사됩니다.

10] V3 트랙의 클립을 선택하고 이펙트 컨트롤 패널에서 모션 설정을 변경합니다. 키 프레임의 위치나 각 키 프레임의 Position, Scale 값을 자유롭게 변경하여 원 안에 담긴 클립이 무작위로 나타나 이동하는 것처럼 만듭니다. 두 키 프레임 지점에 대해 모두 각각 원본과 다른 설정을 해 주는 것이 자연스러운 결과를 보여 줄 것입니다.

11) Alt 키를 누른 상태에서 V3 트랙의 클립을 위쪽으로 드래그합니다. V4 트랙이 추가되면서 드래그한 것과 동일한 속성을 갖는 클립이 또 복사됩니다. 앞에서와 동일한 방법으로 이 클립에 대해서도 두 키 프레임 지점에서 크기와 위치를 이전 클립과 다르게 설정합니다.

12) 이러한 방식으로 몇 개의 클립을 더 추가하여 작업합니다. 예제에서는 V7 트랙까지 만들어 작업해 보았습니다. 작업 결과를 확인해 보면 배경 클립 위에서 원 안에 담긴 여러 개의 클립이 크기가 변경되면서 여러 경로로 이동하는 것을 볼 수 있습니다. 더욱 자연스러운 움직임을 보려면 중간에 키 프레임을 추가하고 또 다른 크기와 위치를 지정해 주는 것이 좋습니다.

예제파일
[Example₩30.mp4]

Chapter 30

움직이는 특정 영역을 따라가는 모자이크 만들기

1) 부록의 [Source] 폴더에서 '03.mp4' 파일을 불러와 타임라인에 등록하고 이펙트 패널에서 Stylize > Mosaic 이펙트를 타임라인의 클립으로 드래그하여 적용합니다. 이펙트 패널을 보면 Mosaic 이펙트의 Horizontal Blocks와 Vertical Blocks 속성값이 모두 '10'으로 설정되어 있어 클립에 가로, 세로 10조각의 모자이크 형태로 나타납니다.

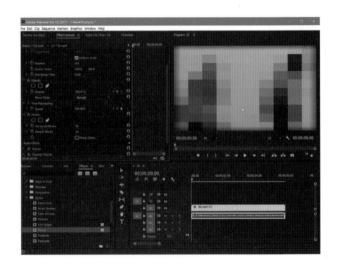

2) Mosaic 이펙트의 원형 마스크 툴을 클릭하여 프로그램 모니터에 나타난 마스크 영역의 크기와 위치
를 조절하여 그림과 같이 좌측 오리 얼굴 부분만 모자이크로 나타나게 합니다.

원형 마스크 툴 클릭

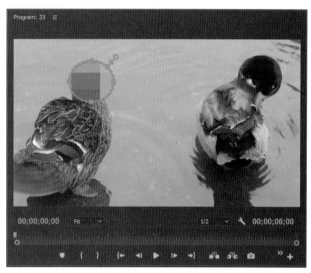

마스크 영역과 크기 조절

3) 모자이크 블록이 너무 크므로 Horizontal Blocks와
Vertical Blocks 속성값을 모두 '100'으로 변경하고
Mask Path의 Track selected mask forward 버튼을
클릭합니다.

4) 지정된 마스크 영역의 움직임에 따른 추적이 진행됩
니다.

5) 결과를 확인해 보면 오리의 얼굴 움직임에 따라 모자이크 영역도 따라서 이동하는 것을 볼 수 있습니다.

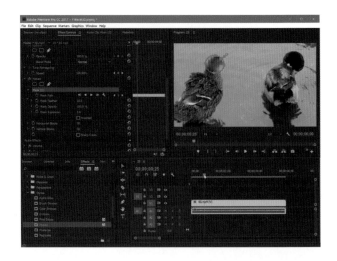

6) 아울러 이펙트 컨트롤 패널의 타임라인을 확대해 보면 무수히 많은 키 프레임이 생성되어 있는 것을 볼수 있습니다. 과거에는 프레임 진행에 따라 일일이 위치와 크기를 수동으로 지정해 주어야 했지만 자동으로 추적하도록 만들어진 것입니다. 하지만 이것 역시 만능은 아니므로 결과를 확인해 보고 영역이 어긋난 부분은 추가로 작업해 줄 필요가 있습니다.

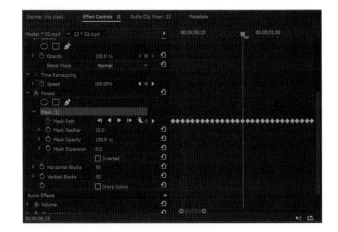

Chapter 31

예제파일
[Example₩31.mp4]

문자 단위로 변화하면서
나타나는 애니메이션 만들기

한 문자씩 변화하면서 나타나도록 하고 시퀀스를 추가하여 이들의 배경으로 등록하는 예제입니다.
각 문자와 이펙트는 복사함으로써 작업을 간편하게 마칠 수 있도록 하겠습니다.

1) 새 프로젝트를 시작하고 File > New Sequence를 선택하여 새 시퀀스를 만듭니다. 이어서 툴 패널에서 타입 툴을 선택하고 프로그램 모니터에 문자를 입력합니다. 예제에서는 '팩트체크'라는 문자를 하나씩 입력할 것이므로 먼저 첫 번째로 '팩'을 입력하고 오른쪽 방향키를 누릅니다.

2] 문자 입력을 마쳤다면 선택 툴로 문자 주위의 핸들을 드래그하여 크기를 변경하고 이펙트 컨트롤 패
널의 Source Text 속성에서 폰트도 변경합니다.

3] 이펙트 컨트롤 패널에서 Appearance의 Stroke 속성
좌측의 체크박스를 클릭하여 체크 상태로 바꾸고 색
상 박스를 클릭합니다.

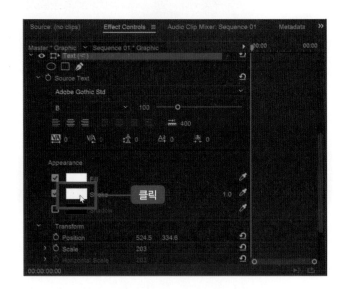

4] 컬러 피커가 나타나면 빨간색을 지정하고 OK 버튼을
클릭합니다.

5] 외곽선이 지정됩니다. 하지만 잘 보이지 않으므로 두께를 '15' 정도로 지정합니다.

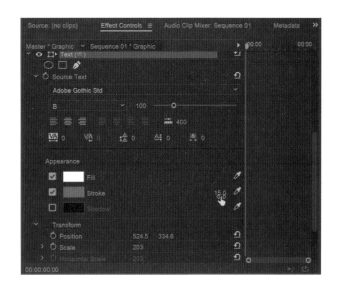

6] 프로그램 모니터에서 문자를 드래그하여 그림과 같이 상단 좌측으로 옮겨 줍니다.

7] 다음 문자를 계속 만들어야 합니다. 반드시 타임라인 패널의 빈곳을 클릭하여 이미 등록되어 있는 텍스트 클립의 선택이 해제된 상태에서 새로 입력해야 합니다. 예제에서는 등록되어 있는 클립을 복사하고 수정하여 사용하겠습니다. Alt 키를 누른 상태에서 V1 트랙의 텍스트 클립을 V2 트랙으로 드래그하면 동일한 클립이 복사됩니다.

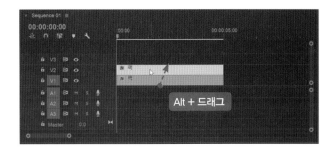

8) 타입 툴을 선택하고 프로그램 모니터의 문자를 더블 클릭하여 선택 상태로 전환한 후 두 번째 문자인 '트' 를 입력한 다음 오른쪽 방향키를 누릅니다.

9) 선택 툴로 프로그램 모니터의 두 번째 문자를 드래그 하여 그림처럼 첫 번째 글자의 우측 하단으로 옮겨 줍니다.

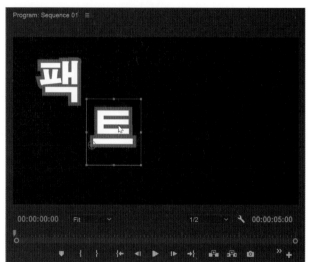

10) 이러한 방법으로 나머지 문자인 '체'와 '크' 텍스트 클 립도 만들고 그림과 같은 위치에 놓이도록 합니다.

11) 이펙트 패널에서 Perspective > Basic 3D 이펙트를 V1 트랙의 클립에 적용하고, 이펙트 컨트롤 패널에 서 Basic 3D 이펙트의 Swivel 이펙트의 속성값을 '90'으로 설정합니다. '팩' 문자가 보이지 않는 상태 가 됩니다.

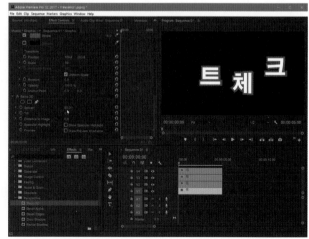

12) 재생 헤드가 시작 지점에 있는지 확인하고 Swivel 속성의 스톱위치를 클릭하여 키 프레임을 생성합니다. 이어서 재생 헤드를 1초 지점으로 이동시키고 Swivel 값을 '0'으로 설정합니다.

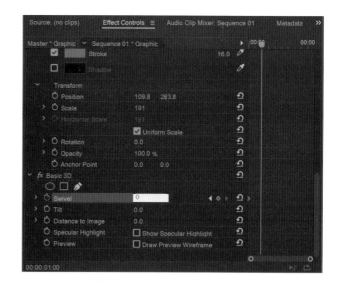

13) 타임라인 패널에서 V2 트랙의 클립을 클릭하고 1초 뒤 지점으로 이동합니다.

14) 나머지 V3, V4 트랙의 클립도 각각 하위 클립에 비해 1초 뒤 지점으로 이동시켜 줍니다. 즉, 그림처럼 위치하도록 합니다.

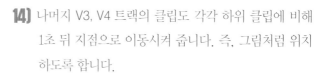

15) 타임라인 패널에서 V1 트랙의 클립을 선택하고 이펙트 패널의 Basic 3D 이펙트의 단축 메뉴에서 Copy를 선택합니다.

16) 타임라인 패널에서 V2 트랙의 클립을 선택한 다음, 이펙트 컨트롤 패널의 바탕 영역에서 단축 메뉴를 열고 Paste를 선택합니다.

17) V2 트랙의 클립에도 동일한 이펙트와 속성값이 그대로 반영됩니다. 나머지 V3, V4 트랙의 클립에 대해서도 동일한 방법으로 붙여넣기를 합니다.

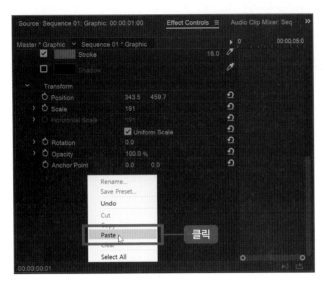

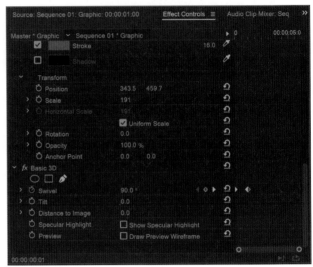

18) 재생해 보면 각각의 문자가 1초 간격으로 펼쳐지듯이 나타나게 됩니다. 각 문자가 좀 더 다른 형태로 나타나게 하려면 문자별로 Basic 3D의 Swivel 속성과 Tilt 값을 다르게 지정해 주도록 합니다.

19) 이렇게 만든 타이틀 아래에 배경이 나타나도록 하겠습니다. File > New Sequence를 선택하여 시퀀스를 추가하고 부록의 [Source] 폴더에서 영상 파일 하나를 불러온 다음 새로 추가된 Sequence 02 타임라인의 V1 트랙으로 드래그합니다.

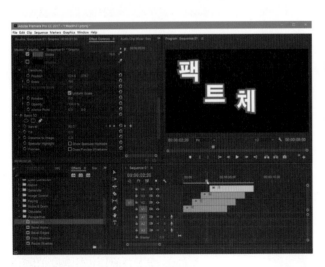

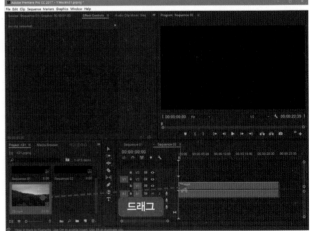

20) 타이틀 작업이 완료된 Sequence 01을 V2 트랙으로 드래그해서 등록하여 완성합니다.

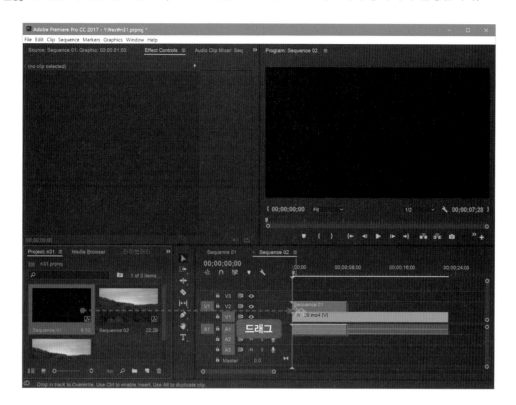

예제파일
[Example₩32.mp4]

Chapter 32

마음대로 만든 분할 화면 속에
영상 재생하기

하나의 영상을 멀티비전으로 보는 것처럼 여러 부분으로 나뉘어 나타나도록 하겠습니다. 모서리가 둥근 사각형을 사용할 것이므로 타이틀러 패널을 통해 작업합니다. Keying 이펙트를 사용하여 도형 부분을 투명하게 처리할 것입니다.

1) 새 프로젝트를 시작하고 File > Import를 선택하거나 프로젝트 패널의 바탕 영역을 더블 클릭하여 Import 창이 나타나면 부록의 [Source] 폴더에서 '11.mp4' 파일을 선택하고 열기 버튼을 클릭합니다.

2) 선택한 파일이 프로젝트 패널에 나타나면 타임라인 패널의 V1 트랙으로 드래그하여 등록하고 File > New > Legacy Title을 선택합니다. New Title 대화상자가 나타나면 1280, 720의 크기로 지정하고 OK 버튼을 클릭합니다.

3) 타이틀러 패널이 나타납니다. 툴 패널에서 라운드 사각형 툴(Rounded Corner Rectangle Tool)을 선택하고 그림과 같이 좌측에 사각형 하나를 그립니다.

4) 사각형의 색상을 변경하기 위해 속성 섹션의 Fill > Color 항목에 있는 색상 버튼을 클릭합니다.

5) 컬러 피커 창이 나타나면 파란색 부분을 클릭하거나 R.G.B 값을 각각 '0, 0, 255'로 설정한 후 OK 버튼을 클릭합니다.

6) 사각형이 파란색으로 바뀌어 나타납니다. 사각형 모서리의 둥근 정도를 변경하기 위해 속성 섹션의 Properties > Fillet Size 항목을 클릭하고 값으로 '10'을 입력합니다. 클릭하지 않고 표시된 값을 드래그하여 변경할 수도 있습니다.

7) 지정한 값에 의해 사각형의 모서리 형태가 바뀌어 나타납니다. 선택 툴로 전환하고 Alt 키를 누른 상태에서 사각형을 드래그하면 동일한 사각형이 복사되어 나타납니다. 두 개를 추가하여 그림과 같이 배치합니다.

8) 오른쪽으로도 사각형 하나를 복사하고 핸들을 드래그하여 그림과 같이 크기를 키워 줍니다.

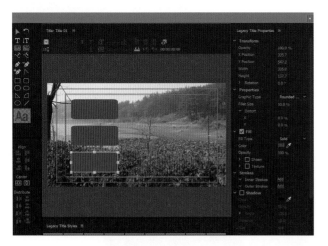

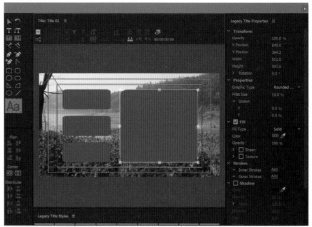

9) 툴 패널에서 사각형 툴(Rectangle Tool)을 선택하고 드로잉 영역을 전부 덮을 정도의 큰 사각형을 그립니다.

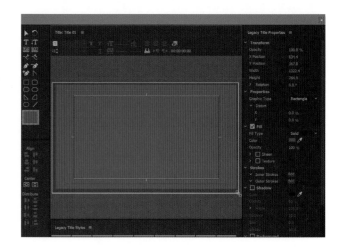

10) 새로 그린 사각형이 선택된 상태에서 속성 섹션의 Fill > Color 항목의 색상 박스를 클릭하고, 컬러 피커 대화상자가 나타나면 검정색을 지정한 다음 OK 버튼을 클릭합니다.

11) 검정색으로 바뀐 사각형 위에서 마우스 우측 버튼을 클릭하여 단축 메뉴가 나타나면 Arrange > Send to Back을 선택합니다.

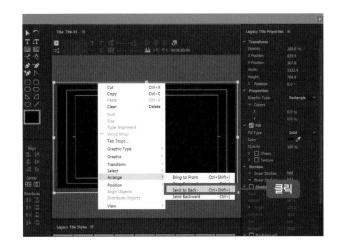

12) 검정색 사각형이 가장 뒤로 이동하므로 검정색 사각형 위에 파란색 사각형들이 나타나게 됩니다.

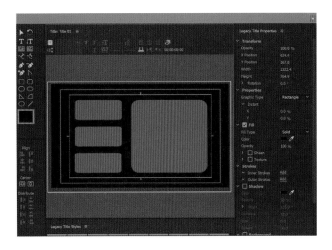

13) 타이틀러 패널을 닫고 새로 추가된 타이틀 클립을 타임라인의 V2 트랙으로 드래그하여 등록한 다음, 클립의 우측 끝부분을 드래그하여 V1 트랙의 클립과 같게 맞추어 줍니다.

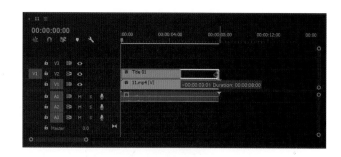

14) 이펙트 패널에서 Video Effects > Keying > Color Key 이펙트를 Video 2 트랙의 타이틀 클립으로 드래그하여 적용합니다. 파란색 영역이 투명하게 처리되어 이 영역을 통해 V1 트랙의 클립이 나타나게 됩니다.

참고하세요!

사각형 영역이 투명하게 처리되지 않는다면?

V2 트랙의 클립이 선택된 상태에서 이펙트 컨트롤 패널을 열고 Color Key 이펙트의 Key Color 속성에 있는 색상 버튼을 클릭하여 컬러 피커 대화상자가 나타나면 사각형 색상인 파란색을 지정해 주면됩니다.

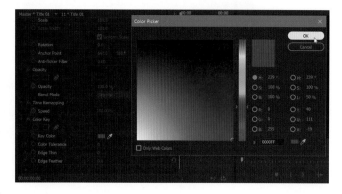

15) 사각형 주위에 파란색 띠가 나타난다면 Color Key 이펙트의 Color Tolerance 값을 조절해 주도록 합니다. 예제의 경우 '100'으로 설정하였습니다.

Color Tolerance : 0

Color Tolerance : 100

Chapter 33

예제파일
[Example₩33.mp4]

포커싱 영역이 이동하는 영상 만들기

마스크와 블러 이펙트를 사용하여 카메라의 포커싱이 이동하는 것 같은 영상을 만들어 봅니다.
특정 부분을 점차 강조하는 듯한 효과에 자주 사용하는 효과입니다.

1) 새 프로젝트를 시작하고 프로젝트 패널의 바탕 영역을 더블 클릭하여 Import 창이 나타나면 부록의 [Source] 폴더에서 '10.mp4' 파일을 선택하여 불러온 다음 프로젝트 패널에 등록된 클립을 타임라인 패널의 V1 트랙과 V2 트랙으로 드래그하여 등록합니다.

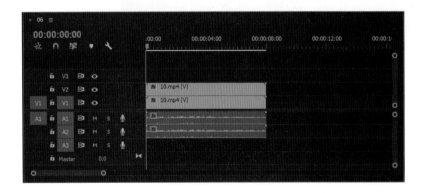

참고하세요!

동일 시간 지점에서 오디오 클립이 겹치지 않도록 하려면

같은 시간 지점의 다른 트랙에 클립을 드래그하면 그림과 같이 오디오 클립이 겹치게 됩니다.

이러한 현상을 피하려면 두 번째로 등록하는 클립은 일단 V3 트랙으로 드래그합니다.
오디오 클립이 A2 트랙에 놓이게 됩니다.

V3 트랙의 비디오 클립을 V2 트랙으로 드래그하면 겹치는 부분없이 각각 V1, V2와 A1, A3 트랙에
클립이 놓이게 됩니다.

2) V2 트랙의 클립이 선택된 상태에서 이펙트 컨트롤 패널을 열고 Free Draw Bezire 버튼을 클릭합니다.

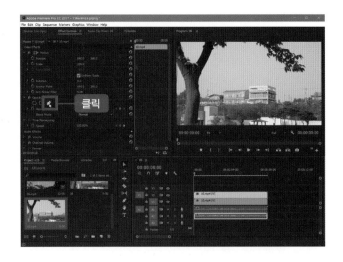

3) 프로그램 모니터에서 앞쪽의 나무 영역을 클릭해 가면서 마스크 영역으로 설정합니다. 영상이 재생되면서 나무의 위치가 약간 이동되므로 약간 여유있게 지정해 주는 것이 좋습니다.

4) 이펙트 패널에서 Video Effects > Blur & Sharpen > Gaussian Blur 이펙트를 V2 트랙의 클립으로 드래그하여 적용합니다. 재생 헤드를 시작 지점에 두고 이펙트 컨트롤 패널에서 Gaussian Blur 이펙트의 Blurriness 속성에 있는 스톱워치를 클릭하여 키 프레임을 생성합니다.

5) 재생 헤드를 3초 지점으로 옮기고 Gaussian Blur 이펙트의 Blurriness 값을 '25'로 설정합니다.

6) 타임라인의 V1 트랙에 놓인 클립에도 Gaussian Blur 이펙트를 적용한 다음, 재생 헤드를 시작 지점에 두고 이펙트 컨트롤 패널에서 Gaussian Blur 이펙트의 Blurriness 속성에 있는 스톱위치를 클릭합니다. Blurriness 속성값을 '25'로 설정합니다.

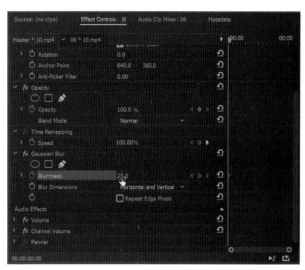

7) 재생 헤드를 3초 지점에 두고 Blurriness 속성값을 '0'으로 설정합니다.

8) 프리뷰로 결과를 확인합니다. 영상이 3초 지점까지 재생되면서 앞쪽의 나무는 점차 흐릿해지고 뒤쪽의 건물이 선명하게 나타납니다. 아웃 포커싱 영역이 이동하는 듯한 효과를 확인할 수 있습니다.

예제파일
[Example₩34.mp4]

Chapter 34

색상이 변화하면서 나타나는 여러 개의 원 고리 만들기

배경 클립 주위로 각기 다른 색상을 갖는 다섯 개의 원 고리가 순차적으로 그려지면서 나타나는 영상을 만들어 보겠습니다. 특정 대상을 강조하거나 변화되는 모습을 표현하고자 할 때 종종 사용되는 영상입니다.

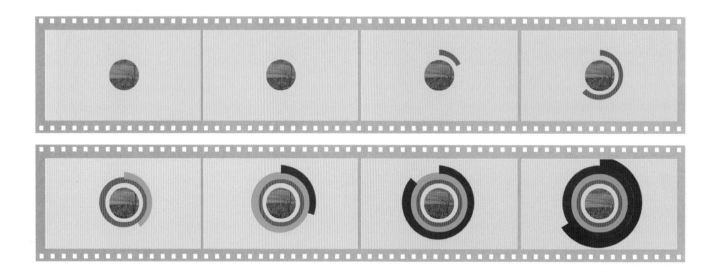

1] File > New > Legacy Title을 선택하여 New Title 대화 상자가 나타나면 1280, 720의 새 타이틀 작성을 위해 그림과 같이 나타난 상태에서 OK 버튼을 클릭합니다.

New Title

Video Settings

Width: 1280   Height: 720

Timebase: 29.97 fps Non-Drop-Frame

Pixel Aspect Ratio: Square Pixels (1.0)

Name: Title 01

OK   Cancel

클릭

2) 타이틀러 패널이 나타나면 원 툴을 선택하고 그림과 같이 중앙 영역에 정원을 그립니다. Shift 키와 Alt 키를 동시에 누른 상태에서 드래그하면 클릭한 지점을 중심으로 정원이 그려집니다.

3) Fill > Color 속성의 색상 박스를 클릭하여 순수한 파란색으로 지정하기 위해 RGB 값을 각각 '0, 0, 255'로 변경하고 OK 버튼을 클릭합니다.

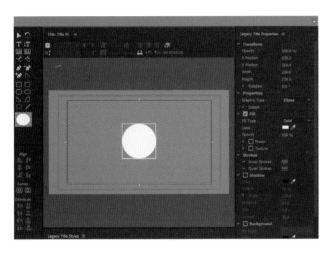

4) 사각형 툴을 선택하고 드로잉 영역 전체에 걸쳐 큰 사각형을 그립니다.

5) Color 속성의 색상 박스를 클릭하여 컬러 피커 창이 나타나면 RGB 값을 모두 '220' 정도로 설정하여 약한 회색이 되도록 하고 OK 버튼을 클릭합니다.

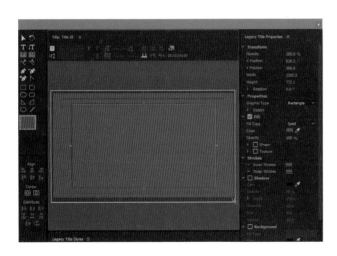

6] 사각형 위에서 마우스 우측 버튼을 클릭하여 단축 메뉴가 나타나면 Arrange > Send to Back을 선택합니다. 사각형이 뒤로 배치되고 먼저 그려준 원이 앞에 나타나게 됩니다. 이어서 새 타이틀을 만들기 위해 New Title Based on Current Title 버튼을 클릭합니다.

7] New Title 창이 나타나면 기본값 그대로 두고 OK 버튼을 클릭하여 창을 닫고 선택 툴을 클릭합니다.

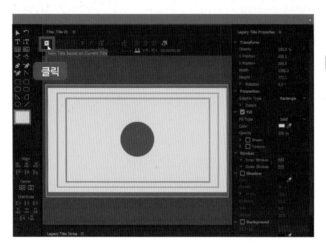

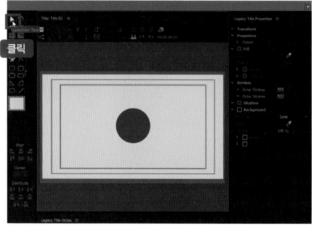

8] 이미 만들어진 사각형을 클릭하고 Delete 키를 눌러 삭제한 다음, 원 툴을 선택하여 중앙에 이미 그려져 있던 원보다 조금 큰 또 하나의 원을 그립니다.

9] 새로운 원의 색상을 노란색으로 지정하고 원 위에서 마우스 우측 버튼을 클릭하여 단축 메뉴가 나타나면 Arrange > Send to Back을 선택합니다.

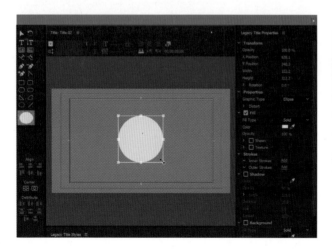

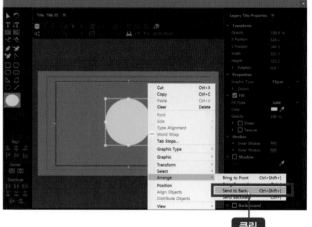

10) 새로 추가한 노란색 원이 뒤로 이동되고 파란색 작은 원이 앞에 놓이게 됩니다. 선택 툴로 노란색 원의 크기를 조절하여 파란색 원보다 조금 크게 조절하고 중앙에 위치시킵니다.

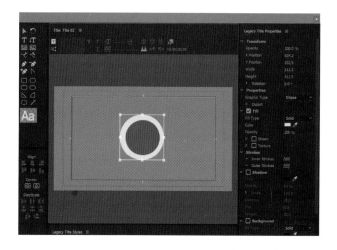

11) 타이틀러 패널을 닫고 부록의 [Source] 폴더에서 '11.mp4'파일을 불러와 타임라인의 V1 트랙, 첫 번째로 만든 타이틀 클립인 Title 01 클립은 V2 트랙에 각각 등록한 다음 V1 트랙에 놓인 클립의 길이를 V2 트랙의 클립과 동일하게 맞추어 줍니다.

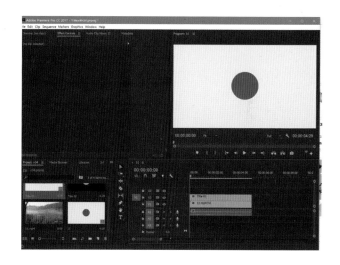

12) 이펙트 패널에서 Video Effects > Keying > Color Key 이펙트를 V2 트랙의 클립에 적용합니다. 파란색 원 부분이 투명해지고 이 영역을 통해 하위 트랙의 클립이 나타납니다. 제대로 나타나지 않는다면 이펙트 컨트롤 패널에서 Color Key 이펙트의 Key Color 색상을 파란색으로 지정해 주도록 합니다.

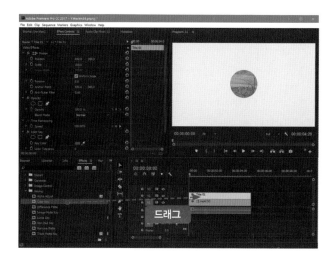

13) 투명해진 원 영역의 바깥 부분에 파란 띠가 나타나므로 이펙트 컨트롤 패널에서 Color Key 이펙트의 Edge Thin 속성값을 '3' 정도로 변경하여 띠가 나타나지 않도록 합니다.

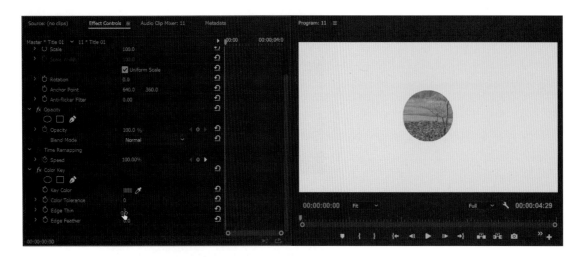

14) 프로젝트 패널에서 Title 02 클립을 V3 트랙에 등록하고 이펙트 패널에서 Video Effects > Keying > Color Key 이펙트를 V3 트랙의 클립에 적용합니다. 배경 클립 주위에 타이틀 클립의 노란색 원 테두리가 나타납니다.

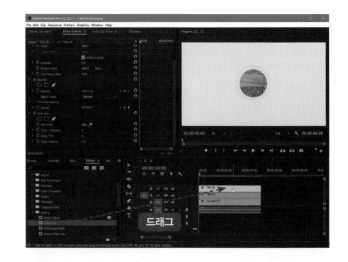

15) 이펙트 컨트롤 패널에서 Color Key 이펙트의 Edge Thin 속성값을 '3' 정도로 변경하여 테두리 주변에 띠가 나타나지 않도록 하고 Alt 키를 누른 상태에서 V3 트랙의 클립을 트랙 윗부분으로 드래그합니다.

16) 새로운 트랙이 자동으로 추가되고 드래그한 클립과 동일한 클립이 복사되어 등록됩니다.

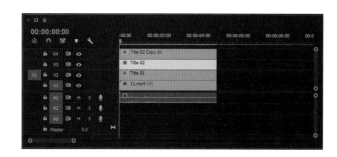

17) 새로 추가된 클립을 클릭하여 선택하고 작업이 편리하도록 프로그램 모니터의 Select Zoom Level 메뉴에서 '25%'를 선택합니다. 프리미어 프로를 풀 화면으로 실행하고 있다면 굳이 '25%'를 선택할 필요가 없을 것입니다. 클립의 주위 영역이 충분히 보일 정도로 선택해 작업하면 됩니다.

18) 프로그램 모니터에서 클립을 더블 클릭하여 현재 선택된 클립 주위에 조절점이 나타나도록 합니다. 조절점을 드래그하여 그림과 같이 하위 트랙에 놓인 클립의 노란색 테두리 외곽에 현재 클립의 노란색 테두리가 위치하도록 확대해 줍니다.

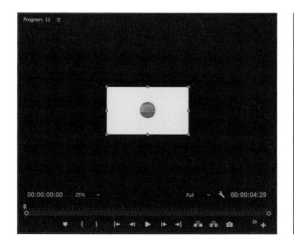
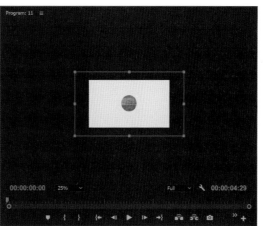

19) 이펙트 패널에서 Video Effects > Image Control > Color Replace 이펙트를 V4 트랙의 클립에 적용합니다.

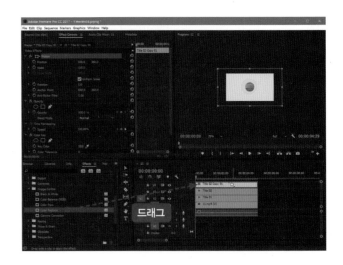

많은 트랙이 추가된 상태에서 전체 트랙을 한 번에 보려면 타임라인 패널의 높이를 키워야 할 것입니다. 하지만 타임라인 패널을 키울 수 없는 환경이라면 트랙 우측의 스크롤 바를 드래그하여 다른 트랙을 살펴볼 수 있습니다.

트랙 우측의 스크롤 바

또, 오디오 트랙에 대한 작업을 하지 않는다면 트랙의 헤더에서 비디오 트랙과 오디오 트랙의 경계 부분을 아래로 드래그하여 오디오 트랙을 감춤으로써 비디오 트랙에 할당된 공간을 확보할 수 있습니다.

비디오와 오디오 트랙의
경계를 아래로 드래그

확보된 비디오 트랙 영역

20) V4 트랙의 클립이 선택된 상태에서 이펙트 컨트롤 패널에 등록된 Color Replace 이펙트의 Target Color 속성에 있는 스포이드 툴을 클릭합니다.

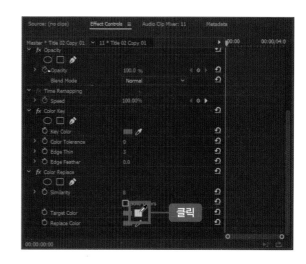

21) 스포이드 툴로 프로그램 모니터에서 클립의 노란색 부분을 클릭합니다.

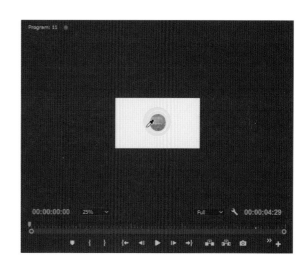

22) 클릭한 부분의 색상이 변경됩니다. 색상을 지정하기 위해서 Color Replace 이펙트의 Replace Color 속성에 있는 색상 박스를 클릭합니다.

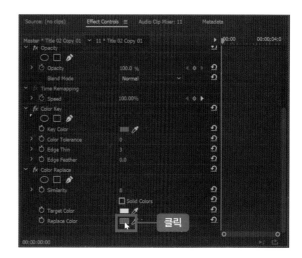

23) 컬러 피커 대화상자가 나타나면 주황색 계열의 색
상을 선택하고 OK 버튼을 클릭합니다.

24) 프로그램 모니터를 보면 바깥쪽 원 테두리 색상이
지정된 색상으로 변경된 것을 볼 수 있습니다.

25) Alt 키를 누른 채로 타임라인의 V4 트랙에 등록된 클
립을 트랙 윗부분으로 드래그하여 클립을 복사하고
새로 추가된 V5 트랙의 클립을 선택합니다.

26) 프로그램 모니터의 클립을 더블 클릭하여 조절점이 나타나도록 하고 조절점을 드래그하여 클립을 확대합니다. 이전 클립의 원 테두리 바깥쪽에 또 하나의 테두리가 나타나도록 하는 것입니다.

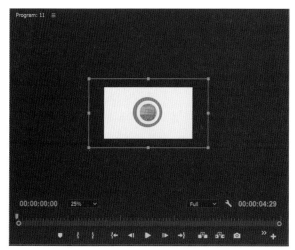

조절 전

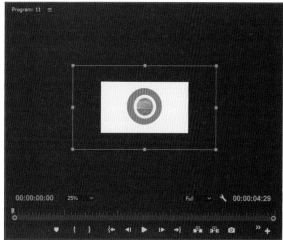

조절 후

27) 이펙트 컨트롤 패널에서 Color Replace 이펙트의 Replace Color 속성에 있는 색상 박스를 클릭합니다. 컬러 피커 창이 나타나면 녹색 계열의 색을 지정하고 OK 버튼을 클릭합니다.

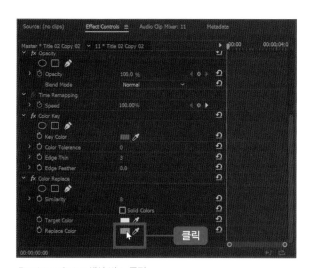

Replace Color 색상 박스 클릭

녹색 계열 색상 선택

28) 프로그램 모니터를 보면 바깥쪽의 테두리가 지정한 색상으로 바뀌어 나타나는 것을 볼 수 있습니다.

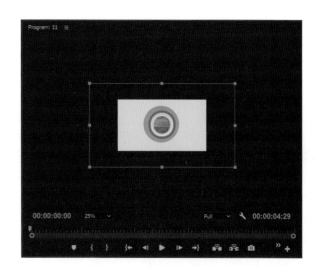

29) 이러한 방식으로 두 개의 클립을 더 추가하여 작업합니다. 즉, 이전 클립의 원 테두리 바깥쪽에 나타나도록 클립의 크기를 확대한 다음, 색상을 각각 빨간색과 파란색으로 변경하여 그림과 같이 나타나도록 합니다.

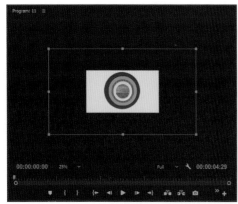

V6 트랙의 클립

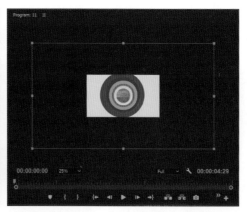

V7 트랙의 클립

30) Shift 키를 누른 상태에서 모든 트랙의 클립을 클릭하여 선택하고 클립의 뒷부분을 8초 지점까지 드래그합니다.

31) 모든 클립의 길이가 8초로 변경됩니다. 타임라인 패널의 빈 영역을 클릭하여 전체 선택 상태를 해제하고 V3 트랙의 클립 앞부분을 1초 지점으로 드래그합니다.

32) V3 트랙의 클립 앞 1초 지점이 잘립니다. V4~V7 트랙의 클립에 대해서도 하위 트랙의 클립보다 1초 뒤에 나타나도록 클립의 앞부분을 드래그하여 잘라 냅니다.

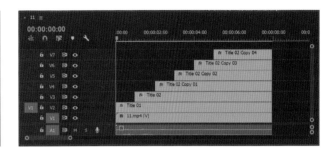

33) 이펙트 패널에서 Video Transitions > Wipe > Clock Wipe 트랜지션을 Video 3 트랙의 클립 앞부분으로 드래그하여 트랜지션 효과를 적용합니다.

34) 나머지 V4~V7 트랙의 클립에 대해서도 모두 클립 앞부분에 Clock Wipe 트랜지션을 적용합니다.

35) 클립을 재생하여 작업 결과를 확인합니다. 다른 색상을 가진 여러 개의 원 테두리가 순차적으로 그려지면서 나타나는 것을 볼 수 있습니다.

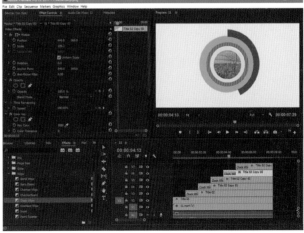

예제파일
[Example₩35.mp4]

Chapter 35

원의 형태로 여러 개의 선을
그리듯 나타나도록 하기

문자 주위를 여러 개의 원이 나타나도록 하되 테두리만 보이도록 하여 선으로 그리는 것 같은 효과를 보여 주도록 하겠습니다. 조금씩 변형하면 또 다른 느낌의 결과를 만들어낼 수 있을 것입니다.

1) 새 프로젝트를 시작하고 File > New > Legacy Title을 선택하여 New Title 대화상자가 나타나면 기본값 그대로 두고 OK 버튼을 클릭합니다. 타이틀러 패널이 나타나면 원 툴을 선택하고 그림과 같이 자유롭게 타원을 그립니다.

2) 원 주위의 조절점 부근에 마우스 포인터를 두면 양쪽 화살표 모양으로 포인터가 바뀝니다. 드래그하여 원을 회전시킵니다.

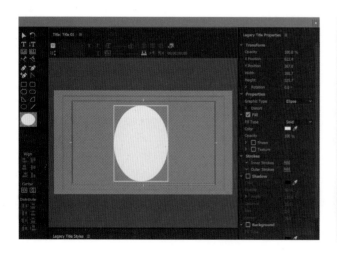

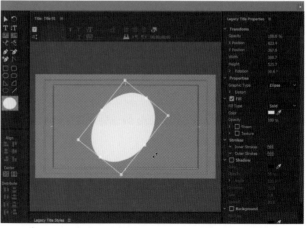

3) 속성 패널에서 Strokes > Outer Strokes 속성의 Add 를 클릭하면 여러 속성들이 나타납니다. 이 중에서 Color 속성의 색상 박스를 클릭합니다.

4) 컬러 피커 대화상자가 나타나면 파란색을 지정하고 OK 버튼을 클릭합니다. 원 주위의 테두리가 파란색 으로 변경됩니다. 새 타이틀을 만들기 위해 New Title Based on Current Title 버튼을 클릭합니다.

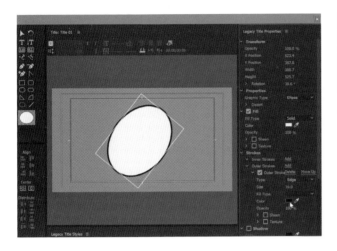

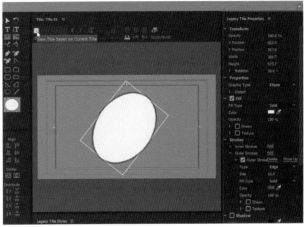

5) New Title 대화상자가 나타나면 기본값 그대로 두고 OK 버튼을 클릭합니다. 타이틀러 도구 패널에서 선 택 툴로 앞에서 그려 놓은 원을 선택한 후 Delete 키 를 눌러 삭제하고, 타입 툴로 드로잉 영역을 클릭한 다음, 그림과 같이 문자를 입력합니다. 가급적 필기 체 느낌의 폰트를 사용하는 것이 좋습니다.

6) 선택 툴로 문자를 선택하고 앞에서 생성해 둔 외곽 선을 제거하기 위해 Strokes > Outer Strokes 속성의 Delete를 클릭합니다.

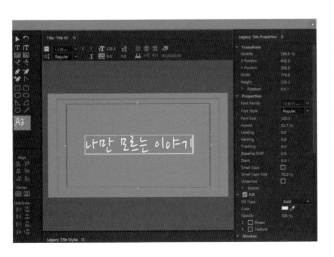

클릭

7) 타이틀러 패널을 닫고 프로젝트 패널에 등록된 Title 01 클립을 타임라인의 V2 트랙, Title 02 클립을 V1 트랙에 각각 등록합니다.

8) 이펙트 패널에서 Video Effects > Keying > Color Key 이펙트를 V2 트랙에 등록된 클립에 적용합니다.

9) 이펙트 컨트롤 패널에서 Color Key 이펙트의 Color 속성에 있는 스포이드 툴을 클릭한 다음, 프로그램 모니터에서 원의 흰색 부분을 클릭합니다.

10) 원의 흰색 영역이 투명해지고 이 영역을 통해 하위 트랙의 클립이 나타나게 됩니다. 주변부가 깔끔하게 제거되지 않았다면 Color Key 이펙트의 Color Tolerance 속성값을 '255'로 설정합니다.

11) Alt 키를 누른 상태에서 V2 트랙의 클립을 V3 트랙으로 드래그하여 복사하고, 복사된 V3 트랙의 클립을 클릭하여 선택한 다음 프로그램 모니터에 나타난 클립을 더블 클릭합니다.

12) 클립 주위에 조절점이 나타납니다. 종횡비를 유지하지 않은 채로 자유롭게 크기를 변경할 수 있도록 이펙트 컨트롤 패널에서 Motion의 Uniform Scale 옵션을 클릭하여 체크 상태를 해제합니다.

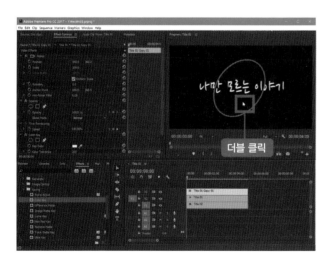

13) 프로그램 모니터에 나타난 조절점을 드래그하여 자유롭게 크기를 변경하고 조절점 주위에 마우스 포인터를 두고 드래그하여 적절히 회전시켜 줍니다.

크기 조절   회전

14) 다시 Alt 키를 누른 상태에서 V2 트랙의 클립을 위쪽으로 드래그하여 클립을 복사한 다음, 프로그램 모니터에 나타난 조절점을 드래그하여 이전 클립과 다르게 크기와 회전 상태를 변경합니다.

크기 조절   회전

15) 이러한 과정을 거듭하여 더 많은 클립을 추가할 수 있습니다. 예제에서는 세 개의 파란색 원만 나타나도록 하겠습니다. 이펙트 패널에서 Video Transitions > Wipe > Clock Wipe 트랜지션을 V2, V3, V4 트랙의 클립 앞부분으로 드래그하여 적용합니다.

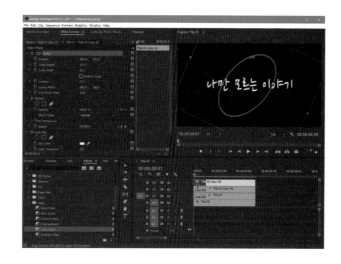

16) V2, V3, V4 트랙의 클립을 각각 1초씩 뒤로 이동시키고 클립의 끝 부분을 드래그하여 모든 클립이 V1 트랙의 클립 길이와 동일하게 5초에서 재생을 마치도록 합니다.

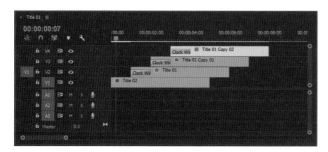

클립을 1초씩 뒤로 이동

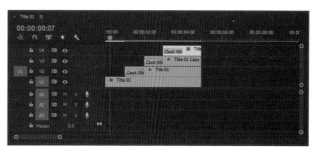

끝 지점을 5초에 맞춤

17) 클립을 재생하여 결과를 확인합니다. 문자 위로 세 개의 원이 순차적으로 그려지는 것처럼 나타나게 됩니다.

예제파일
[Example₩36.mp4]

Chapter 36

원하는 형태로 번개 만들기

이펙트를 적용하고 몇 가지 속성 설정만으로 번개가 치는 듯한 효과를 쉽게 만들 수 있습니다. 맑은 날에 촬영한
클립이라면 흐린 날 분위기에 맞게 먼저 클립의 밝기와 색상을 살짝 손보고 작업할 필요가 있습니다.

1) 부록의 [Source] 폴더에서 '09.mp4' 파일을 불러와 타임라인 패널의 V1 트랙에 등록하고, 이펙트 패널
에서 Video Effects > Color Correction > Brightness & Contrast 이펙트를 타임라인의 클립에 적용합
니다.

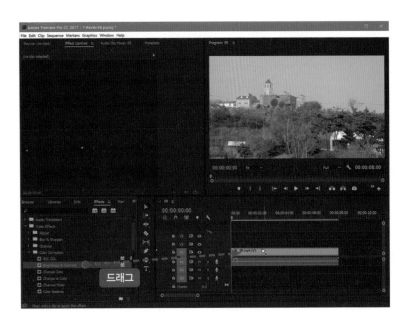

2] 이펙트 컨트롤 패널을 열고 Brightness & Contrast 이펙트의 Brightness 속성값을 '–50', Contrast 속성값은 '–40'으로 설정하여 클립이 조금 어둡게 나타나도록 합니다. 흐린 날에 촬영한 영상이 아니므로 적절히 수정해 주는 것입니다.

3] 전체적으로 어둡게 변화했으나 하늘의 파란색이 번개치는 날에 적합해 보이지 않으므로, 이펙트 패널에서 Video Effects > Color Correction > Change to Color 이펙트를 타임라인의 클립에 적용한 다음, 이펙트 컨트롤 패널에서 Change to Color 이펙트의 From 속성의 스포이드 툴을 클릭한 후 프로그램 모니터에서 하늘 부분을 클릭합니다.

4) 이펙트 컨트롤 패널에서 Change to Color 이펙트의 To 속성에 있는 색상 박스를 클릭하여 컬러 피커
대화상자가 나오면 회색 계열의 색상을 선택한 후 OK 버튼을 클릭합니다.

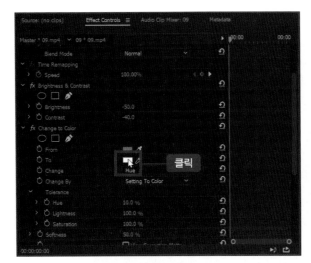

색상 박스를 클릭

회색 계열의 색상을 지정

5) 계속해서 Change to Color 이펙트의 Change 속성
메뉴를 열고 Hue & Saturation을 선택합니다.

6) 하늘 부분이 회색 계열의 색상으로 바뀌게 됩니다.
클립을 V2 트랙으로 드래그하여 이동시키고, 클립의
뒷부분을 1초 지점까지 드래그하여 1초만 재생되도록
합니다.

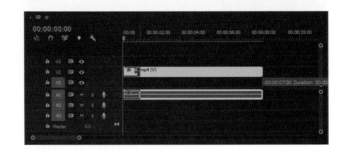

7) 프로젝트 패널에서 '09.mp4' 클립을 V1 트랙으로 드래그하여 등록하고, V2 트랙의 클립을 선택한 다음 Ctrl+C 키를 누르거나 단축 메뉴에서 Copy를 선택합니다.

8) V1 트랙의 클립을 마우스 우측 버튼으로 클릭하여 단축 메뉴가 나타나면 Paste Attributes를 선택합니다.

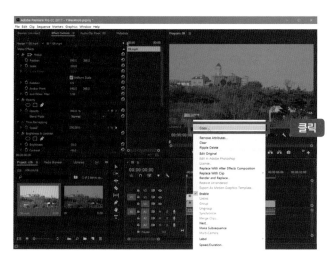

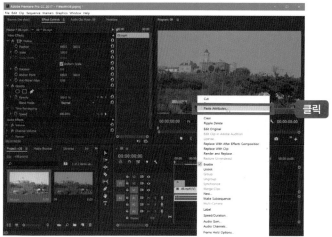

9) Paste Attributes 대화상자가 나타나면 기본값 그대로 두고 OK 버튼을 클릭합니다. V1 클립이 선택된 상태에서 이펙트 컨트롤 패널을 보면 V2 트랙의 클립에 적용했던 이펙트와 속성들이 그대로 V1 트랙의 클립에 적용된 것을 볼 수 있습니다.

10) 이펙트 패널에서 Video Effects > Generate > Lightning 이펙트를 V2 트랙의 클립에 적용하고, 이펙트 컨트롤 패널에서 Lightning 이펙트의 이름 부분을 클릭합니다.

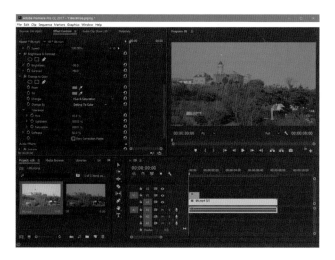

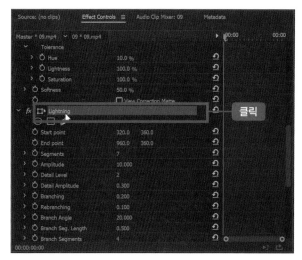

11) 프로그램 모니터에 두 개의 조절점이 나타납니다. 좌측 조절점이 번개의 시작점이며 우측 조절점이 종료 지점입니다. 두 조절점을 드래그하여 그림과 비슷한 형태로 위치를 변경합니다. 우측 상단이 시작점입니다.

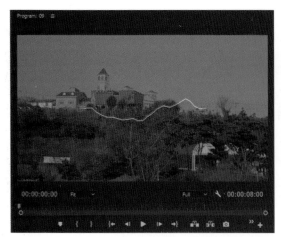
초기 상태

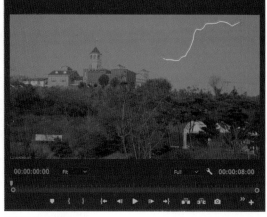
조절점 위치 변경

12) 클립을 재생해 보면 번개가 치는 것 같은 움직임이 나타나지만 아직 어색해 보일 것입니다. 재생 헤드를 클립의 시작 지점에 두고 이펙트 컨트롤 패널에서 Lighting 이펙트의 End Point 속성의 스톱위치를 클릭합니다.

13) 다시 Lighting 이펙트의 이름 부분을 클릭하여 프로그램 모니터에서 조절점이 나타나도록 하고 끝 지점에 대한 조절점을 시작 지점의 조절점 옆으로 이동시킵니다.

14) 재생 헤드를 29프레임 위치에 두고 종료 지점의 조절점을 그림과 같은 위치로 이동시킵니다.

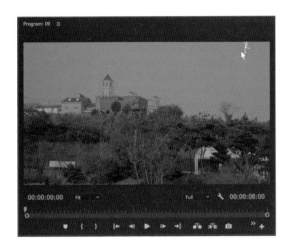

15) 다시 클립을 재생해 보면 이전보다 더욱 그럴듯한 번개의 모습을 볼 수 있을 것입니다. Segments 속성은 번개가 갈라지는 가지 수, Amplitude 속성은 번개가 구부러지는 강도입니다. 속성값을 조절하여 더욱 자연스러운 형태로 만들어 보기 바랍니다.

Chapter 37

예제파일
[Example₩37-1.mp4], [Example₩37-2.mp4]

물결에 반사되어 비치는 풍경 만들기

수면에 반사되어 나타나는 영상을 만들어 보겠습니다. Mirror 이펙트를 적용하고 기준점을 조절함으로써 쉽게
원하는 결과를 얻을 수 있으며 정지된 형태의 이미지 클립도 별도로 Opacity 영역을 지정하고 이펙트를 추가하
여 비슷한 효과를 낼 수 있습니다.

01 동영상 클립으로 반사되는 풍경 만들기

1) 부록의 [Source] 폴더에서 '29.mp4' 파일을 불러와 타
임라인 패널의 V1 트랙과 V2 트랙에 등록하고 이펙
트 패널에서 Video Effects > Distort > Mirror 이펙트를
V2 트랙의 클립에 적용합니다.

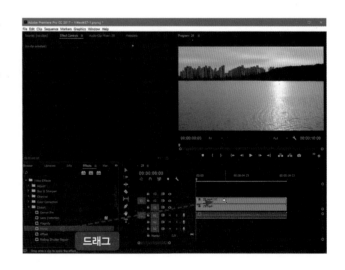

2) 이펙트 컨트롤 패널에서 Mirror 이펙트의 Reflection Angle 속성값을 '90˚'로 설정합니다. 클립이 중앙을 기준으로 상하로 대칭되어 나타납니다.

3) Mirror 이펙트의 이름 부분을 클릭하면 프로그램 모니터에 대칭 기준점이 나타나는데, 이것을 수면의 끝부분으로 드래그하여 지상의 물체들이 수면에 반사되어 보이는 것처럼 조절합니다.

클립에 나타난 기준점

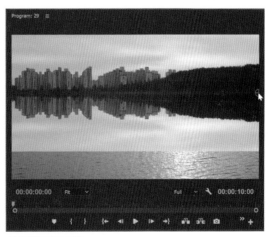

수면 위쪽으로 드래그

4] 이펙트 패널에서 Video Effects > Keying > Color
Key 이펙트를 V2 트랙의 클립에 적용하고 이펙트 컨
트롤 패널에서 Color Key 이펙트의 Key Color 속성에
있는 스포이드 툴을 클릭합니다.

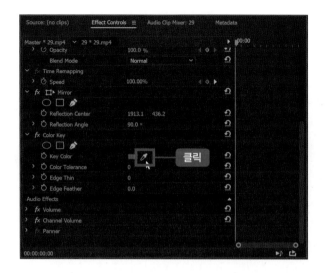

5] 프로그램 모니터에서 뒤집혀 있는 하늘 부분을 클릭하면 해당 부분의 색상이 제거됩니다. 하지만 뒤
집힌 하늘 부분이 정확히 한 가지 색상이 아니므로 일부분만 제거된 상태입니다.

뒤집힌 하늘 부분 클릭

일부분만 제거된 상태

6) 이펙트 컨트롤 패널에서 Color Key 이펙트의 Color Tolerance 속성값을 '110'으로 설정합니다. 뒤집힌 하늘 부분이 완전히 제거되어 V1 트랙에 등록된 클립의 수면 부분이 제대로 나타나게 됩니다. 스포이드로 클릭한 지점에 따라 속성값을 다르게 설정할 필요가 있습니다. 뒤집힌 부분이 모두 제거되도록 적절히 설정해 주면 됩니다.

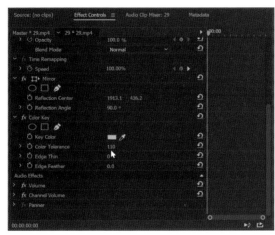

속성값을 '110'으로 설정

모두 제거된 하늘 영역

7) 지상 영역의 실제 부분과 반사된 영역이 동일한 밝기를 가지므로 자연스럽지 않습니다. 이펙트 컨트롤 패널에서 Opacity의 Blend Mode 속성 메뉴를 열고 Overlay를 선택합니다.

8) 지상 영역은 좀 더 짙게 변화되고 반사되는 영역은 희미해져 좀 더 자연스러운 결과를 보여 줍니다.

9) 지상 영역의 콘트라스트가 너무 높아서 어두운 부분이 제대로 나타나지 않으므로 이펙트 패널에서 Video Effects > Color Correction> Brightness & Contrast 이펙트를 V2 트랙의 클립에 적용하고, Brightness & Contrast 이펙트의 Brightness와 Contrast 속성값을 각각 '30', '-10' 내외로 설정하여 전체 영역이 고르게 잘 나타나도록 합니다.

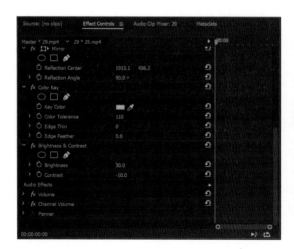

02 이미지 클립으로 반사되는 풍경 만들기

1) 부록의 [Source] 폴더에서 '128.jpg' 파일을 불러와 V1, V2 트랙에 똑같이 등록합니다.

2) 이펙트 패널에서 Video Effects > Distort > Mirror 이 펙트를 V2 트랙의 클립에 적용하고, 이펙트 컨트롤 패널에서 Reflection Angle 속성값을 '90°'로 변경합니다. 이어서 Mirror 이펙트 이름 부분을 클릭하고 프로그램 모니터에 나타난 기준점을 수면의 끝부분으로 드래그하여 반사되는 것처럼 나타나게 합니다.

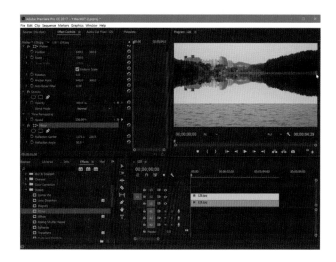

3) 이펙트 패널에서 Video Effects > Keying > Color Key 이펙트를 V2 트랙의 클립에 적용하고, 이펙트 컨트롤 패널에서 RGB Difference Key 이펙트의 Key Color 속성에 있는 스포이드 툴로 반사된 하늘 부분을 클릭합니다.

4) 반사된 영역의 색상이 모두 제거되지 않으므로 Key Color 이펙트의 Color Tolerance 속성값을 '45' 정도로 설정합니다. 반사된 하늘의 전체 영역이 모두 투명해집니다.

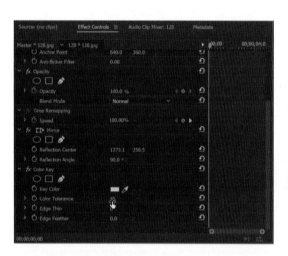

5) 이펙트 컨트롤 패널에서 Opacity > Blend Mode 메뉴를 열고 Overlay를 선택합니다. 이렇게 함으로써 반사되는 영역이 더욱 자연스럽게 나타나지만 어두운 영역은 제대로 표현되지 않습니다.

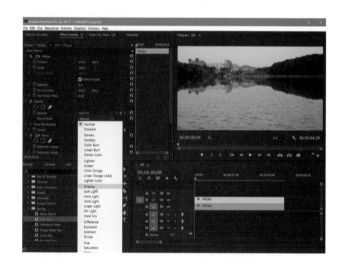

6) 이펙트 패널에서 Video Effects > Color Correction > Brightness & Contrast 이펙트를 V2 트랙의 클립에 적용한 후 Brightness & Contrast 이펙트의 Brightness와 Contrast 속성값을 각각 '45', '−20' 내외로 설정하여 전체 영역이 고르게 잘 나타나도록 합니다. 여기까지는 앞의 예제와 동일한 과정입니다.

7) File > New > Sequence를 선택하여 New Sequence 대화상자가 나타나면 프로젝트와 동일하게 HDV > HDV 720p30을 선택하고 OK 버튼을 클릭합니다.

8) 프로젝트 패널에서 앞에서 작업했던 시퀀스를 새로 추가된 시퀀스의 V1 트랙, '128.jpg' 클립은 V2 트랙에 각각 등록합니다.

클릭

잠깐만! 예제에서는 처음 작업할 때 새 시퀀스를 만들지 않고 클립을 프로젝트 패널에서 곧바로 타임라인으로 드래그하여 시퀀스를 만들었으므로 첫 시퀀스 이름이 클립 이름과 같은 '128'로 되어 있습니다. 따라서 새로 추가한 시퀀스가 'Sequence 01'이라는 이름으로 추가되었습니다. 클립을 타임라인에 곧바로 추가하기 전에 새 시퀀스를 만들고 작업했다면 새로 추가된 시퀀스는 'Sequence 02'라는 이름을 갖게 될 것입니다.

9) V2 트랙의 클립이 선택된 상태에서 이펙트 컨트롤 패널에서 Opacity 속성의 Free draw bezier 버튼을 클릭합니다.

10) 프로그램 모니터에 수면 영역의 외곽 부분을 클릭해가면서 선택 영역으로 지정합니다. 지상과 수면의 경계 부분이 비교적 직선 형태이므로 어렵지 않게 지정할 수 있을 것입니다.

11) 이펙트 패널에서 Video Effects > Distort > Wave Wrap 이펙트를 V1 트랙의 Sequence 01에 적용합니다. 수면 부분이 물결 형태로 나타나지만 기본 상태에서는 어색해 보이므로 이펙트 컨트롤 패널에서 Wave Wrap 이펙트의 속성을 다음과 같이 값을 설정합니다.

- Wave Height : 1
- Wave Width : 10
- Wave Speed : 2.0
- Pinning : All Edges

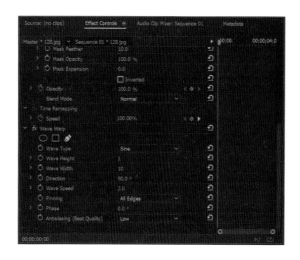

12) 실제 동영상과 아주 똑같지는 않지만 물결 형태가 좀 더 자연스러워집니다. 클립을 재생해 보면 물결이 일면서 이동하는 모습을 볼 수 있습니다.

06 애프터 이펙트 시작하기

P.A.R.T

프리미어 프로가 편집을 기반으로 하면서 여러 효과를 적용할 수 있는 프로그램인데 반해, 애프터 이펙트는 더욱 창조적인 영상을 생성해 낼 수 있는 다양한 기능과 인터페이스를 갖추고 있는 프로그램입니다.

먼저 기본적인 구성 요소와 간단한 모션 작업부터 다루어 보도록 하겠습니다.

Chapter 38

애프터 이펙트의 구성 요소

애프터 이펙트 사용을 위한 인터페이스와 작업 도구들을 하나씩 살펴보기로 하겠습니다. 애프터 이펙트는 프리미어와 포토샵 도구들이 혼합되어 있는 듯한 형태로서 다양한 작업을 편리하고 효율적으로 수행할 수 있습니다.

01 작업 화면 구성 요소

애프터 이펙트를 시작하기 전에 여러 패널로 구성된 작업 화면의 인터페이스를 살펴보겠습니다. 프리미어 프로에 익숙하다면 쉽게 적응할 수 있을 것입니다.

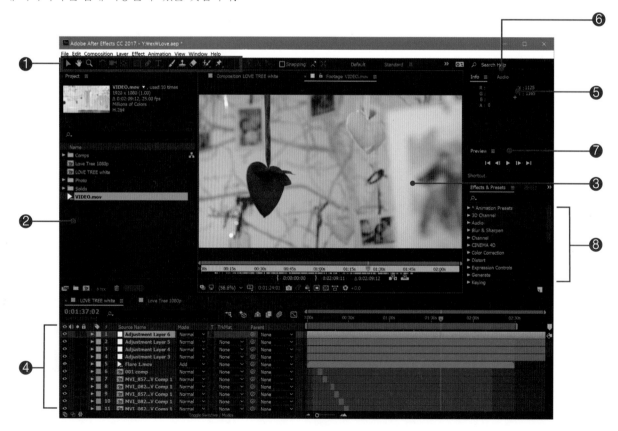

❶ **툴(Tool) 바** : 작업에 필요한 여러 도구들이 있는 곳으로, 다양한 요소를 선택하거나 회전, 이동, 확대할 수 있는 도구와 마스크나 텍스트 등을 만들 수 있는 도구들을 포함하고 있습니다.

❷ **프로젝트(Project) 패널** : 작업에 필요한 다양한 소스를 불러와 보관하고 관리할 수 있는 패널입니다.

❸ **컴포지션(Composition) 패널** : 애니메이션 작업이 실제로 이루어지는 영역으로, 작업 결과를 확인할 수도 있습니다.

❹ **타임라인(Timeline) 패널** : 여러 소스를 레이어 형태로 등록하고 움직임을 만드는 곳으로, 키 프레임이나 레이어 속성 등의 세밀한 작업이 가능합니다.

❺ **인포(Info) 패널** : 작업 정보를 표시해 주는 패널로서 색이나 위치, 레이어 및 재생과 관련된 여러 정보를 볼 수 있습니다.

❻ **오디오(Audio) 패널** : 인포 패널 옆에 있으며, 오디오 소스에 대한 레벨을 보거나 조절할 수 있습니다.

❼ **프리뷰(Preview) 패널** : 재생과 관련된 여러 컨트롤을 포함하고 있습니다.

❽ **이펙트와 프리셋(Effects & Preset) 패널** : 애프터 이펙트에서 제공하는 다양한 이펙트와 프리셋이 포함되어 있는 패널입니다.

02 툴 패널 도구들

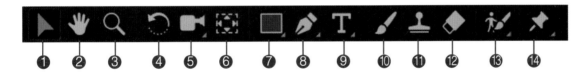

❶ **선택 툴(Selection Tool)** : 원하는 작업을 위해 레이어를 선택합니다.

❷ **핸드 툴(Hand Tool)** : 컴포지션 패널에서 화면을 이동하거나 여러 레이어가 중첩되어 있는 경우 다른 레이어를 보기 위해 레이어를 드래그하는 데 사용합니다.

❸ **줌 툴(Zoom Tool)** : 컴포지션의 화면을 확대합니다. Alt 키와 함께 클릭하면 축소시킬 수 있습니다.

❹ **회전 툴(Rotation Tool)** : 선택한 레이어를 회전시킵니다.

❺ **통합 카메라 툴(Camera Tool)** : 카메라를 제어합니다. 툴을 길게 누르면 하위 툴인 Orbit Camera Tool, Track XY Camera Tool, Track Z Camera Tool이 추가로 나타납니다.

❻ **팬 비하인드 툴(Pan Behind Tool)** : 레이어의 중심 축인 앵커 포인트를 이동합니다.

❼ **마스크와 도형 툴(Mask and Shape Tool)** : 마스크나 도형을 만듭니다. 툴을 길게 누르면 다양한 형태의 도형을 만들 수 있는 툴이 추가로 나타납니다.

❽ **펜 툴(Pen Tool)** : 원하는 형태로 마스크나 도형을 만듭니다. 툴을 길게 누르면 패스를 조절하여 마스크나 도형의 형태를 조절할 수 있는 툴이 추가로 나타납니다.

❾ **타입 툴(Type Tool)** : 컴포지션 패널에 직접 문자를 입력할 수 있는 툴로서, 툴을 길게 누르면 세로 방향으로 문자를 입력할 수 있는 Vertical Type Tool이 추가로 나타납니다.

❿ **브러시 툴(Brush Tool)** : 드래그하여 원하는 형태를 그릴 수 있습니다. 컴포지션 패널에서는 브러시 툴이 적용되지 않으며 선택한 레이어를 더블 클릭하여 레이어 패널에서 작업해야 합니다.

⓫ **도장 툴(Clone Stamp Tool)** : 레이어 패널에서 원하는 영역을 Alt 키를 누른 상태에서 클릭하고 드래그함으로써 클릭한 지점을 다른 지점에 복사합니다.

⓬ **지우개 툴(Erase Tool)** : 레이어 패널에서 드래그하여 해당 영역을 지웁니다.

⓭ **로토 브러시 툴(Roto Brush Tool)** : 브러시로 그린 영역을 마스크와 같이 선택합니다. 툴을 길게 누르면 로토 브러시 툴로 작업한 부분의 테두리를 부드럽게 처리할 수 있는 Refine Edge Tool이 나타납니다.

⓮ **퍼핏 핀 툴(Puppet Pin Tool)** : 레이어에 퍼핏 포인트를 추가하여 일부분을 움직이게 합니다. 관절의 움직임이 필요한 캐릭터 등에 사용합니다. 툴을 길게 누르면 겹치는 영역 처리를 위한 Puppet Overlap Tool과 변형을 방지하기 위해 일정 영역을 고정하는 Puppet Starch Tool이 추가로 나타납니다.

03 프로젝트 패널

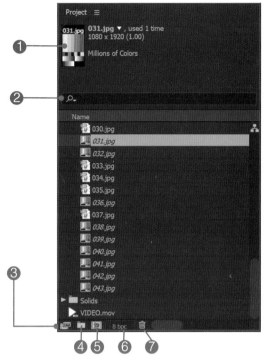

Interpret Footage 대화상자

❶ **섬네일(Thumbnail)** : 프로젝트 패널에 등록된 소스를 선택했을 때 보여 주는 미리보기 영역입니다. 섬네일과 함께 해상도와 색상 정보도 표시됩니다.

❷ **탐색창(Quick Search)** : 많은 소스 파일이 등록되어 있을 때 원하는 문자를 입력해 빠르게 찾을 수 있도록 합니다.

❸ **Interpret Footage** : 별도의 대화상자를 통해 소스에 대한 정보를 표시하며, Main Options 탭에서는 Alpha, Frame Rate, Start Timecode 등을, Color Management 탭에서는 컬러 프로파일을 설정할 수 있습니다.

❹ **Create a new Folder** : 불러온 소스 파일이나 컴포지션 등을 알기 쉽게 분류할 수 있도록 프로젝트 패널 안에 새 폴더를 만듭니다.

❺ **Create a new Composition** : 새로운 컴포지션을 만듭니다. 프로젝트 패널 안에 있는 소스 파일을 이 아이콘 위로 드래그하면 해당 소스 파일의 크기와 포맷이 동일한 새 컴포지션을 만들 수 있습니다.

❻ **Project Setting & Color Depth** : 프로젝트 설정 대화상자를 통해 현재 프로젝트의 비디오 렌더링, 타임 디스플레이, 컬러, 오디오 등의 설정을 변경할 수 있습니다.

❼ **Delete selected project items** : 현재 선택된 소스 파일을 프로젝트 패널 목록에서 삭제합니다.

04 컴포지션 패널

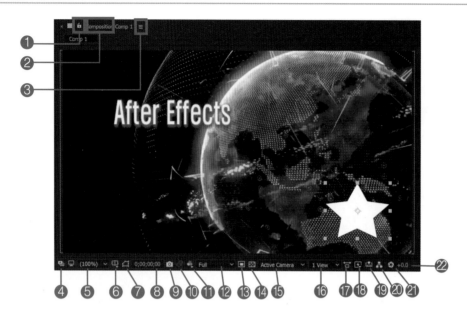

● **Toggle Viewer Lock** : 클릭하여 자물쇠가 잠금 상태로 바뀌면 타임라인 패널에서 다른 컴포지션을 선택하여도 잠금 상태의 컴포지션만 보이게 됩니다.

❷ **Triangle for opening viewer menu** : 프로젝트 내의 다른 컴포지션을 선택하거나 잠그기, 닫기, 이동 등을 선택할 수 있습니다.

❸ **Options Menu for Compo Panel** : 컴포지션 패널의 옵션 메뉴를 엽니다.

❹ **Always Preview This View** : 여러 컴포지션이 있을 때 설정한 컴포지션만 미리보기를 진행합니다.

❺ **Magnification ratio popup** : 컴포지션 패널의 화면 크기를 설정합니다. 'Fit'와 'Fit up to 100%'는 현재 컴포지션 폭에 맞춰 최대한 크게 보여 줍니다.

❻ **Chose grid and guide options** : 그리드와 가이드 라인을 표시합니다.

❼ **Toggle Mask and Shape Path Visibility** : 마스크와 도형 레이어의 패스를 보이게 하거나 감춥니다.

❽ **Current Time** : 타임 인디케이터가 위치하고 있는 현재 지점에 대한 시간을 표시합니다. 클릭하면 Go to Time 창이 나타나 원하는 지점을 지정하여 곧바로 이동할 수도 있습니다.

❾ **Take Snapshot** : 현재 화면을 일시적으로 메모리에 캡처합니다.

❿ **Show last Snapshot** : 누르고 있는 동안에 최종적으로 캡처한 이미지를 보여 줍니다.

⓫ **Show Channel and Color Management Settings** : 현재 화면을 Red, Green, Blue, 알파 패널로 분리하여 확인할 수 있습니다.

⑫ **Resolution/Down Sample Factor Popup** : 컴포지션 패널에서 보여 주는 해상도를 설정합니다. 많은 레이어로 작업할 때나 고해상도 소스로 작업할 때는 해상도를 낮추어 주어야 더욱 빠른 속도로 결과를 확인할 수 있습니다.

⑬ **Region of Interest** : 컴포지션 화면 내에서 드래그하여 원하는 부분만 보도록 합니다. 특정 영역의 결과만 살펴보기 때문에 프리뷰 속도가 빨라집니다.

⑭ **Toggle Transparency Grid** : 알파값을 가진 부분을 확인합니다.

⑮ **3D View Popup** : 3D 작업에서 다양한 형태의 3D View를 선택할 수 있습니다.

⑯ **Select view layout** : 3D 작업에서 다양한 레이아웃을 선택해 볼 수 있습니다.

⑰ **Toggle Pixel Aspect Ratio Correction** : 픽셀 종횡비가 1:1이 아닌 작업을 진행할 때 사용합니다.

⑱ **Fast Previews** : 보다 빠른 프리뷰 속도를 위해 여러 방식 중 하나를 선택할 수 있습니다.

⑲ **Timeline** : 현재 컴포지션의 타임라인 패널을 찾아 활성화합니다.

⑳ **Comp Flowchart** : 현재 컴포지션을 플로 차트 형태로 보여 줍니다.

㉑ **Reset Exposure** : 우측의 Adjust Exposure에서 설정한 노출값을 초기값인 '0'으로 변경합니다.

㉒ **Adjust Exposure** : 컴포지션에 나타나는 요소들의 밝기를 조절합니다. 오직 컴포지션 패널에서 보이는 상태에만 적용되는 것으로 렌더링 결과에는 영향을 미치지 않습니다.

05 타임라인 패널

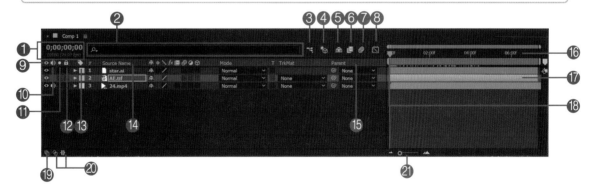

❶ **Current Time** : 타임라인에 현재 인디케이터 지점에 대한 시간이 표시됩니다.

❷ **Quick Search** : 많은 레이어가 놓여 있을 때 검색하여 찾을 수 있습니다.

❸ **Composition Mini Flowchart** : 작은 플로 차트를 보여 줍니다.

❹ **Draft 3D** : 3D 작업의 속도를 높이기 위해 조명, 그림자, 카메라의 Depth of field blur 등이 렌더링이나 프리뷰에 포함되지 않도록 합니다.

❺ **Hides all layers for which the 'Shy' switch is set** : Shy 옵션이 숨기기로 설정된 레이어를 숨깁니다. 타임라인에서만 보이지 않을 뿐, 컴포지션 패널에는 그대로 표시됩니다.

❻ **Enables Frame Blending for all layers with the Frame Blend switch set** : 레이어의 속도를 변경하였을 때 움직임을 부드럽게 합니다.

❼ **Enables Motion Blur for all layers with the Motion Blur switch set** : 움직이는 영상에 모션 블러를 적용합니다.

❽ **Graph Editor** : 레이어의 움직임을 키 프레임 형태에서 그래프 형태로 보여 줍니다.

❾ **Video** : 레이어를 컴포지션 패널에 숨기거나 다시 나타나게 합니다.

❿ **Audio** : 레이어의 소리를 끄거나 켭니다.

⓫ **Solo** : 해당 레이어만 나타나도록 합니다.

⓬ **Lock** : 레이어를 잠금 상태로 전환하여 수정되지 않도록 합니다.

⓭ **Label** : 라벨 색상이 표시되며, 클릭하여 다른 색상으로 변경할 수 있습니다.

⓮ **Layer Name** : 레이어의 이름이 표시되며 선택 상태에서 Enter 키를 누르거나 단축 메뉴에서 Rename을 선택하면 이름을 변경할 수 있습니다.

⓯ **Parent** : 두 레이어를 Parent와 Child 관계로 맺어 함께 움직이도록 합니다.

⓰ **Time Navigator** : 타임라인의 눈금 단위를 확대하거나 축소합니다.

⓱ **Work Area** : 작업 영역을 표시합니다.

⓲ **Current Time Indicator** : 현재 화면에 표시되는 시간 지점을 가리킵니다.

⓳ **Expand or Collapse the Layer Switches pane**과 **Expand or Collapse the Transfer Controls pane** : 타임라인 패널에 몇 가지 옵션을 표시하거나 숨깁니다.

⓴ **Expand or Collapse the In/Out/Duration/Stretch panes** : 레이어의 시간 속성과 관련된 옵션을 표시하거나 숨깁니다.

㉑ **Zoom in to frame level, or out to entire comp(in time)** : 타임라인 패널의 눈금 단위를 확대하거나 축소합니다.

06 Info 패널과 오디오 패널

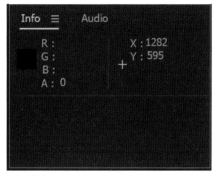

Info 패널

오디오 패널

Info 패널은 컴포지션 패널에서 마우스 포인트가 위치하고 있는 곳의 위치 및 색 정보를 표시합니다. 오디오 패널은 오디오가 재생될 때 레벨을 실시간으로 확인하여 조절할 수 있습니다.

07 프리뷰 패널

❶ 재생 관련 버튼 : 왼쪽부터 차례대로 시작 지점으로 이동, 1프레임 앞으로, 재생, 1프레임 뒤로, 끝 지점으로 이동 등의 기능을 수행합니다.

❷ Shortcut : 프리뷰를 위한 단축키를 선택합니다.

❸ Include : 프리뷰할 때 포함시킬 부분을 선택합니다.

❹ Range : 프리뷰할 영역을 선택합니다.

❺ Play From : 재생 시점을 선택합니다.

❻ Frame Rate : 1초당 재생할 프레임 수를 선택합니다.

❼ Skip : Frame Rate에서 지정한 프레임이 재생된 다음 건너 뛸 프레임 수를 지정합니다.

❽ Resolution : 프리뷰할 때의 해상도를 선택합니다.

❾ Full Screen : 전체 화면으로 프리뷰합니다.

08 이펙트와 프리셋 패널

프리미어 프로의 이펙트 패널과 같은 형태로 다양한 이펙트와 프리셋이 포함되어 있는 패널입니다. 원하는 이펙트를 더블 클릭하면 현재 선택되어 있는 레이어에 적용되며 레이어로 직접 드래그하여 적용할 수도 있습니다. 적용된 이펙트는 이펙트 컨트롤 패널에서 속성을 변경할 수 있습니다.

Chapter 39

기본 작업 과정 이해하기

애프터 이펙트의 기본적인 작업 과정에 대해 익혀 보도록 하겠습니다. 프리미어 프로를 다루어 보았으므로 쉽게 이해할 수 있을 것입니다. 프로그램 모니터를 컴포지션 패널, 타임라인에 등록되는 소스를 클립에서 레이어로 바꿔 부르는 것 이외에 큰 차이는 없습니다. 물론 기능적인 차이는 앞으로 계속 다루어 갈 것입니다.

1) 애프터 이펙트를 실행하고 File > Import > File을 선택합니다. 프로젝트 패널의 빈 영역을 더블 클릭해도 됩니다.

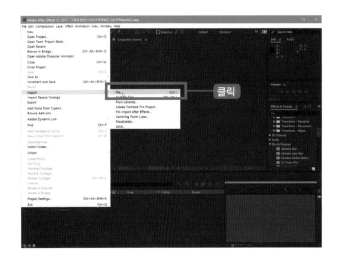

2) Import File 대화상자가 나타납니다. 부록의 [Source] 폴더에서 '21.mp4', 'AE.png' 파일을 선택하고 Import 버튼을 클릭합니다.

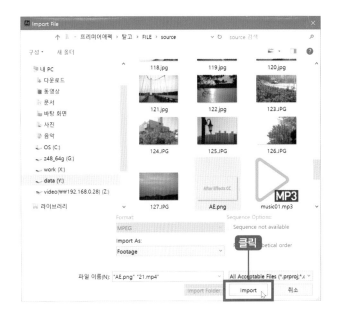

3] 선택한 파일이 프로젝트 패널에 등록되어 나타납니다. 새 컴포지션을 생성하기 위해 Composition > New Composition을 선택합니다.

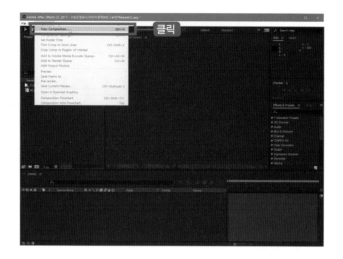

참고하세요!

프리미어에서 파일을 타임라인으로 드래그하면 기본적으로 파일 이름과 동일한 이름의 시퀀스가 생성되었던 것처럼, 애프터 이펙트도 파일을 타임라인으로 드래그하면 파일 이름과 동일한 컴포지션이 자동으로 생성됩니다. 하지만 여러 컴포지션을 생성해 사용하는 경우가 많으므로 컴포지션을 생성하는 방법부터 살펴봅니다.

4] Composition Settings 대화상자가 나타납니다. 프리미어 프로에서 보던 옵션들입니다. Preset에서 HDV/HDTV 720 29.97을 선택하면 1280×720 해상도의 컴포지션이 지정됩니다. OK 버튼을 클릭합니다.

5] 새로 생성한 컴포지션이 컴포지선 패널에 나타납니다. 아직 타임라인에 아무것도 등록되어 있지 않으므로 비어 있는 상태입니다. 프로젝트 패널에 등록되어 있는 '21.mp4' 파일을 타임라인 패널로 드래그합니다.

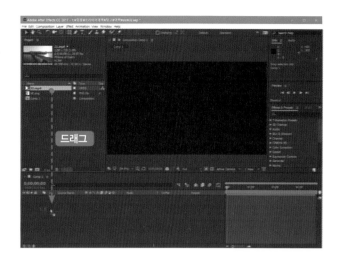

6] 해당 파일이 타임라인 패널에 등록됩니다. 타임라인에 등록된 파일은 '레이어'라고 부릅니다. 해당 파일의 내용이 컴포지션 패널에 나타납니다. 다시 프로젝트 패널에서 'AE.png' 파일을 타임라인의 '21.mp4' 레이어와 타임라인 도구들 사이로 드래그하여 파란색이 나타나는 지점에서 마우스 버튼을 놓습니다.

잠깐만!

이미 등록되어 있는 레이어 아래로 드래그한 다음. 다시 위로 드래그하여 순서를 바꾸어 주어도 되지만 한 번에 원하는 순서로 놓이도록 하였습니다.

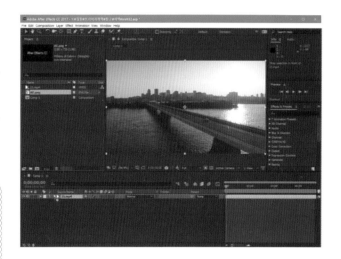

7] 타임라인에서 AE 레이어를 선택하고 단축키로 S를 누릅니다. 레이어의 스케일(Scale) 속성이 나타나면 속성 이름 좌측에 있는 스톱워치를 클릭합니다.

8) 현재 타임 인디케이터 지점에 키 프레임이 생성됩니다. Scale 값을 '0'으로 설정합니다. 크기를 0으로 설정하였으므로 컴포지션 패널에 문자가 보이지 않습니다.

9) 타임 인디케이터를 6초 지점에 두고 AE 레이어의 Scale 값을 100으로 변경합니다. 다시 문자가 원래의 크기로 나타납니다. 이로써 1초에서 6초 사이에 문자가 점점 커지는 애니메이션이 만들어집니다.

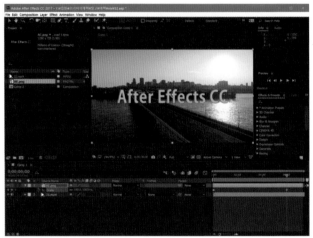

10) 기본적으로 Space Bar를 누르거나 프리뷰 패널의 재생 버튼을 클릭하면 작업 결과를 살펴볼 수 있습니다. 작업 내용을 저장하기 위해 File > Save를 선택하면 Save As 대화상자가 나타납니다. 원하는 파일 이름을 입력하고 저장 버튼을 클릭합니다.

11) 작업을 마쳤다면 작업 결과를 파일로 생성하기 위해 Composition > Add to Queue를 선택합니다.

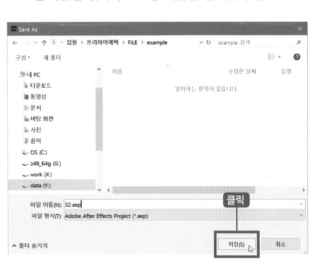

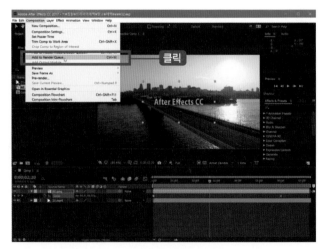

12) 타임라인 패널에 Render Queue 패널이 나타납니다. 여러 옵션을 설정하기 위해 Render Settings의 Best Settings를 선택합니다.

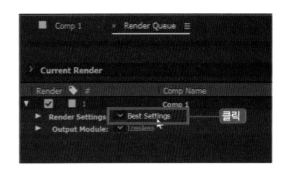

13) Render Settings 대화상자가 나타납니다. 원하는 대로 화질과 해상도 등을 설정하고 OK 버튼을 클릭합니다.

14) 동영상의 포맷과 코덱 설정을 위해 Render Queue 패널의 Output Module에서 Lossless를 클릭합니다.

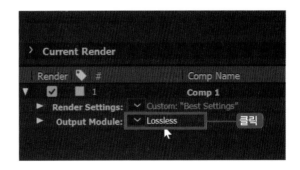

15] Output Module Settings 대화상자가 나타납니다. 적절히 원하는 포맷과 코덱을 선택하고 OK 버튼을 클릭합니다. 코덱은 Format Options 버튼을 클릭해야 선택할 수 있는 옵션 창이 나타납니다.

16] 출력을 위한 설정을 모두 마쳤다면 Render Queue 패널의 Output To에 표시된 파일 이름을 클릭합니다.

> **참고하세요!**
>
> **어도비 미디어 인코더에서 렌더링하기**
>
> Composition 〉 Add to Adobe Media Encoder Queue를 선택하면 현재 컴포지션을 어도비 미디어 인코더를 통해 렌더링할 수 있습니다.

17] 파일 저장을 위한 Output Movie To 대화상자가 나타납니다. 원하는 위치와 파일 이름을 입력하고 저장 버튼을 클릭합니다.

Chapter 40

기본 애니메이션 작업

특정 시간 지점을 키 프레임으로 설정하고 각기 다른 속성값을 부여하면 시간의 흐름에 따라 속성값이 변화하므로 애니메이션이 만들어집니다. 트랜스폼의 여러 속성을 설정하여 가장 기초적인 애니메이션 작업을 해 보겠습니다.

01 레이어의 생성과 키 프레임 작업하기

외부의 파일을 사용하지 않고 직접 애프터 이펙트에서 솔리드나 텍스트 레이어를 만들어 키 프레임을 설정해 보도록 하겠습니다.

1] 새 프로젝트를 시작하고 Composition > New Composition을 선택하여 Composition Settings 대화상자가 나타나면 1280×720 해상도의 29.97(또는 30)프레임으로 설정하고 OK 버튼을 클릭합니다.

2) Layer > New > Solid를 선택하거나 타임라인 패널의
바탕 영역을 마우스 우측 버튼으로 클릭하고 단축 메
뉴에서 New > Solid를 선택합니다.

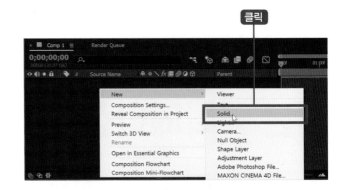

3) Solid Settings 대화상자가 나타납니다. Size는 기본
값으로 두고 색상만을 바꾸어 주기 위해 Color 항목
내의 색상 박스를 클릭합니다.

4) 컬러 피커 창이 나타납니다. 노란색을 선택하고 OK
버튼을 클릭합니다.

5] 다시 Solid Settings 대화상자로 돌아오면 OK 버튼을 클릭합니다. 노란색의 사각형이 타임라인 윈도우에 레이어로 등록되며, 컴포지션 패널을 통해 나타나는 것을 볼 수 있습니다.

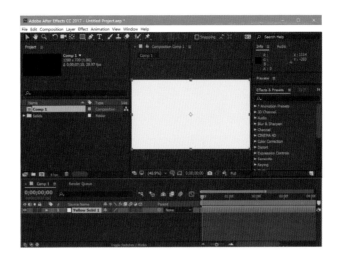

6] 앞의 과정을 반복하여 다시 Solid Settings 대화상자를 통해 640×360 픽셀의 녹색 솔리드를 만들어 줍니다. 타임라인에 등록된 솔리드의 크기를 변경할 수도 있지만 미리 이렇게 만들어 두도록 합니다.

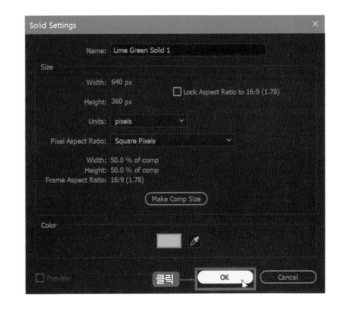

7] 또 하나의 솔리드 레이어가 등록되어 나타납니다. 이번에는 도형을 만들어 보겠습니다. 타임라인 패널에서 어느 레이어도 선택되어 있지 않도록 바탕 영역을 클릭하고 툴 패널의 도형 툴을 클릭한 다음, 잠시 기다려 하위 툴이 나타나면 원형 툴(Ellipse Tool)을 선택합니다.

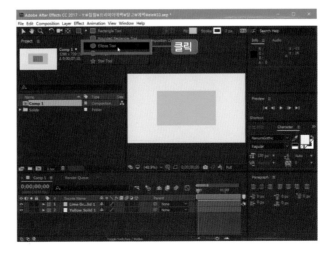

8) 컴포지션 패널 중앙을 드래그하여 원을 만듭니다.

> **잠깐만!**
> 레이어를 선택하지 않고 도형 툴을 선
> 택한 후 드래그하면 도형이 만들어지며, 레이어를 선택
> 한 상태에서 드래그하면 마스크가 생성됩니다.

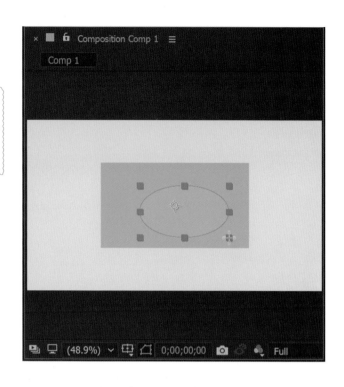

9) 최근에 사용했던 솔리드 색상과 동일한 색상으로 그
려지므로 색상을 바꾸기 위해 툴 패널 우측에 있는
Fill 박스를 클릭합니다.

10) 컬러 피커 창이 나타나면 빨간색을 지정하고 OK 버
튼을 클릭합니다.

11) 툴 패널에서 타입 툴을 클릭하고 컴포지션 패널 내
부를 클릭합니다. 기본적으로 텍스트 색상이 클릭
한 지점 색상과 동일하게 나타나 잘 보이지 않으므
로 먼저 Character 패널의 색상 박스를 클릭합니다.

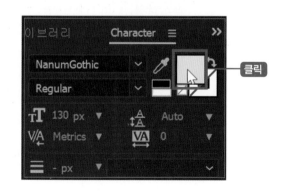

12) 텍스트 컬러 피커 창이 나타나면 파란색으로 지정하고 OK 버튼을 클릭합니다.

13) 그림과 같이 텍스트를 입력합니다. 프리미어 프로에서 텍스트를 입력할 때처럼 한글 입력의 경우 마지막 글자 입력 후에는 우측 방향키를 한 번 눌러 줘야 제대로 표시됩니다.

14) 툴 패널에서 선택 툴을 클릭하고 텍스트를 선택하여 중앙에 위치시킵니다.

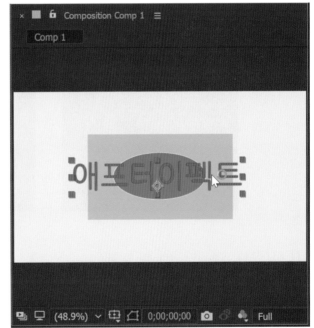

15) 텍스트가 선택된 상태에서 Character 패널에서 폰트 목록 버튼을 클릭합니다. Character 패널이 나타나 있지 않는다면 Windiws > Character를 선택하면 됩니다.

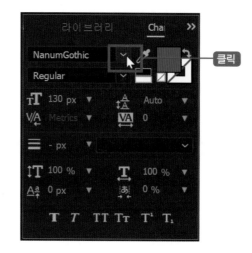

16) 폰트 목록에서 원하는 폰트를 선택합니다. 여기에서는 Arial을 선택했습니다. 아울러 폰트가 굵게 나타나도록 볼드 버튼도 클릭해 줍니다.

17) 텍스트에 외곽선이 나타나도록 하겠습니다. 컴포지션 패널이나 타임라인 패널 위에서 텍스트 레이어를 마우스 우측 버튼을 클릭하여 단축메뉴가 나타나면 Layer Styles > Stroke를 선택합니다.

18) 텍스트 주위에 외곽선이 나타나며 타임라인 패널의 Text 레이어 아래에 Layer Styles 속성이 추가된 것을 볼 수 있습니다. Layer Styles > Stroke 속성 확장 버튼을 클릭합니다.

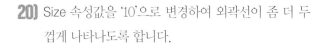

19) Stroke 속성들이 펼쳐집니다. Color 속성의 색상 박스를 클릭하여 컬러 피커 창에서 흰색을 지정합니다.

20) Size 속성값을 '10'으로 변경하여 외곽선이 좀 더 두껍게 나타나도록 합니다.

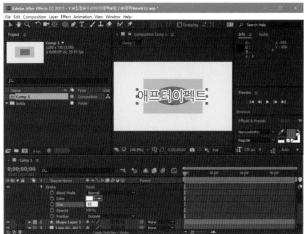

참고하세요!

Stroke 속성

• Blend Mode : 외곽선의 혼합 모드를 선택합니다.

• Color : 외곽선의 색상을 설정합니다.

• Size : 외곽선의 두께를 설정합니다.

• Opacity : 외곽선의 투명도를 설정합니다.

• Position : 외곽선이 바깥쪽에 나타나게 할 것인지 안쪽에 나타나게 할 것인지 선택합니다.

21) 컴포지션 패널에 나타나는 레이어는 Magnification ratio popup이 fit로 설정되어 있어 레이어 크기에 꽉 차게 나타납니다. 레이어를 컴포지션 영역의 바깥 쪽으로 이동시키기 위해 Magnification ratio popup 메뉴를 열고 50% 또는 33% 정도를 선택합니다. 애 프터 이펙트의 작업 해상도에 따라 다를 수 있으므 로 적절한 배율을 선택하도록 합니다.

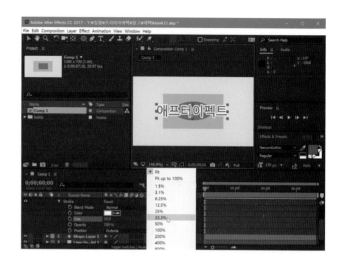

22) 그래도 컴포지션 패널의 바깥 영역이 충분히 확보 되지 않는다면 패널의 크기를 키워 주도록 합니다. 타임라인 패널에서 두 번째 레이어인 Shape 레이어 를 선택하고 P 키를 누르면 레이어의 Position 속성 이 나타납니다. 두 속성값 중에서 앞쪽의 X 좌표값 을 좌측으로 드래그하여 그림과 같이 레이어가 영 역에서 보이지 않도록 합니다.

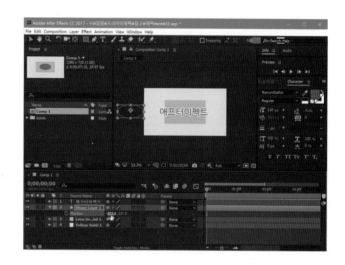

23) 인디케이터가 시작 지점에 있는 것을 확인하고 Position 속성 좌측의 스톱워치 아이콘을 클릭합니 다. 현재 인디케이터 지점에 키 프레임이 생성됩니다.

24) 현재 인디케이터 지점을 표시하는 Current Time을 클릭하고, 1초 지점으로 인디케이터를 이동시키기 위하여 '100'을 입력한 다음 Enter 키를 누릅니다. 타 임코드를 '0:00:01:00'과 같이 입력해도 되지만 콜 론과 앞부분 숫자를 제외하고 이렇게 입력해도 됩 니다.

25) 툴 패널에서 선택 툴을 클릭하고 컴포지션 패널에서 현재 선택되어 있는 2번 레이어를 다음과 같이 드래그하여 이동시킵니다. 레이어 속성의 스톱워치 아이콘이 켜져 있는 상태이므로 속성값이 변화하면 자동으로 현재 인디케이터 지점에 키 프레임이 생성됩니다.

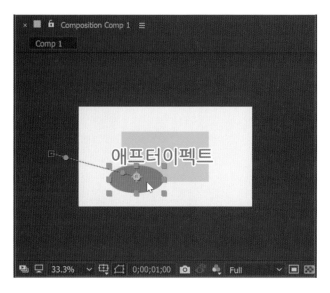

26) 다시 Current Time에서 '200'을 입력하고 Enter 키를 눌러 인디케이터를 2초 지점으로 이동시키고, 컴포지션 패널에서 레이어를 그림과 같이 텍스트 레이어의 우측 부분으로 드래그합니다. 이로써 텍스트 레이어는 지정된 경로를 따라 이동하게 됩니다.

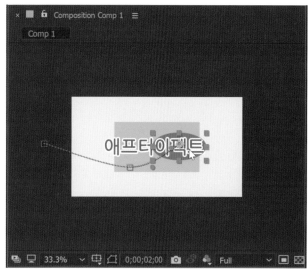

27) 타임라인 패널에서 녹색 솔리드 레이어인 3번 레이어를 선택하고 T 키를 누릅니다. 해당 레이어의 Opacity 속성이 나타납니다.

28) 인디케이터를 시작 지점에 두고 Opacity 속성의 스톱워치를 클릭하고 값을 '0'으로 변경합니다. 해당 레이어의 외곽선만 보이게 됩니다.

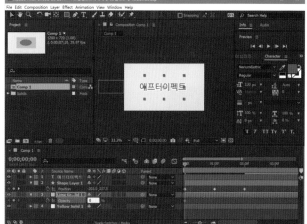

29) 인디케이터를 2초 지점으로 이동하고 Opacity 값을 '100'으로 변경합니다.

30) 프리뷰로 결과를 확인합니다. 2번 레이어는 지정된 경로를 따라 움직이며 3번 레이어는 점차 짙게 나타납니다.

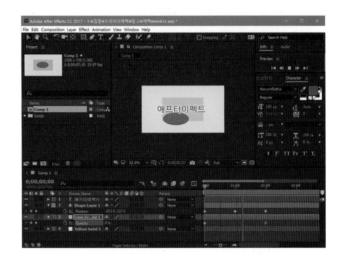

참고하세요!

키 프레임의 생성과 인접 키 프레임으로 이동하기

앞의 예제처럼 스톱워치를 켠 상태에서 인디케이터를 이동하고 속성값을 변경시키면 자동으로 현재 인디케이터 지점에 키 프레임이 생성되며, 원하는 시간 지점에 인디케이터를 두고 키 프레임 네비게이터 중앙의 마름모꼴을 클릭하여 키 프레임을 생성할 수도 있습니다. 키 프레임 네비게이터의 좌, 우측 화살표를 클릭하면 인접한 키 프레임 지점으로 빠르게 이동할 수 있습니다.

키 프레임 네비게이터

키 프레임을 숫자로 표시하기

키 프레임은 기본적으로 마름모꼴의 아이콘으로 표시되는데, 타임라인 패널 옵션 메뉴에서 Use
Keyframe Indices를 선택하면 숫자로 나타나게 할 수 있습니다.

키 프레임이 숫자로 표시됩니다.

클릭

Use Keyframe Indices를
선택합니다.

02 키 프레임의 이동과 복사

생성된 키 프레임은 마우스로 드래그하여 간단히 이동시킬 수 있습니다. 또한 Shift 키를 누른 상태에서 키 프레임을 클릭하거나 선택하려는 키 프레임 주위를 드래그하면 여러 키 프레임을 동시에 선택할 수 있으며 이렇게 선택된 키 프레임 중 하나를 클릭하여 드래그하면 선택된 모든 키 프레임을 한꺼번에 이동시킬 수 있습니다.

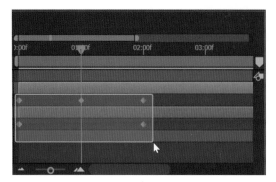 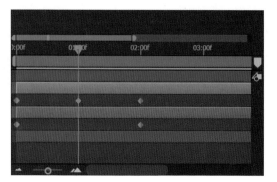

선택하려는 키 프레임 영역을 드래그합니다.　　　　드래그된 영역 내의 모든 키 프레임이 선택됩니다.

단축키를 사용하여 키 프레임을 이동시킬 수도 있습니다. 키 프레임을 클릭하여 선택하고 Alt 키와 함께 좌측 방향키나 우측 방향키를 누르면 1프레임씩 이동시킬 수 있으며 Alt+Shift 키와 함께 방향키를 누르면 해당 방향으로 10프레임씩 이동시킬 수 있습니다.

인디케이터가 키 프레임 위치에 있을 때 나타나는 키 프레임 네비게이터의 사각형 내의 체크표시를 해제하거나 키 프레임을 선택하고 Delete 키를 누르면 생성된 키 프레임을 삭제할 수 있습니다.

또한 레이어의 스톱워치를 클릭하여 선택 해제 상태로 되돌리면 모든 키 프레임이 삭제됩니다. 이때 레이어의 속성은 현재 인디케이터 지점의 값으로 고정되므로 유의해야 합니다.

키 프레임도 다른 개체와 마찬가지로 복사와 붙이기가 가능합니다. 키 프레임을 선택하고 Edit > Copy(Ctrl+C)를 선택한 다음, 인디케이터를 이동하여 Edit > Paste(Ctrl+V)를 선택하면 현재 인디케이터 위치에 복사된 키 프레임이 나타납니다. 복사와 붙이기는 다른 레이어에도 가능합니다.

앞에서 만들어 보았던 예제에서 2번 레이어를 선택하고 1초 지점의 키 프레임을 선택합니다.

Ctrl+C 키를 눌러 키 프레임을 복사한 다음, 4번 레이어를 선택하고 인디케이터를 1초 지점으로 이동하여 Ctrl+V 키를 누릅니다. 복사해 둔 키 프레임이 붙습니다.

하지만 1번 레이어의 1초 지점에 키 프레임이 보이지 않습니다. 이것은 복사된 키 프레임의 속성을 열지 않았기 때문입니다. 1번 레이어가 선택된 상태에서 P 키를 누르면 Position 속성이 나타나 복사된 키 프레임이 나타나는 것을 볼 수 있습니다.

Chapter 41

모션 패스 다루기

모션(Motion)이란 움직임을 가리키는 것으로, 각각 다른 시간 지점에 키 프레임을 생성하고 다른 Position 값을 설정하면 시간의 흐름에 따라 움직이는 효과를 만들 수 있습니다. 움직임 의 경로인 모션 패스를 수정하거나 직접 그리는 방법을 알아보도록 하겠습니다.

01 모션 패스 수정하기

1) File > Open Project를 선택하여 부록의 [Source] 폴더에 있는 'ball.aep' 파일을 불러옵니다. 최상위 레 이어에 세 개의 키 프레임이 생성되어 있고 Position 속성을 달리하여 간단히 애니메이션을 적용한 프 로젝트입니다.

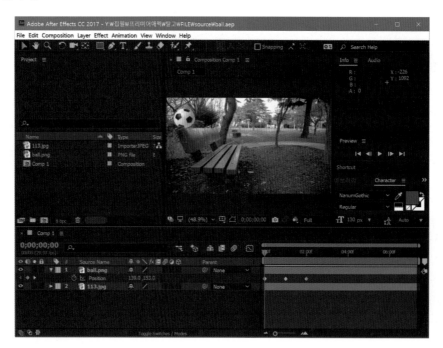

2) 타임라인 패널에서 1번 레이어를 선택합니다. 현재 인디케이터를 시작점 즉, 첫 번째 키 프레임 위치에 두고 컴포지션 패널을 보면 선택된 레이어 주위에 핸들이라 부르는 작은 사각형이 나타나 있고 움직임의 경로인 패스(Path)가 표시됩니다. 컴포지션 패널에서 핸들을 드래그하면 해당 키 프레임의 위치가 바뀌므로 Position 속성값이 변경됩니다.

3) 툴 패널에서 펜 툴을 선택하고 패스 상의 임의의 지점을 클릭합니다.

4) 새로운 핸들이 추가되고 타임라인에도 키 프레임이 생성되어 있는 것을 알 수 있습니다.

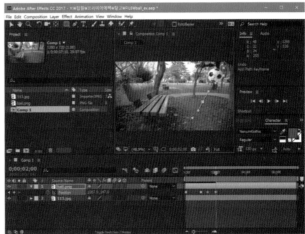

5) 핸들이 선택된 상태에서 Delete 키를 누르면 삭제할 수 있습니다. 펜 툴로 핸들을 클릭하면 클릭할 때마다 패스의 형태가 직선과 곡선 형태로 전환됩니다.

핸들을 펜 툴로 클릭

패스가 직선으로 변경됩니다.

6) 핸들이 선택되면 핸들을 중심으로 라인이 표시되며 라인의 끝에는 방향 핸들이라는 작은 사각형이 나타납니다. 이를 선택 툴이나 펜 툴 등으로 드래그하면 패스를 곡선 형태로 자유롭게 조절할 수 있습니다.

방향 핸들을 드래그

02 모션 스케치로 패스 그리기

모션 스케치는 마우스로 원하는 패스를 직접 그려 주는 기능입니다. 모션 스케치로 생성된 패스는 몇 가지 옵션을 적용하여 형태를 변경할 수도 있습니다.

1] 앞에서 불러왔던 'ball.aep' 프로젝트에서 1번 레이어의 Position 속성 좌측에 있는 스톱워치를 클릭하여 이미 생성되어 있는 키 프레임을 모두 삭제하고 인디케이터를 시작 지점으로 이동합니다. 이어서 Window > Motion Sketch를 선택합니다.

2] 모션 스케치 패널이 나타납니다. Capture speed는 디폴트 값인 100%, Show wireframe과 Background 옵션을 모두 체크하고 Start Capture 버튼을 클릭합니다.

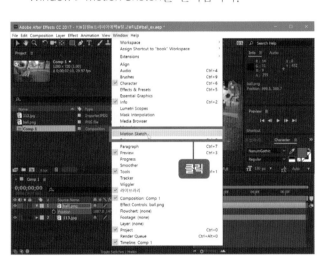

3] 컴포지션 패널에서 원하는 경로대로 레이어를 드래그합니다. 클릭한 순간부터 패스가 기록됩니다.

4) 드래그한 대로 패스가 생성되며, 수많은 핸들이 나타나고 따라서 타임라인에도 키 프레임이 나타나는 것을 볼 수 있습니다. 키 프레임 수는 드래그 속도나 위치에 따라 달라집니다.

참고하세요!

모션 스케치 패널 옵션

1) Capture speed at : 100%를 지정하면 드래그하는 속도와 동일한 속도로 패스가 만들어집니다. 높은 값을 지정할수록 드래그하는 속도보다 빠른 속도의 모션 패스, 낮은 값을 지정할수록 드래그하는 속도보다 느린 속도의 모션 패스가 만들어집니다.

2) Show Wireframe : 드래그할 때 레이어의 외곽선(와이어 프레임)이 나타납니다.

3) Show Background : 드래그 할 때 컴포지션 패널의 배경이 그대로 나타납니다. 선택하지 않으면 배경이 검정색으로 나타납니다.

4) Start Capture : 패스를 그리도록 합니다. 이 버튼을 클릭한 다음, 컴포지션 패널에서 다시 임의의 지점을 클릭한 순간부터 패스가 기록됩니다.

5) 모션 스케치로 생성된 패스를 변형시켜 보도록 하겠습니다. 타임라인에 생성된 키 프레임 주위를 드래그하여 모두 선택하고 Window > Wiggler를 선택합니다. Wiggler 패널이 나타나는데, Apply To를 Spatial Path, Noise Type을 Smooth로 하고 Frequency와 Magnitude 값은 모두 '10'으로 설정한 다음 Apply 버튼을 클릭합니다.

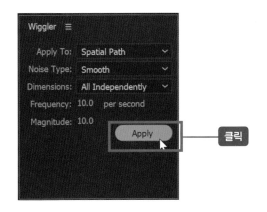

6) 컴포지션 패널의 핸들이 바뀌어 나타납니다. 프리뷰를 통하여 레이어의 움직임을 살펴보면 단순히 움직이는 것이 아니라 마치 나비가 움직이는 것처럼 떨면서 이동하는 것을 볼 수 있습니다.

참고하세요!

Temporal Graph와 Spatial Path

Wiggler 패널은 두 개 이상의 키 프레임이 선택되어 있어야 값을 적용할 수 있으며, Apply 옵션에서 Temporal Graph를 선택하면 속도, Spatial Path를 선택하면 패스상의 위치를 부드럽게 변화시켜 줍니다.

7) Ctrl+Z 키를 눌러 Wiggler 적용을 취소하고 Windows > Smoother를 선택합니다. Smoother 패널이 나타나면 Tolerance 값을 '10'으로 설정하고 Apply 버튼을 클릭합니다.

8) 컴포지션 패널을 보면 각 핸들 사이의 패스가 부드럽게 변경되어 나타납니다. 역시 프리뷰를 통하여 확인합니다. 훨씬 부드러운 모션을 볼 수 있습니다. Tolerance 값이 클수록 키 프레임 수가 줄어드는 대신 각 핸들 사이는 더욱 곡선 형태로 변화됩니다.

---

03 스피드 그래프와 다양한 속도 조절 옵션

Position 속성의 키 프레임을 설정하면 각 키 프레임 사이의 패스에 따른 속도를 보여 주는 스피드 그래프가 나타납니다. 이것을 조절하여 속도를 조절할 수도 있습니다.

● 스피드 그래프와 수동 속도 조절

1) 앞에서 사용했던 'ball.aep' 파일을 다시 불러와 1번 레이어의 Position 속성을 선택하고 Graph Editor를 클릭합니다.

2] 타임라인에 그래프가 나타납니다. 키 프레임 사이의 속도를 표시하는 스피드 그래프입니다. 그래프의 높이는 레이어의 속도를 의미합니다.

3] 2초 지점의 세 번째 키 프레임을 선택하고 아래쪽으로 드래그합니다. 두 번째 키 프레임과 세 번째 키 프레임 사이의 그래프가 곡선으로 바뀌어 이 구간의 공의 움직임이 점차 느리게 표현됩니다. 그래프의 높이가 높을수록 속도가 빨라지며, 낮을수록 속도가 느려지기 때문입니다.

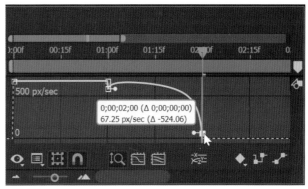

타임라인

4] 컴포지션 패널을 보면 두 번째 핸들과 세 번째 핸들 사이의 점 간격이 앞쪽은 넓게, 뒤로 갈수록 촘촘히 나타나는 것을 볼 수 있습니다. 점의 간격이 좁을수록 느린 속도, 멀수록 빠른 속도로 이동합니다.

컴포지션 패널

5) 이번에는 반대로 두 번째 키 프레임을 위쪽으로 드래그합니다. 앞의 경우와 반대의 결과를 보여 줍니다. 즉, 첫 번째 키 프레임에서 두 번째 키 프레임으로 갈수록 점점 빨라지는 모션이 설정됩니다.

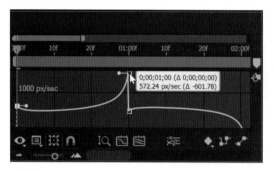

타임라인

컴포지션 패널

6) 그래프에서 키 프레임 지점을 보면 스피드 컨트롤이라 부르는 노란색 원이 나타나 있는 것을 볼 수 있습니다. 이것을 드래그하면 키 프레임 사이의 속도를 정밀하게 조절할 수 있습니다.

참고하세요!

스피드 컨트롤의 조절

키 프레임의 좌측 스피드 컨트롤은 이전 키 프레임에서 현재 키 프레임까지의 스피드, 우측 스피드 컨트롤은 현재 키 프레임에서 다음 키 프레임까지의 스피드를 조절합니다. 단, 첫 번째 키 프레임과 마지막 키 프레임은 그 위치상 한쪽 방향의 스피드 컨트롤만 존재합니다.

● 속도 조절 옵션

1] 직접 스피드 컨트롤을 드래그하지 않고 메뉴를 통하여 스피드를 설정해 보도록 하겠습니다. 다음에 설명할 메뉴들은 메인 메뉴나 키 프레임의 단축 메뉴를 통해서 선택할 수 있습니다. 메인 메뉴의 경우 Animation 메뉴를 선택하면 나타납니다.

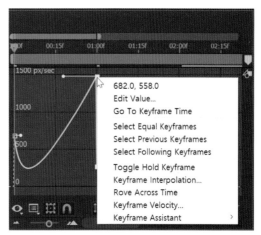

키 프레임의 단축 메뉴

2] File > Revert를 선택하면 프로젝트를 불러왔을 때의 상태로 되돌릴 수 있습니다. 초기 상태에서 두 번째 키 프레임을 선택하고 각 메뉴를 적용함으로써 변화하는 형태를 살펴보기로 하겠습니다.

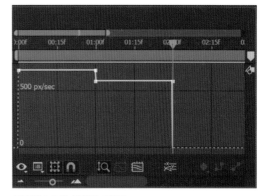

프로젝트 초기 상태의 그래프

● Keyframe Velocity

메뉴를 선택하면 다음과 같은 대화상자가 나타납니다.

좌측의 Incoming Velocity Speed에는 이전 키 프레임 쪽에서의 진행해 오는 속도, 우측의 Outgoing Velocity Speed에는 다음 키 프레임 쪽으로 진행해 가는 속도를 초당 픽셀 단위로 지정합니다. 또한 Speed 아래의 Influence에는 그림과 같이 적용 비율을 지정합니다. 하단의 Continuos 옵션을 체크하면 양쪽 값을 동일하게 설정할 수 있습니다.

좌측의 Speed 값에 '10', 우측의 Speed 값에 '300'을 입력하고 Influence 값을 양쪽 모두 50%로 설정하면 스피드 그래프는 다음과 같이 나타납니다.

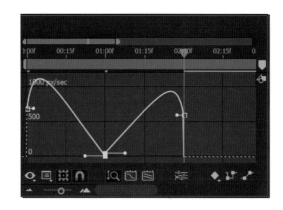

◯ Keyframe Assistant 〉 Easy Ease

선택된 키 프레임의 들어오는 쪽과 나가는 쪽의 스피드 그래프를 다음과 같이 만들어 줍니다. 이전 키 프레임에서 현재 선택된 키 프레임으로 점차 느리게 진행되어 오다가 다음 키 프레임으로 진행할수록 속도가 빨라집니다.

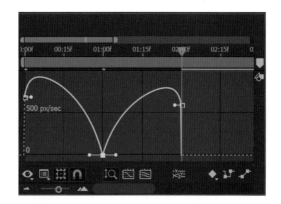

◯ Keyframe Assistant 〉 Easy Ease In

선택된 키 프레임의 들어오는 쪽의 스피드 그래프를 다음과 같이 만들어 줍니다. 즉, 이전 키 프레임에서 현재 선택된 키 프레임으로 점차 느리게 진행되도록 합니다.

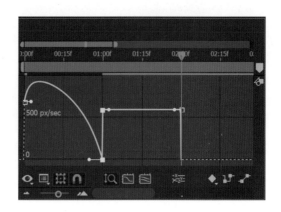

◑ Keyframe Assistant 〉 Easy Ease Out

선택된 키 프레임에서 나가는 쪽의 스피드 그래프를 다
음과 같이 만들어 줍니다. 즉, 현재 키 프레임에서 다음
키 프레임으로 진행할수록 속도가 빨라집니다.

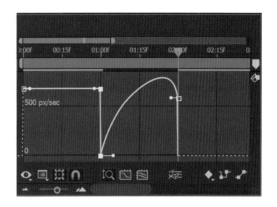

04 모션 패스 조절하기

모션 패스는 크게 시간적 또는 공간적인 두 가지 측면에서 변경할 수 있으며 이들을 잘 활용하면 세밀하고
자연스러운 모션을 만들 수 있습니다.

키 프레임의 팝업 메뉴에서 Keyframe Interpolation을 선택하거나 메인 메뉴에서 Animation > Keyframe
Interpolation을 선택하면 다음과 같은 옵션 창이 나타납니다.

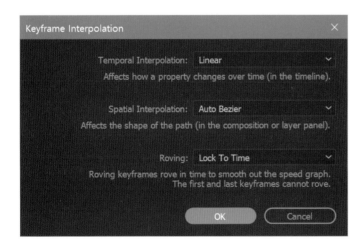

Temporal Interpolation에서는 모션의 시간적인 변화 즉, 레이어의 스피드에 대한 옵션, Spatial
Interpolation에서는 공간의 변화 즉, 레이어의 위치에 대한 옵션을 선택합니다.

● Temporal Interpolation 옵션

먼저 Temporal Interpolation 옵션에 대하여 알아 보겠습니다. 각각의 옵션에 따라 스피드 그래프와 키 프레임 아이콘이 다르게 표시됩니다.

● Linear

직선형의 모션으로서 일정한 속도를 갖습니다.

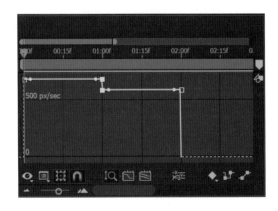

● Bezier

키 프레임 좌우측의 스피드 컨트롤을 각각 조절할 수 있어 들어오는 쪽과 나가는 쪽의 스피드를 다르게 조절할 수 있습니다.

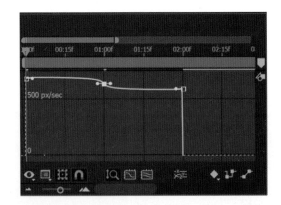

● Continuous Bezier

좌우측의 스피드 컨트롤 중 어느 한쪽을 조절하면 다른 쪽도 같이 움직이므로 들어오는 쪽과 나가는 쪽의 곡선을 자연스럽게 조절할 수 있습니다.

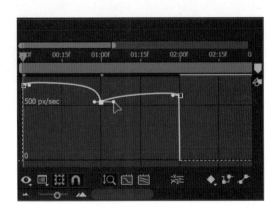

⬩ Auto Bezier

스피드 컨트롤을 드래그하면 전체적으로 부드러운 곡선의 스피드 그래프를 자동으로 만들어 줍니다.

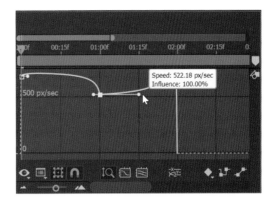

⬩ Hold

현재 키 프레임 지점에서 움직임을 멈추고 다음 키 프레임 시간이 되면 즉시 그 지점으로 이동합니다. 예를 들어, 1초 지점과 2초 지점에 키 프레임이 생성되어 있는 경우, 1초 지점의 키 프레임을 Hold로 설정하면 이 지점에서 레이어가 정지해 있다가 1초 후에 갑자기 2초 지점으로 레이어가 이동합니다.

Hold가 적용된, 타임 그래프를 보면 해당 키 프레임 지점에서 그래프가 급격히 낮아져 멈춤 상태로 전환된 것을 알 수 있으며, 컴포지션 패널에서는 해당 키 프레임과 다음 키 프레임 사이에 속도를 표시하는 점들이 아예 나타나지 않는 것을 볼 수 있습니다.

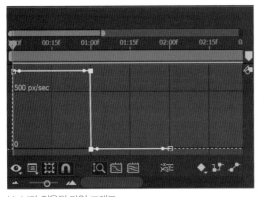

Hold가 적용된 타임 그래프

Hold가 적용된 컴포지션 패널의 패스

Hold 옵션은 Animation > Toggle Hold Keyframe 메뉴나 키 프레임 팝업 메뉴에서 Toggle Hold Keyframe을 선택하여 적용할 수도 있습니다. 이 메뉴들은 토글 형식으로서, 선택할 때마다 적용과 해제가 전환됩니다.

● Spatial Interpolation 옵션

Spatial Interpolation은 공간적인 변화를 주는 옵션이므로 컴포지션 패널을 통해 옵션의 적용에 따르는 결과를 쉽게 확인할 수 있습니다.

● Linear

선택된 키 프레임을 기준으로 들어오는 쪽과 나가는 쪽의 모션 패스를 직선으로 변경합니다.

● Bezier

부드러운 곡선 형태로 패스를 변경합니다. Bezier 상태에서는 키 프레임 좌우측의 방향 핸들을 각각 조절할 수 있어 들어오는 쪽과 나가는 쪽의 패스 형태를 다르게 조절할 수 있습니다.

⊙ Continuous Bezier

들어오는 쪽과 나가는 쪽의 패스를 곡선 형태로 자연스럽게 조절합니다. 좌우측의 방향 핸들 중 어느 한쪽을 조절하면 다른 쪽도 같이 움직입니다.

⊙ Auto Bezier

자동으로 적절한 곡선형의 모션 패스를 만들어 줍니다.

● Roving 옵션

Keyframe Interpolation 옵션 창의 하단에는 Roving 옵션이 있습니다. 이것은 현재 키 프레임과 앞뒤 키 프레임 사이의 속도를 자연스럽게, 다시 말해서 자연스러운 곡신 형태의 스피드 그래프로 변경할 수 있는 옵션입니다.

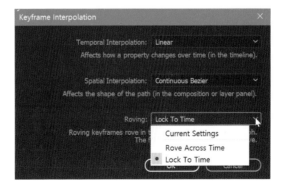

세 개의 키 프레임을 가지고 있는 레이어의 스피드 그래프가 다음과 같이 설정되어 있는 경우를 보겠습니다.

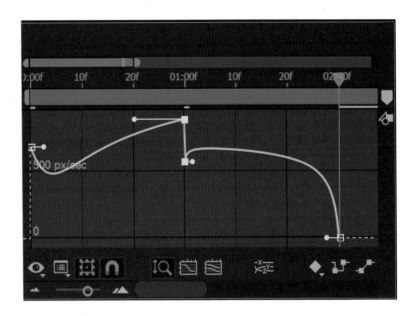

두 번째 키 프레임을 선택하고 Roving 옵션에서 Rove Across Time을 선택하면 이전 키 프레임과 다음 키 프레임 사이 전체 곡선이 점차적으로 변화하는 형태로 바뀌어 나타납니다.

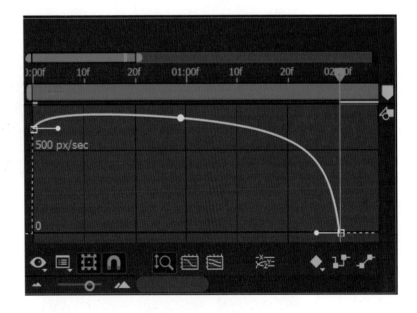

05 모션 패스를 따라 레이어의 방향 맞추기

레이어에 적절히 가속과 감속을 가하는 것은 자연스러운 모션을 구현하는 데 중요한 일입니다. 하지만 레이어의 방향에 대해서도 고려해야 합니다. 옆으로 가지 않는 이상 물체는 움직일 때 이동방향을 향하고 있어야 자연스럽습니다. 이러한 효과는 Auto-Orientation으로 구현할 수 있습니다.

1) 부록의 [Source] 폴더에서 'butterfly.aep' 파일을 불러옵니다. 배경 이미지 레이어 위에 나비 레이어가 등록되어 있는 프로젝트입니다. 타임라인 패널에서 1번 레이어를 선택하고 P 키를 누릅니다. Position 속성이 나타나면 좌측의 스톱워치를 클릭합니다.

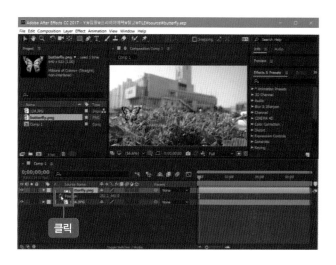

2) 인디케이터를 2초 지점으로 이동시키고 컴포지션 패널에서 레이어를 드래그하여 그림과 같이 우측 위쪽으로 이동시킵니다.

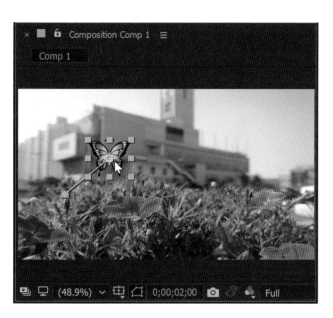

3) 다시 인디케이터를 4초 지점으로 이동시키고 컴포지션 패널에서 레이어를 그림과 같이 아래쪽으로 드래그하여 옮겨 줍니다.

4) 프리뷰해 보면 1번 레이어인 나비가 이동하는 애니메이션을 볼 수 있습니다. 하지만 한결같이 고정된 모습 그대로 이동하므로 많이 어색합니다. 1번 레이어가 선택된 상태에서 메인 메뉴에서 Layer > Transform > Auto-Orient를 선택하거나 레이어의 단축 메뉴를 열고 Transform > Auto-Orient를 선택합니다.

5) Auto-Orientation 대화상자가 나타납니다. 아래에 있는 Orient Along Path 옵션을 선택하고 OK 버튼을 클릭합니다.

6) 나비의 기본 방향을 수정하기 위해 인디케이터를 시작 지점에 두고 1번 레이어가 선택된 상태에서 R 키를 누릅니다. Rotation 속성이 나타나면 속성값을 변경하여 나비의 방향이 패스의 방향과 일치하도록 합니다.

속성값 변경

변경된 나비의 방향

7) 다시 프리뷰해 보면 나비의 방향이 이동하는 진행방향과 일치하여 더욱 자연스러운 결과를 볼 수 있습니다.

07 마스크와 이펙트 사용하기

P.A.R.T

마스크와 이펙트를 사용하면 다양한 방식으로 합성되고 효과가 적용된 영상을 만들 수 있습니다. 여기에 특정 시간 지점에 키 프레임을 설정할 수 있어 애니메이션 효과가 가미된 특별한 모션 그래픽을 생성할 수 있습니다.

Chapter 42

마스크 사용하기

특정 영역을 마스크로 지정하여 하위 레이어가 나타나게 하거나 레이어 모드를 통한 합성으로 이미지를 다양하게 나타낼 수 있습니다. 마스크도 각 시간 지점에 키 프레임을 생성하여 애니메이션으로 만들 수 있으므로 다양한 효과를 구현할 수 있습니다.

01 마스크 그리기

마스크란 레이어의 특정 영역을 가리거나 보이게 하는 일종의 막과 같은 존재입니다. 애프터 이펙트에서 레이어 위를 도형 툴로 그리면 해당 영역만 보이게 되고 나머지 영역은 보이지 않게 됩니다.

원래의 레이어

마스크 영역

● 도형 툴로 마스크 그리기

레이어가 선택되지 않은 상태에서 도형 툴로 그리면 새로운 도형 레이어가 생성되지만 특정 레이어가 선택된 상태에서 도형 툴을 사용하면 레이어 위에 마스크가 만들어집니다.

도형 툴

새 컴포지션을 생성하고 부록의 [Source] 폴더에서 '111.jpg' 파일을 불러와 타임라인 패널에 등록한 경우를 살펴보겠습니다.

툴 패널에서 사각형 툴을 선택하고 컴포지션 패널에 나타난 레이어의 일정 영역을 드래그합니다. 드래그한 영역이 마스크로 지정되어 노란색으로 나타납니다.

현재 레이어에서 도형 툴로 그린 영역만 보이게 되고 마스크 이외의 영역은 배경색인 검정색으로 나타납니다. 만일 다른 레이어가 현재 레이어 아래에 있다면 마스크 이외의 영역을 통하여 아래에 있는 레이어가 나타나게 될 것입니다.

Ctrl+Z 키를 눌러 작업을 취소하고 원형 툴로 레이어를 드래그하면 다음과 같이 원형 마스크를 그릴 수 있습니다.

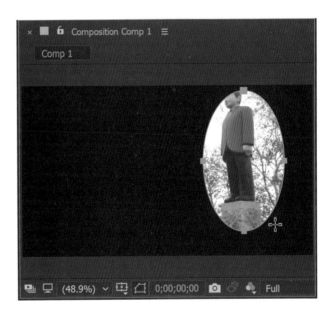

마스크를 그릴 때는 드래그하는 영역만 보이기 때문에
전체적인 감을 잡기 힘들 수 있습니다. 전체 레이어 영역
을 보면서 마스크를 그리기 위해서는 Alt 키를 누르고 드
래그합니다.

Alt 키를 누른 채로 드래그합니다.

참고하세요!

정사각형이나 정원의 마스크 그리기

사각형 툴이나 원형 툴로 드래그하여 마스크나 도형을 그릴 때 Shift 키를 누른 상태에서 드
래그하면 정사각형 또는 정원을 그릴 수 있습니다.

◉ 펜 툴로 마스크 그리기

펜 툴을 사용하면 더욱 정교하게 마스크를 그릴 수 있습
니다.

레이어 패널을 열고 펜 툴을 선택한 후, 마스크 영역으로
지정하고자 하는 첫 지점을 클릭한 다음 두 번째 지점을
클릭합니다. 클릭한 지점에 핸들이 생성되고 두 지점 사
이의 패스는 직선 형태로 나타납니다.

Alt 키를 누르면 펜 툴이 Convert Vertex 툴로 바뀌며, 이 상태에서 핸들을 드래그하면 패스를 곡선 형태로 만들 수 있습니다.

이러한 방식으로 계속 다음 지점을 클릭한 다음 패스를 곡선으로 바꾸어 가면서 원하는 영역을 마스크로 지정합니다. 핸들을 생성해 가다가 마지막에는 다시 첫 번째 핸들을 클릭해야 패스가 닫혀지면서 마스크 영역이 지정됩니다.

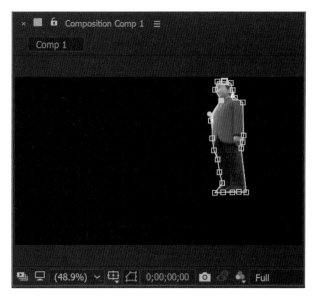

● New Mask 메뉴로 마스크 만들기

레이어를 선택하고 메인 메뉴에서 Layer > Mask > New Mask를 선택하면 컴포지션 영역 전체가 마스크
로 지정되어 나타납니다.

핸들이나 라인을 드래그하여 마스크 영역을 조절합니다.

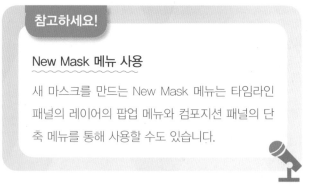

참고하세요!

New Mask 메뉴 사용

새 마스크를 만드는 New Mask 메뉴는 타임라인
패널의 레이어의 팝업 메뉴와 컴포지션 패널의 단
축 메뉴를 통해 사용할 수도 있습니다.

02 마스크의 선택과 형태 변형

지정된 마스크 영역은 위치를 이동하거나 다른 형태로 변형할 수 있습니다. 마스크 영역 주위에는 분홍색 라인과 핸들이 나타나는데, 이때 선택 툴로 마스크 라인이나 핸들을 드래그하면 마스크의 위치를 이동시킬 수 있습니다.

마스크 이외의 영역을 선택 툴로 클릭하여 마스크의 선택이 해제되면 마스크의 핸들이 사라집니다. 다시 선택 툴로 마스크 내부를 클릭하면 핸들과 마스크 라인이 나타나는데, 이들을 드래그하면 드래그한 지점을 기준으로 마스크의 형태를 변형할 수 있습니다.

마스크 선택 해제

선택 후 마스크 형태 변경

마스크 라인을 더블 클릭하면 마스크 외곽에 또 하나의 라인과 핸들이 나타나 자유롭게 마스크를 변형할 수 있는 Free Transform 상태가 됩니다. 간단히 마스크가 선택된 상태에서 Ctrl+T를 눌러 전환할 수도 있습니다.

마스크의 회전

Bounding Box 둘레에 존재하는 핸들은 Bounding Box 핸들이라고 부르며 드래그하여 마스크 영역의 크기를 조절할 수 있습니다.

컴포지션 패널의 중심에 레이어 앵커 포인트가 존재하듯이 마스크의 중심에도 하나의 포인트가 존재하는데, 이것은 Bounding Box 앵커 포인터로서 마스크는 이것을 중심으로 회전하게 됩니다. 물론 Bounding Box 앵커 포인터도 드래그하여 위치를 변경할 수 있습니다.

Free Transform 상태에서 마스크의 내부를 드래그하여 마스크의 전체 영역을 이동시킬 수 있으며, 마스크 라인이나 핸들을 더블 클릭하거나 Enter 키를 누르면 Free Transform 상태가 해제되어 다시 마스크 선택 상태로 돌아갑니다.

Chapter 43

예제파일
[Example₩43.mp4]

마스크의 속성과 애니메이션

마스크도 레이어와 마찬가지로 여러 속성들을 가지고 있으며 키 프레임을 지정하여 애니메이션을
만들 수 있습니다. 먼저 속성을 살펴보고 마스크 애니메이션 예제를 다루어 보도록 하겠습니다.

01 마스크 속성

레이어에 마스크를 만들면 타임라인 패널에 해당 레이어
에 대한 마스크 속성이 나타나며, 확장 버튼을 클릭하면
마스크의 여러 속성들이 펼쳐져 보이게 됩니다.

레이어의 마스크 속성들

이들 속성은 컴포지션 패널에서 단축 메뉴를 열면 Mask
의 하위 메뉴에도 나타나므로 원하는 값을 편리하게 지정
할 수 있습니다.

마스크 단축 메뉴

● Mask Shape

마스크의 크기를 정밀하게 조절하거나 형태를 변경할 수 있습니다. 속성의 Shape를 클릭하면 옵션 대화
상자가 나타납니다.

Mask Shape 클릭

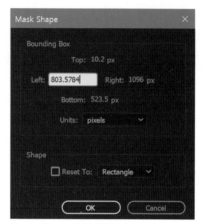

Mask Shape 옵션 대화상자

Top, Bottom, Left, Right에서 각각 마스크의 상단, 하단, 좌측, 우측의 좌표값을 입력함으로써 마스크의
크기를 조절합니다. Shape 옵션에서는 마스크의 형태를 Shape(사각형), Ellipse(원형) 중에서 선택할 수
있습니다.

● Mask Feather

마스크의 외곽 부분을 부드럽게 처리합니다. 디폴트 값은 0픽셀이며 좌측은 X축(좌/우), 우측은 Y축(상/
하)의 Feather 값을 설정합니다. 좌측의 고리 아이콘을 클릭하여 해제하면 X축과 Y축의 값을 개별적으로
설정할 수 있습니다.

Mask Feather

Feather : 0픽셀

Feather : 70픽셀

Mask Opacity

레이어와 같이 마스크에서도 불투명도를 조절할 수 있습니다. 디폴트 값은 100%이며 값이 낮을수록 마스크 영역이 보이지 않게 됩니다.

Mask Opacity

Opacity : 100%

Opacity : 50%

◉ Mask Expansion

마스크의 영역을 확대하거나 축소시킵니다. 마스크 라인은 변경되지 않고 영역만 변경됩니다.

Mask Expansion

Expansion: 0픽셀

Expansion : 20픽셀

02 마스크 애니메이션 만들기

레이어에 마스크를 만들고 키 프레임을 생성하여 애니메이션을 구현해 보겠습니다.

1] 새 프로젝트를 시작하고 부록의 [Source] 폴더에서 '06. mp4', '다리.png' 파일을 불러온 다음, Composition > New Composition을 선택하여 컴포지션 설정 대화상자가 나타나면 1280×720, 30프레임으로 설정하고 OK 버튼을 클릭합니다.

2] 프로젝트 패널에서 '다리.png' 파일을 타임라인 패널로 드래그하여 레이어로 등록한 다음, 레이어가 선택된 상태에서 사각형 툴로 컴포지션 패널에 나타난 문자를 마스크로 지정합니다.

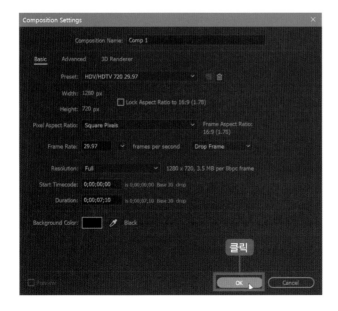

3) 인디케이터를 시작 지점에 두고 타임라인 패널에서 레이어의 마스크 속성을 모두 엽니다.

4) 툴 패널에서 선택 툴을 선택하고 컴포지션 패널에 나타난 마스크 라인을 더블 클릭하거나 Ctrl+T를 눌러 Free Transform 상태로 전환한 다음, 우측 바운딩 박스 핸들을 좌측 끝으로 드래그하여 문자가 보이지 않도록 합니다.

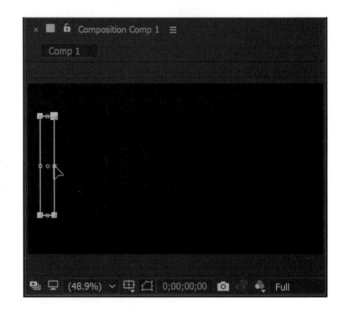

5) Mask Path 속성의 스톱워치를 클릭하여 키 프레임을 생성하고 인디케이터를 15프레임으로 이동합니다.

6) 컴포지션 패널에서 바인딩 박스 라인을 드래그하여 첫 문자만 나타나도록 합니다. 만일 Free Transfrom 상태가 해제되면 다시 마스크 라인을 더블 클릭하거나 타임라인 패널의 Mask1이 선택된 상태에서 Ctrl+T를 눌러 Free Transfrom 상태로 전환한 다음 드래그합니다.

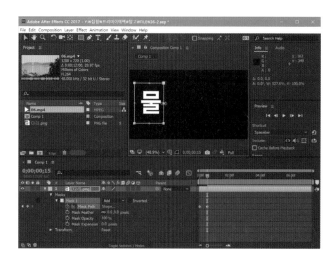

7) 인디케이터를 1초 지점으로 이동하고 두 번째 문자가 나타나도록 바운딩 박스 라인을 드래그합니다.

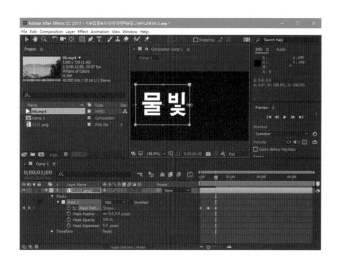

8) 이와 같은 방식으로 1초 15프레임에는 세 번째 문자, 2초 지점에는 네 번째 문자가 나타도록 조절합니다.

1초 15프레임

2초

9) 프리뷰해 보면 마스크 영역이 점차 커지면서 한 글자씩 나타납니다. 타임라인에 생성된 키 프레임을 드래그하여 모두 선택하고 단축 메뉴에서 Toggle Hold Keyframe을 선택합니다.

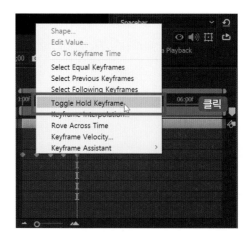

10) 다시 프리뷰해 보면 한 문자씩 통째로 나타나는 것을 볼 수 있습니다. 즉, 각 문자 위치에서 다음 키 프레임까지의 시간만큼 정지되었다가 곧바로 다음 키 프레임 지점이 재생되기 때문입니다. 인디케이터를 2초 지점에 두고 Mask Opacity 속성 좌측의 스톱워치를 클릭합니다.

11) 인디케이터를 2초 15프레임으로 이동하고 Mask Opacity값을 0%로 설정하여 마스크 영역이 보이지 않도록 합니다.

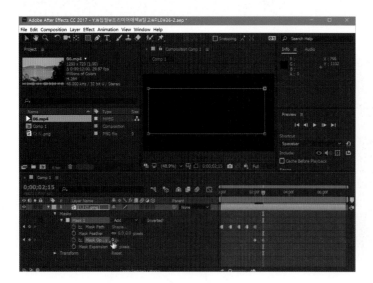

12) 프로젝트 패널에서 '06.mp4' 파일을 타임라인 패널의 1번 레이어 아래로 드래그하여 2번 레이어로 등록하고 시작 지점이 현재 인디케이터 지점인 2초 15 프레임 지점이 되도록 이동시킵니다.

13) 2번 레이어가 선택된 상태에서 사각형 툴로 마스크를 그립니다. 크기나 위치는 변경할 것이므로 아무렇게나 만들어도 좋습니다.

14) 2번 레이어의 마스크 속성을 열고 Mask Path의 Shape를 클릭합니다.

15) Mask Shape 대화상자가 나타납니다. Top과 Bottom, Left 값을 모두 '0'으로, Right 값은 '1280'으로 설정하고 Shape의 Reset To 옵션을 체크한 후 OK 버튼을 클릭합니다.

16) 마스크가 가로선으로 나타납니다. 마스크는 존재하지만 사실상 보이지 않는 상태입니다. Mask Path 속성의 스톱워치를 클릭하고 인디케이터를 3초 지점으로 이동합니다.

17) 다시 Mask Path의 Shape를 클릭하여 Mask Shape 대화상자를 연 후 Bottom 값만 '720'으로 변경하고, Shape 옵션에서 Reset To 옵션을 선택한 다음 OK 버튼을 클릭합니다. 사각형의 마스크를 컴포지션의 전체 영역으로 지정하는 것입니다.

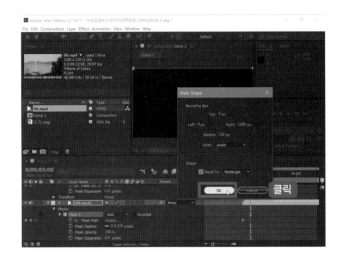

18) 재생해 보면 2번 레이어가 윗부분부터 나타나면서 시작됩니다.

2초 15프레임

2초 20프레임

2초 25프레임

3초

참고하세요!

마스크 잠그기

여러 개의 마스크를 생성해 작업하는 경우 실수로 다른 마스크를 건드릴 수가 있는데. 이를 방지하려면 마스크 좌측에 있는 Lock 스위치를 클릭합니다. 레이어의 경우와 마찬가지로 자물쇠가 나타나며 잠금 상태로 설정됩니다. 잠금 상태에서는 마스크를 선택하는 것조차 불가능합니다.

잠금 상태의 마스크

03 포토샵의 패스와 문자를 마스크로 사용하기

포토샵에서 만든 패스와 문자를 애프터 이펙트에서 불러와 마스크로 사용할 수 있습니다.

1) 포토샵에서 펜 툴을 사용하여 다음과 같이 패스를 만듭니다. 펜 툴의 확장 툴인 Freeform Pen Tool을 사용하면 드래그하는 대로 패스를 만들 수 있습니다.

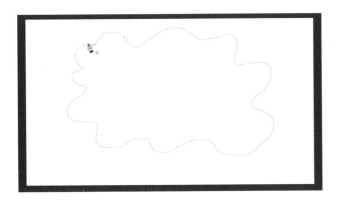

2) 포토샵 메뉴에서 Edit > Copy(Ctrl+C)를 선택하여 작업한 패스를 복사하고 애프터 이펙트에서 레이어를 선택한 다음, Edit > Paste(Ctrl+V) 메뉴를 선택하면 포토샵의 패스가 마스크로 지정되어 마스크 영역을 통해 하위 레이어가 나타납니다. 마스크 영역의 크기와 위치를 적절히 변경해 사용할 수 있습니다.

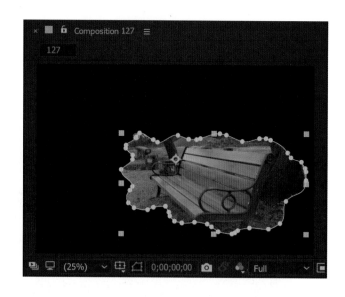

3) 다시 포토샵에서 문자 툴로 문자를 입력합니다. Window > Type > Character 메뉴를 선택하여 Character 팔레트를 열고 입력된 문자를 선택한 다음, 원하는 폰트와 크기를 지정합니다. 문자를 마스크 영역으로 지정할 것이기 때문에 굵은 폰트를 선택하는 것이 좋습니다.

4) 선택 툴로 문자의 위치나 크기 등을 조절합니다. 문자 주위에 나타나는 핸들들을 드래그하여 문자 크기를 조절할 수 있습니다. 문자가 선택된 상태에서 Type > Create Work Path 메뉴를 선택합니다.

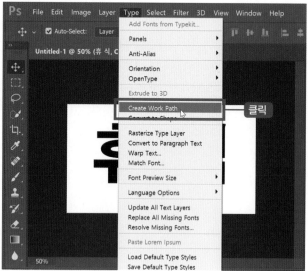

5) 메뉴에서 Edit > Copy(Ctrl+C)를 선택하여 문자의 패스를 복사하고 애프터 이펙트에서 새 컴포지션을 생성한 다음, 부록의 [Source] 폴더에 있는 '111.jpg' 파일을 불러와 타임라인에 등록합니다. 타임라인에 등록된 레이어가 선택된 상태에서 Edit > Paste(Ctrl+V) 메뉴를 실행합니다. 복사한 패스가 마스크로 나타납니다.

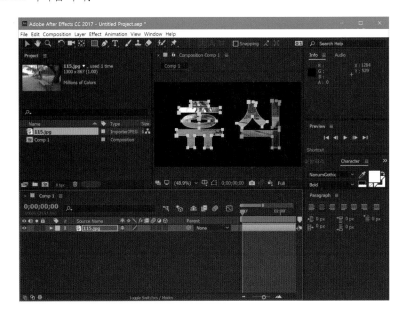

6) 타임라인 패널에서 마스크 속성을 열면 8개의 마스크가 생성되어 있는 것을 볼 수 있습니다. 문자를 이루고 있는 각 부분이 마스크로 지정된 것입니다.

Chapter 44

매트와 레이어 모드

트랙 매트 사용하기

매트도 마스크처럼 일정 부분을 투명하게 하는 데 사용됩니다. 매트를 사용하려면 매트로 사용할 레이어
와 적용될 레이어 등, 최소 두 개 이상의 레이어가 타임라인에 존재해야 합니다.

매트는 알파 매트(Alpha Matte)와 루마 매트(Luma Matte)로 구분되는데, 알파 매트는 알파 채널 영역을
통해 다른 레이어가 보이도록 하며, 루마 매트는 밝은 영역을 통해 다른 레이어가 보이도록 합니다.

● **알파 매트 적용하기**

1] 먼저 포토샵에서 알파 채널 레이어을 만들어 적용해
보도록 하겠습니다. 포토샵에서 File > New를 선택하
여 새 문서 창이 나타나면 Width는 '1280', Height는
'720' 픽셀로 설정하고 Contents에서 배경색을 White
로 선택한 다음 Create 버튼을 클릭합니다.

2) 전경색을 검정색으로 지정하고, 툴 패널에서 문자 툴을 선택하여 문자를 입력합니다.

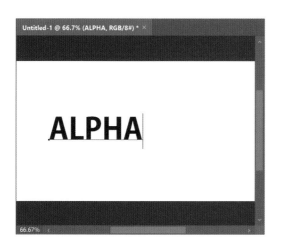

3) 선택 툴로 문자 위치를 중앙으로 이동시키고 Ctrl+T 키를 눌러 문자 외곽의 라인을 드래그하여 문자를 최대한 키워 줍니다. Enter 키를 눌러 문자의 형태를 완성하고 Ctrl+A 키를 눌러 전체 영역을 선택한 다음 다시 Ctrl+C 키를 눌러 선택된 영역을 복사해 둡니다.

4) Channels 패널을 열고 하단의 Create New Channel 버튼을 클릭하여 알파 채널을 생성합니다.

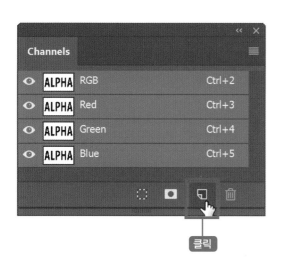

5) Ctrl+V 키를 눌러 복사해 두었던 문자를 알파 채널에 붙여넣습니다.

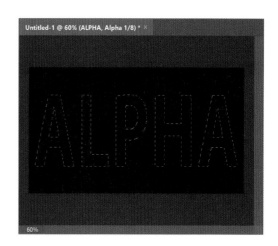

6] 알파채널 영역을 흰색으로 바꾸기 위해 Image > Adjustments > Invert 메뉴나 Ctrl+I를 눌러 반전시킵니다.

7] File > Save 메뉴나 Ctrl+S 키를 눌러 저장 대화상자가 나타나면 파일 포맷을 Photoshop으로 선택하고 작업한 이미지를 저장합니다. 이것은 부록의 [Source] 폴더에 'alpha_matte.psd'로 저장되어 있습니다.

8] 애프터 이펙트에서 새 프로젝트를 시작하고 프로젝트 패널의 바탕 영역을 더블 클릭하여 Import File 창이 나타나면 앞에서 만들어 두었던 'alpha_matte. psd' 파일을 선택하고 Import 버튼을 클릭합니다. 레이어를 포함하고 있는 파일은 그림과 같은 대화상자가 나타납니다. Import Kind에 Footage를 선택하고 Layer Options에서 Choose Layer를 선택합니다.

9] 우측의 옵션에서 ALPHA와 Merge Layer Styles into Footage를 선택하고 OK 버튼을 클릭합니다.

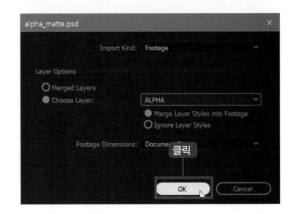

레이어가 포함된 파일 불러오기

포토샵 파일처럼 여러 레이어를 포함하고 있는 파일을 불러올 때 나타나는 대화상자의 여러 옵션을 살펴봅니다.

- Import Kind에서 Footage를 선택했을 때

- Merged Layers : 파일에 포함된 모든 레이어를 하나로 통합하여 불러옵니다.
- Choose Layer : 원하는 레이어 중에서 하나만 선택해서 불러옵니다.

- Import Kind에서 Composition-Retain Layer Sizes를 선택했을 때

- Editable Layer Styles : 모든 레이어가 포함된 상태로 컴포지션으로 불러오며, 적용된 레이어 스타일을 편집할 수 있습니다.
- Merge Layer Styles into Footage : 모든 레이어가 포함된 상태로 컴포지션으로 불러오지만 레이어 스타일은 편집할 수 없습니다.

Import Kind의 Composition은 레이어 영역을 컴포지션과 같은 크기로 불러오며, Composition-Retain Layer Sizes는 레이어 영역을 레이어 크기에 맞춰 불러온다는 차이가 있습니다.

10) 다시 Import 대화상자를 열고 부록의 [Source] 폴더에 있는 '103.jpg' 파일을 불러옵니다. 프로젝트 패널의 Create a new Composition 버튼을 클릭하여 컴포지션 설정 창이 나타나면 1280×720 크기의 컴포지션을 지정하고 OK 버튼을 클릭합니다. 나머지는 디폴트 값을 사용합니다.

11) '103.jpg'가 아래, 'alpha_matte.psd'가 위에 놓이도록 프로젝트 패널에 등록된 두 파일을 타임라인 패널로 등록합니다.

12) 타임라인 패널에서 아래에 놓인 2번 레이어의 모드 패널에 있는 TrkMat 버튼을 클릭하여, 트랙 매트 메뉴가 나타나면 Alpha Matte "alpha_matte.psd"를 선택합니다.

잠깐만!

트랙 매트 버튼이 보이지 않는다면 타임라인 패널 좌측 하단에서 Expand or Collapse the In/Out/Duration/Stretch pane 버튼을 클릭하여 확장시켜 주어야 합니다.

13) 위쪽에 위치한 1번 레이어의 Video 스위치가 꺼지면서 1번 레이어의 알파 채널 영역만 2번 레이어가 나타나는 것을 볼 수 있습니다.

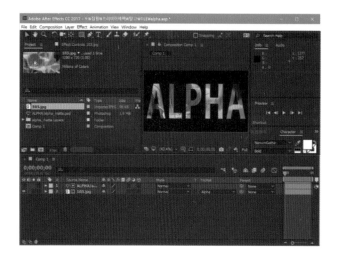

14) 트랙 매트 메뉴에서 두 번째 항목인 Alpha Inverted Matte "alpha_matte.psd"를 선택하면 알파 채널 영역을 제외한 나머지 영역만 아래 레이어가 나타납니다.

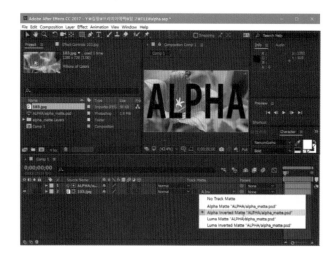

● 루마 매트 사용하기

루마 매트는 매트의 명암에 따라 아래쪽의 레이어가 나타납니다. 루마 매트를 활용하면 레이어를 자연스
럽게 합성할 수 있습니다. 역시 포토샵에서 루마 매트로 사용할 이미지부터 만들어 보도록 하겠습니다.

1) 포토샵에서 File > New를 선택하여 새문서 창을 열고 크기는 1280×720, 배경색은 White로 새문서를 만듭니다. 전경색을 검정색으로 선택하고 페인트 통 툴 (Paint Bucket Tool)로 작업 창 내부를 클릭합니다.

2) 검정색이 칠해지면 배경색으로 흰색을 지정한 다음 툴 패널에서 올가미 툴(Lasso Tool)을 선택하고 상단의 옵션 바에서 Feather 값을 '0'으로 설정합니다.

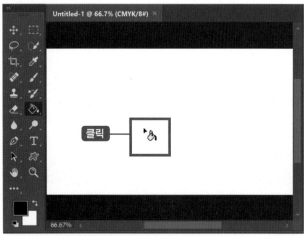

3) 작업 창 내부를 자유롭게 드래그하여 적절히 선택 영역을 지정한 다음 마우스 우측 버튼을 클릭하고 단축 메뉴에서 Feather를 선택합니다.

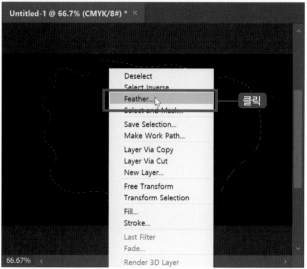

4) 대화상자가 나타나면 Feather Radius 값을 '10'으로 지정하고 OK 버튼을 클릭합니다. 높은 값을 지정할 수록 선택 영역이 부드럽게 처리됩니다.

5) Delete 키를 눌러 Fill 대화상자가 나타나면 Contents 옵션에서 Background Color를 선택하고 OK 버튼을 클릭합니다.

6) 선택 영역이 배경색으로 채워져 흰색으로 나타납니다. 아울러 페더값이 적용되어 선택 영역의 경계가 부드럽게 처리됩니다.

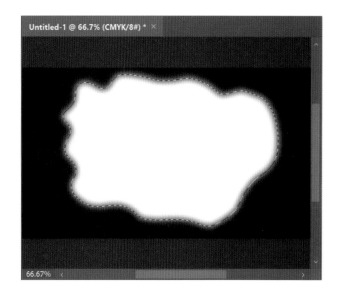

7) 메뉴에서 File > Save를 선택하여 파일 Format을 jpeg로 선택한 다음, 저장 버튼을 클릭하여 JPEG 옵션 창이 나타나면 디폴트 값으로 두고 OK 버튼을 클릭합니다. 이 파일은 부록의 [Source] 폴더에 'luma. jpg' 파일로 저장되어 있습니다.

8) 애프터 이펙트에서 프로젝트 패널의 바탕 영역을 더블 클릭하여 Import File 대화상자가 나타나면 앞에서 저장해둔 'luma.jpg'와 부록의 [Source] 폴더에 있는 '120.jpg' 파일을 불러옵니다. 이어서 1280×720 크기의 새 컴포지션을 생성하고 프로젝트 패널의 두 파일을 모두 타임라인 패널에 등록하되 'luma.jpg'가 위에 놓이도록 합니다. 컴포지션 패널을 보면 당연히 아래 레이어는 가려져 있기 때문에 위쪽 레이어만 보이게 됩니다.

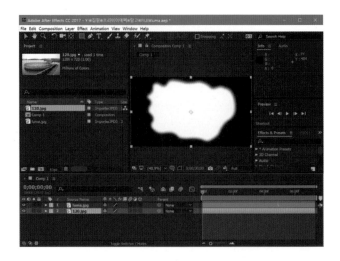

9) 타임라인 패널에서 아래에 있는 2번 레이어의 모드 패널에서 TrkMat 버튼을 클릭하여 Luma Matte 'matte.jpg'를 선택합니다.

10) 타임라인 패널에서 위에 있는 1번 레이어의 비디오 스위치가 꺼지며, 컴포지션 패널에는 위에 있는 1번 레이어의 밝은 부분을 통해 2번 레이어가 나타나는 것을 볼 수 있습니다.

11) 다시 아래 레이어의 모드 패널에서 TrkMat 버튼을 클릭하여 Luma Inverted Matte "matte.tif"를 선택하면 앞의 경우와 반대로 위에 있는 레이어의 어두운 영역을 통해 아래의 레이어가 나타납니다.

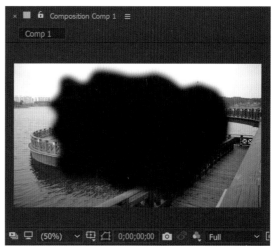

Preserve Transparency 버튼

타임라인 패널의 모드 패널을 보면 모드 메뉴 버튼과 트랙 매트 메뉴 버튼 사이의 T 버튼을 볼 수 있습니다. 이것은 Preserve Transparency 버튼으로서, 체크된 경우 해당 레이어의 하위 레이어와 겹쳐진 부분의 투명도를 하위 레이어의 투명도로 설정하는 역할을 합니다.

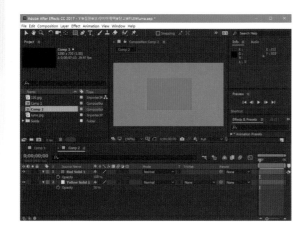

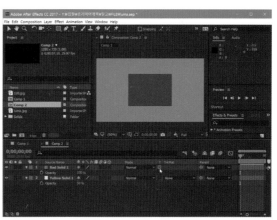

• 다음과 같이 노란색 레이어 위에 빨간색 레이어가 놓여 있는 경우를 보겠습니다. 두 레이어의 Opacity 값은 각각 50%, 100%입니다.

• 위에 있는 빨간색 레이어의 T 버튼을 클릭하면 아래 레이어와 겹쳐져 있는 빨간색 레이어의 Opacity 값도 50%로 변하여 희미하게 나타나는 것을 볼 수 있습니다.

02 레이어 모드로 합성하기

레이어 모드는 두 개의 레이어를 색상이나 명도, 채도 등을 기준으로 다양하게 혼합, 합성하는 방식으로서 색다른 결과를 얻을 수 있습니다. 포토샵의 블렌딩 모드와 동일합니다. 애프터 이펙트에서는 모드 패널의 모드 버튼이나 단축 메뉴에서 Blending Mode를 선택하여 다양한 모드를 선택할 수 있습니다.

포토샵의 블렌딩 모드　　　　　　애프터 이펙트의 레이어 모드

부록의 [Source] 폴더에 있는 '112.jpg'를 1번 레이어로, '114.jpg'를 2번 레이어로 각각 타임라인 패널에 등록한 후 1번 레이어의 레이어 모드 변경에 따른 결과를 보도록 하겠습니다.

1번 레이어

2번 레이어

● Normal

디폴트 값으로, 아무런 변화도 없이 상위 레이어인 1번
레이어의 이미지만 나타납니다.

● Dessolve

상위 레이어의 불투명도 값에 따라 이미지가 작은 조
각으로 나뉘며, 조각들의 틈을 통해 하위 레이어가 나
타납니다. 아래 그림은 Opacity 값을 70%로 설정하고
Dessolve 모드를 적용한 것입니다.

● Dancing Dessolve

Dessolve와 같이 상위 레이어의 불투명도 값에 따라 이
미지가 작은 조각으로 나뉘어 나타나는 것은 동일하나
재생할 때 조각들이 춤을 추듯이 흔들립니다.

● Darken

하위 레이어에 비해 밝은 부분은 투명하게 처리하고, 어
두운 부분은 혼합합니다.

⬡ Multiply

두 레이어의 어두운 부분만을 혼합하여 어둡게 표현합
니다.

⬡ Color Burn

두 레이어의 겹쳐지는 부분을 전체적으로 어둡게 표현합
니다.

⬡ Linear Burn

각 채널 정보를 기준으로 밝기를 낮추어 어둡게 표현합
니다.

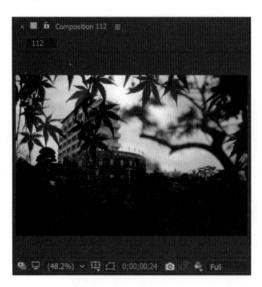

⬡ Add

두 레이어의 컬러 값을 더하여 밝게 표현합니다.

● Lighten

하위 레이어에 비해 어두운 부분은 투명하게 처리하고, 밝은 부분은 혼합합니다.

● Color Dodge

하위 레이어가 상위 레이어의 색상을 반사시키는 것처럼 뿌옇게 표현합니다.

● Screen

두 레이어의 색상에서 밝은 부분을 더하여 더욱 밝게 표현합니다.

● Linear Dodge

Leaner Burn과 반대로 각 채널 정보를 기준으로 밝게 표현합니다.

● Overlay

두 레이어의 밝은 부분은 더욱 밝게, 어두운 부분은 더욱 어둡게 표현합니다. 단, 가장 밝은색과 가장 어두운색은 상위 레이어의 색상이 유지됩니다.

● Soft Light

부드럽게 퍼지는 조명을 비추는 것 같은 효과를 만들어 줍니다. 상위 레이어의 밝은 부분은 하위 레이어를 밝게 하고, 상위 레이어의 어두운 부분은 하위 레이어를 어둡게 표현합니다.

● Hard Light

강한 조명을 비추는 것 같은 효과를 만들어 줍니다. 밝은 부분은 더 밝게, 어두운 부분은 더 어둡게 표현합니다.

● Linear Light

혼합되는 색상에 따라 채도를 다르게 하여 표현합니다.

● Vivid Light

혼합되는 색상에 따라 명도를 다르게 하여 표현합니다.

● Pin Light

혼합되는 색상이 밝은 경우 하위 레이어의 어두운 색상은 배경색으로 대체됩니다. 또한 혼합되는 색상이 어두운 경우 배경색보다 밝은색들로 대체됩니다.

● Difference

상위 레이어의 어두운 색상 영역에 하위 레이어의 색상을 반전시킵니다.

● Exclusion

Difference와 같이 색상을 반전시키지만 색상의 대비를 약하게 합니다.

● Hue

하위 레이어의 명도나 채도에 의해 상위 레이어의 색상을 표현합니다.

● Saturation

하위 레이어의 명도나 채도에 의해 상위 레이어의 채도를 표현합니다.

● Color

하위 레이어의 명도에 의해 상위 레이어의 색상과 채도를 표현합니다.

● Liminosity

하위 레이어의 색상과 채도에 의해 상위 레이어의 명도를 혼합합니다.

Chapter 45

이펙트로 특별한 효과 구현하기

이펙트를 사용하면 스틸 이미지나 동영상, 오디오 레이어에 대해 다양한 효과를 적용할 수 있으며 각 시간 지점에 이펙트의 설정을 달리함으로써 더욱 특별한 모션 그래픽을 생성할 수 있습니다. 이펙트의 기본 사용방법에 대해 살펴보도록 하겠습니다.

01 이펙트 적용하기

레이어에 이펙트를 적용하는 여러 방법에 대해 알아보도록 합니다. 하나의 레이어에 여러 개의 이펙트를 적용할 수도 있어 독특한 효과를 구현할 수 있습니다.

● 기본적인 이펙트 적용 방법

새 컴포지션을 생성하고 타임라인 패널에 부록의 [Source] 폴더에 있는 '118.jpg' 파일을 등록해 사용해 보겠습니다.

타임라인 패널이나 컴포지션 패널의 레이어를 마우스 우측 버튼으로 클릭한 후 Effect > Stylize > Glow를 선택합니다.

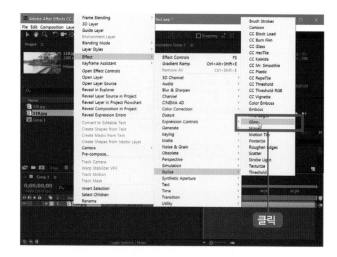

레이어에 선택한 이펙트의 디폴트 값이 적용되면서 이펙트 컨트롤 패널이 나타납니다. 이펙트 컨트롤 패널에는 해당 이펙트의 설정을 변경할 수 있는 여러 속성들이 존재합니다. 하나의 레이어에 여러 이펙트를 적용할 수도 있습니다.

이펙트는 레이어의 단축 메뉴를 사용하는 방법 외에 메인 메뉴에서 Effect를 선택하여 적용할 수도 있으며, Window > Effects & Preset을 선택하여 나타나는 이펙트 패널을 통해 적용할 수도 있습니다.

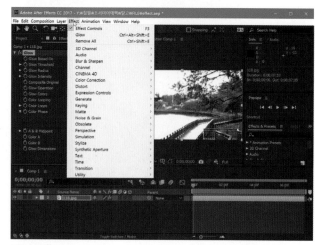

Effect 메뉴

● 이펙트 패널 사용하기

이펙트 패널은 기본적으로 이펙트의 카테고리만 나타나며, 카테고리 좌측의 삼각형을 클릭하면 해당 카
테고리 내의 이펙트 목록을 볼 수 있습니다.

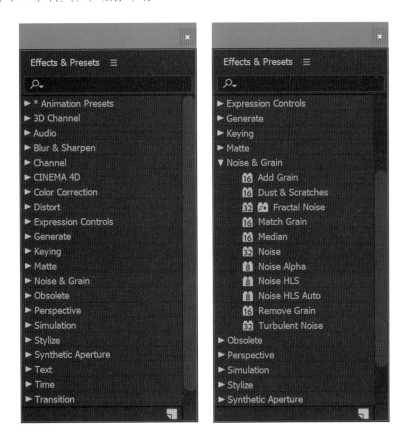

이펙트를 더블 클릭하면 현재 선택된 레이어에 이펙트가 적용되며, 직접 타임라인 패널이나 컴포지션 패
널의 레이어로 드래그하여 적용할 수도 있습니다.

이펙트를 레이어로 드래그하여
적용합니다.

이펙트의 이름을 일부라도 알고 있다면 원하는 이펙트를 빠르게 찾을 수 있습니다. 상단의 Contains 입력란에 이름을 입력하면 해당 문자가 포함된 이펙트가 나타납니다. 다음은 알파벳 'br'을 입력한 경우입니다.

이펙트 패널의 옵션 메뉴에서는 이펙트를 보여 주는 방식을 선택할 수 있습니다.

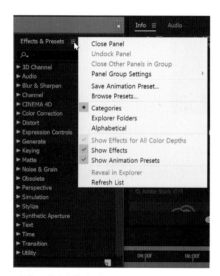

이펙트 패널의 옵션 메뉴

- Categories : 초기 형태로서, 이펙트를 카테고리별로 분류하여 보여 줍니다.
- Explorer Folders : 이펙트를 저장된 폴더별로 분류하여 보여 줍니다.

- Alphabetical : 모든 이펙트를 알파벳 순서로 정렬하여 보여 줍니다.
- Show Effects : 이펙트 목록을 보여 줍니다.

02 이펙트의 제어와 속성값 조절하기

레이어에 적용된 이펙트는 일시 해제 상태로 전환할 수 있으며 아예 삭제할 수도 있습니다. 또한 이펙트도 복사와 붙이기가 가능합니다. 이펙트의 해제, 삭제, 복사 그리고 속성값을 조절하는 방법에 대하여 알아보겠습니다.

● 이펙트 제어하기

1) 앞에서 보았던 것처럼 레이어에 이펙트를 적용하면 이펙트 컨트롤 패널에 해당 이펙트가 나타나며, 이펙트 이름 좌측에 있는 이펙트 버튼에 fx 표시가 나타나 이펙트가 적용되어 있음을 표시합니다.

이펙트 컨트롤 패널의 이펙트 버튼

2) 아울러 타임라인 패널에서 이펙트가 적용된 레이어의 좌측에 있는 삼각형 버튼을 클릭하여 Effects 항목을 열면 좌측의 A/V 패널에 이펙트 스위치가 자리하는 것을 볼 수 있습니다. 물론 이펙트가 적용된 상태라면 여기에도 fx 표시가 나타나게 됩니다.

타임라인 패널 A/V 패널의 이펙트 스위치

3) 하나의 레이어에 여러 이펙트가 적용된 경우에 이펙트 컨트롤 팔레트는 물론 타임라인 패널의 레이어 속성에도 각각의 이펙트가 나타나며, 이펙트마다 A/V 패널에 이펙트 스위치가 존재하므로 특정 이펙트만을 개별적으로 적용 또는 해제할 수 있습니다.

두 개의 이펙트가 적용된 레이어

4) 레이어에 적용된 모든 이펙트를 한 번에 해제하거나 다시 적용하려면 스위치 패널의 이펙트 스위치를 사용합니다. A/V 패널의 이펙트 스위치가 체크되어 있다 하더라도 스위치 패널의 이펙트 스위치를 꺼 주면 레이어에 적용된 모든 이펙트는 적용되지 않습니다.

이펙트 스위치 클릭

모든 레이어에 대한 이펙트 적용을 해제

잠깐만!

모드 패널이 보이지 않는다면?

만일 레이어의 스위치 패널이 보이지 않는다면 레이어 스위치 확장 버튼을 클릭하여 나타나도록 합니다.

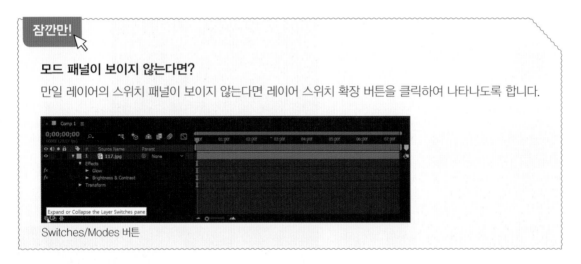
Switches/Modes 버튼

🔘 이펙트의 복사와 삭제

이펙트도 다른 속성처럼 복제(Duplicate), 복사(Copy), 붙이기 (Paste)가 가능합니다.

1) 부록의 [Source] 폴더에서 '117.jpg' 파일을 레이어로 등록하고 Blur & Sharpen > Sharpen 이펙트를 적용합니다. 이어서 이펙트 컨트롤 패널에서 Sharpen 값을 '30' 정도로 조절하면 이미지가 날카롭게 변합니다.

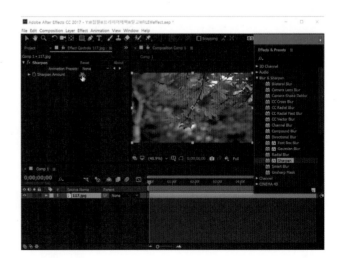

2) 이펙트 컨트롤 패널에서 이펙트 이름을 클릭하고 메인 메뉴에서 Edit > Duplicate(Ctrl+D)를 선택합니다. 동일한 이펙트가 다시 한 번 적용되고, 그 결과로 이미지가 더욱 날카롭게 변화됩니다.

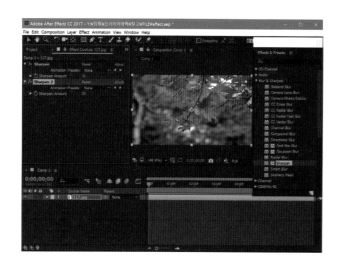

Duplicate 실행 시 주의할 점

이펙트를 Duplicate(복제)할 때는 컴포지션 패널의 레이어나 타임라인 패널의 레이어가 선택된 상태가 아닌 이펙트 컨트롤 패널의 이펙트 이름이 선택된 상태여야 합니다. 레이어가 선택된 상태에서 Duplicate를 실행하면 똑같은 속성을 갖는 레이어가 복제되기 때문입니다.

레이어가 선택된 상태에서 Duplicate를 실행한 결과

3) 부록의 [Source] 폴더에서 '123.jpg' 파일을 추가로 1번 레이어로 등록하고, 구별하기 쉽게 두 개의 레이어가 동시에 나타나도록 크기와 위치를 조절합니다. 1번 레이어에 Obsolete > Basic 3D 이펙트를 적용합니다.

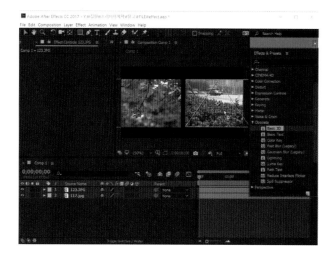

4] 이펙트 컴포지션 패널에서 Basic 3D 이펙트의 Swivel 값을 '30°'로 설정합니다. 해당 레이어의 좌측이 젖혀 진 상태로 바뀌어 나타납니다.

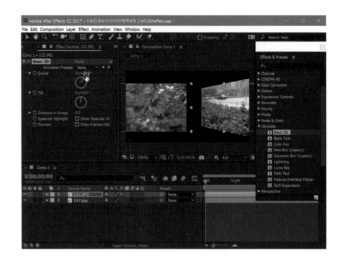

5] 1번 레이어의 속성을 열고 적용된 이펙트 이름을 선택한 다음 Edit > Copy(Ctrl+C)를 선택하여 이펙트 를 복사합니다.

선택하고 Ctrl+C

6] 아래에 있는 다른 레이어를 선택하고 Edit > Paste (Ctrl+V)를 선택하면 복사해 두었던 이펙트가 현재 레이어에 적용됩니다. 이때 이펙트의 설정값까지 그대로 적용되는 것을 볼 수 있습니다.

선택하고 Ctrl+V

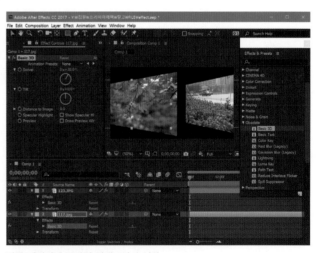

다른 레이어에 복사된 이펙트와 속성값

7) 레이어에 적용된 이펙트를 일시 해제하지 않고 완전히 삭제하려면 이펙트 컨트롤 패널이나 타임라인 패널의 이펙트 항목을 선택하고 Delete 키를 누릅니다. Ctrl 키나 Shift 키를 누른 채로 이펙트를 클릭하면 한 번에 여러 개의 이펙트를 선택할 수 있습니다.

이펙트 선택 후 Delete

● 이펙트 속성값 조절하기

이펙트 컨트롤 패널에 나타난 이펙트의 속성값은 속성 종류에 따라 여러 방식으로 조절할 수 있습니다. 다음은 Distort > Ripple 이펙트와 Color Correction > Tint 이펙트를 적용한 경우입니다.

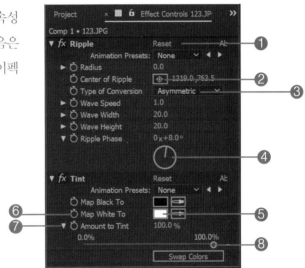

❶ Reset : 모든 파라미터의 값을 디폴트 값으로 되돌립니다.

❷ 이펙트 포인트 : 이펙트의 중심점을 지정합니다. 십자 버튼을 클릭하면 컴포지션 패널에 십자선이 나타나며 이것을 드래그한 후 클릭하면 중심점이 변경됩니다.

십자 버튼을 클릭 후 드래그

또는 십자 버튼 우측에 나타난 값을 드래그하거나 클릭하여 값을 지정합니다.

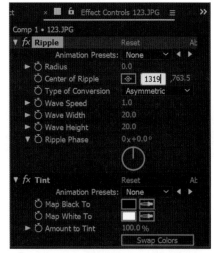

값을 드래그하거나 입력

❸ **단축 메뉴 :** 클릭하면 선택할 수 있는 메뉴가 나타나는 형식으로서, 이펙트의 스타일 등을 지정합니다.

❹ **로터리 다이얼 :** 다이얼 내부를 클릭하거나 시계 방향 또는 반 시계 방향으로 드래그함으로써 이펙트의 설정 방향을 적용합니다. 다이얼의 크기가 작으므로 다이얼을 클릭하고 곧바로 드래그하면 값의 변화가 커서 정밀하게 조절할 수 없습니다. 다이얼을 클릭한 다음, 바깥쪽으로 드래그 하면 다이얼의 지름이 커지는 결과를 얻을 수 있으므로 세밀하게 값을 변화시킬 수 있습니다. 다이얼을 사용하지 않고 위쪽에 있는 값을 직접 드래그하거나 클릭하여 설정할 수도 있습니다.

❺ **색상 버튼** : 색상 변경이 필요한 이펙트의 경우에 나타나며 클릭하면 컬러 피커 창이 나타납니다. 색
상 버튼 우측에 있는 스포이드를 클릭하여 원하는 색상을 지정해 줄 수 있습니다.

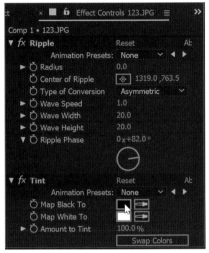

색상 버튼 클릭

컬러 피커에서 원하는 색상 지정

스포이드를 클릭하고 원하는 색상 지점 클릭

❻ **스톱워치** : 타임라인 패널의 스톱워치와 같은 기능을 하는 것으로, 현재 지점에 키 프레임을 생성하
고 이후 다른 설정값이 적용된 지점에 키 프레임이 생성되도록 합니다.

❼ **확장 버튼** : 값을 편리하게 조절할 수 있는 슬라이더나 로터리 다이얼과 같은 도구들이 나타나도록
합니다.

❽ **슬라이더** : 마우스로 드래그하여 값을 조절합니다. 슬라이더는 자주 사용하는 범위의 값을 조절하는
데 사용되며, 허용 가능한 값을 모두 포함하고 있지는 않습니다. 위쪽에 있는 값을 직접 변경할 수도
있습니다.

이펙트 컨트롤 패널 꺼내기

레이어에 이펙트를 적용하면 해당 이펙트와 함께 이펙트 컨트롤 패널이 나타납니다. 작업 중 이펙트 컨트롤 패널을 닫았다가 다시 꺼내려면 메인 메뉴에서 Effect 〉 Effect Controls나 Window 〉 Effect Controls를 선택합니다. 타임라인 패널에서 레이어에 적용된 이펙트 이름을 더블 클릭해도 됩니다.

이펙트에 키 프레임 생성하기

이펙트의 속성도 일반적인 레이어 속성과 마찬가지로 키 프레임을 생성하고, 시간의 흐름에 따라 다른 속성값을 설정함으로써 애니메이션을 만들 수 있습니다.

타임라인 패널에서 이펙트가 적용된 레이어의 좌측 삼각형을 클릭하여 속성을 열면 Effects 항목이 나타납니다. 다시 좌측의 삼각형을 클릭하면 적용된 이펙트 목록이 나타납니다. 레이어의 다른 속성을 제외하고 이펙트만 나타나게 하려면 단축키로 'E'를 누르면 됩니다.

이펙트만 보려면 'E' 키

이펙트 목록의 좌측 삼각형을 클릭하면 해당 이펙트가 가지고 있는 속성들이 나타납니다. 원하는 값을 설정한 다음 해당 속성의 스톱워치를 클릭하면 현재 인디케이터 지점에 키 프레임이 생성됩니다.

인디케이터를 이동하고 속성값을 변경하면 해당 인디케이터 지점에 자동으로 키 프레임이 생성됩니다.
즉 레이어 속성에 대한 키 프레임을 생성하는 방법과 동일합니다.

08 P.A.R.T

3D 컴포지팅과 익스프레션

카메라와 라이트를 사용하게 되면 평면적인 모션을 입체적으로 바꿀 수 있습니다. 또한, 모션 도구와 익스프레션을 활용함으로써 더욱 강력하고 정교한 모션이 적용된 영상을 만들 수 있습니다. 향상된 모션을 위한 다양한 기법을 살펴보도록 하겠습니다.

Chapter 46

3D 컴포지팅

애프터 이펙트에서는 입체적인 모션 그래픽도 생성해 낼 수 있습니다. 레이어를 3D로 전환할 수
있음은 물론 카메라와 라이트도 사용할 수 있어 현실감 있는 3D 작업이 가능합니다.

01 3D 레이어 만들기

일반적인 2D 레이어를 3D 레이어로 만들면 기존의 X축과 Y축에 Z축이 추가됩니다. 가로는 X축, 세로는
Y축이며 입체감, 즉 공간감을 표시할 수 있는 깊이에 대한 부분이 바로 Z축입니다. Z축은 3D 프로그램에
서 존재하는 것으로, 3D 레이어로 변환하고 카메라나 라이트 등을 추가함으로써 입체적인 애니메이션을
만들 수 있습니다.

컴포지션 패널에 나타난 2D 레이어를 3D 레이어로 변환
하려면 레이어를 선택하고 단축 메뉴에서 3D Layer를 선
택하거나 타임라인 패널의 스위치 패널에서 3D Layer 스
위치를 클릭합니다.

타임라인에서 3D Layer 스위치를 클릭

초기의 Active View 상태에서는 3D로 변화된 것을 볼 수
없으므로 컴포지션 패널 우측 하단의 3D View 단축 메뉴
를 클릭하고 Custom View 1을 선택합니다.

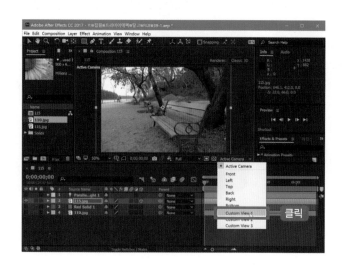

레이어가 3D 형태로 나타나는 것을 볼 수 있습니다. 레이어 위에는 모두 세 개의 화살표가 표시되는데, 녹색은 Y축, 빨간색은 X축, 파란색은 Z축을 의미합니다. 각각의 축을 중심으로 위치를 변경하거나 회전시킬 수 있습니다.

각각의 축에 마우스를 가져가면 X, Y, Z와 같이 이름이 나타나며, 클릭하거나 드래그함으로써 해당 축의 방향으로 위치를 이동시킬 수 있습니다.

툴 패널에서 회전 툴을 선택하고 레이어 내에서 드래그하면 원하는 방향으로 자유롭게 회전시킬 수 있습니다. 2D 레이어와 마찬가지로 레이어의 중앙에는 앵커 포인트가 자리하고 있습니다. 앵커 포인트는 회전할 때의 기준이 되는 회전축으로서, 툴 박스에서 Pan Behind 툴을 선택하면 위치를 변경할 수 있습니다.

Y축을 클릭하고 회전

02 3D 레이어의 속성들

레이어가 3D로 변환되면 기존의 속성에 이어 Z축에 대한 속성과 물체에 대한 속성들이 추가됩니다.

● Transform 속성들

3D 레이어의 Transform 속성을 열어 보면 기존의 속성에
Z축에 대한 속성이 추가된 것을 볼 수 있습니다.

즉, Anchor Point, Position, Scale, Orientation, Rotation, Opacity 등의 속성에 Z축이 추가된 것입니다.
Position의 경우 Z축의 값을 크게 변경하면 Active Camera 뷰에서 볼 때 크기가 작아지는 것처럼 보입니
다. 하지만 이것은 뒤쪽으로 위치가 이동된 것입니다. Custom View 1로 전환해 보면 이러한 상태를 확인
할 수 있습니다.

3D 레이어로 전환된 레이어의 초기 상태는 Active Camera View와 Custom View 1에서 각각 다음과 같
이 나타납니다.

Active Camera View

Custom View 1

Position 속성의 Z축 값을 크게 변경하거나 선택 툴로 Z축을 안쪽으로 드래그하면 Active Camera View
에서는 레이어의 크기가 줄어든 것처럼 보이지만 Custom View 1에서 보면 뒤쪽으로 이동된 것을 확인할
수 있습니다.

Active Camera View

Custom View 1

● Material 속성들

3D 레이어는 Transform 속성에 Z축이 추가된 것 외에 Material이라는 물체의 속성과 관련된 사항들이 추가됩니다.

◉ Casts Shadows

뒤에서 다루게 될 라이트에 의하여 레이어에 그림자가 생기게 합니다. 디폴트 값은 Off이며, 클릭할 때마다 Off, On, Only 옵션의 순서로 반복됩니다. Off는 그림자를 만들지 않으며, On은 그림자를 만듭니다. Only는 레이어의 그림자만 나타나게 합니다.

Casts Shadows : Off

Casts Shadows : On

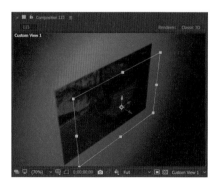

Casts Shadows Only

● Light Transmisson

레이어가 빛을 받아 투과시키는 정도를 설정합니다. 투과되는 빛이 많으면 레이어의 색상이 그림자에 배어 나타나 마치 스테인드 글라스와 같은 효과를 만들 수도 있습니다.

Light Transmisson : 0%

Light Transmisson : 100%

● Accepts Shadows

레이어에 다른 레이어의 그림자가 나타나게 할 것인지를 결정합니다. Off 상태는 그림자가 나타나지 않으며 On 상태는 그림자가 나타납니다.

● Accepts Lights

레이어가 라이트에 의한 빛의 영향을 받게 할 것인지를 결정합니다. Off 상태는 빛의 영향을 받지 않으며 On 상태는 빛의 색상에 의하여 레이어의 색상이 변하게 됩니다. 다음 그림은 노란색의 라이트가 비추고 있는 상태에서 On과 Off의 상태를 비교하고 있습니다.

Accepts Lights : Off

Accepts Lights : On

● Ambient

환경광을 비추는 Ambient 타입의 라이트가 비추는 경우, 라이트가 비추는 빛의 강도를 설정합니다. 환
경광은 레이어의 모든 영역을 골고루 비추는 형태의 빛을 의미합니다.

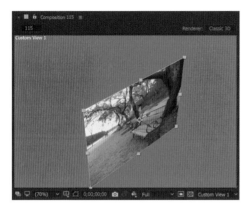
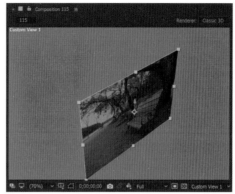

Ambient : 100%   Ambient : 50%

● Diffuse

라이트에 의한 빛이 레이어에 닿았을 때 반사되는 강도를 설정합니다. Diffuse 값으로 빛을 흡수하는 물
체인지 빛을 반사하는 물체인지를 표현할 수 있으므로 물체의 질감을 표현하는 중요한 속성입니다.

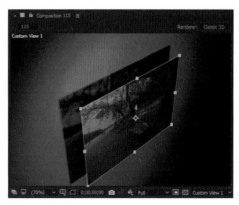

Diffuse : 100%   Diffuse : 30%

441

◆ Specular Intensity

레이어에 라이트로 비춰진 빛이 반사되는 하이라이트 부분의 레벨값(밝기값)을 조절합니다.

Diffuse : 100%, Specular Intensity : 0%   Diffuse : 100%, Specular Intensity : 100%

◆ Specular Shininess

Specular의 값이 적용되는 범위를 설정합니다. Specular Intensity 값이 0% 이상일 때 적용할 수 있으며
Shininess 값은 0%일 때 가장 큰 효과를, 100%일 때 가장 작은 효과를 보입니다.

Specular Shininess : 0%   Specular Shininess : 50%

◆ Metal

Specular에 의해 반사된 빛의 색상을 조절합니다. 값이 클수록 레이어, 작을수록 라이트의 색상으로 반
사합니다.

03   3D 레이어를 여러 방향에서 보기

3D 레이어는 평면적인 레이어가 아니므로 다양한 방향에서 레이어를 볼 수 있도록 여러 개의 뷰가 준비
되어 있습니다.

● 컴포지션 패널의 뷰 옵션

컴포지션 패널은 3D로 전환된 레이어를 여러 방향에서 볼 수 있도록 여러 가지 뷰(View) 옵션을 포함하
고 있습니다.

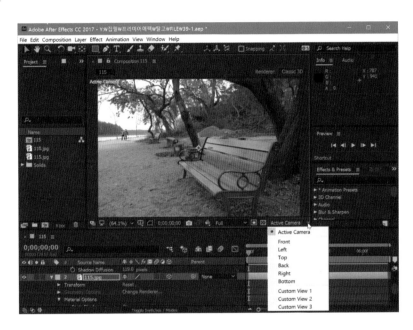

각각의 옵션에 따라 레이어가 나타나는 형태는 다음과 같습니다.

➔ Active Camera

기본 뷰 상태이며, 2D 레이어를 보여줄 때와 동일한 형태
입니다.

➡ Front
정면에서 바라본 상태입니다.

➡ Left
좌측에서 바라본 상태입니다.

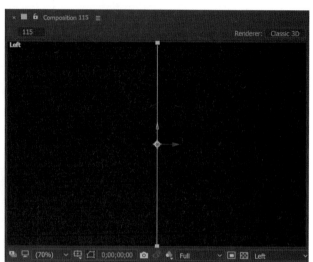

➡ Top
위에서 내려다본 상태입니다.

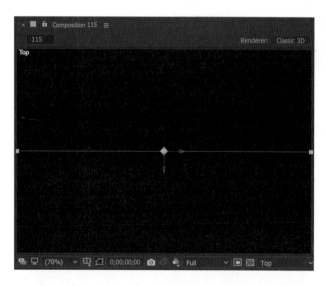

➡ Back
뒤에서 바라본 상태입니다. 좌우가 반전되어 표시됩니다.

● Right

우측에서 바라본 상태입니다.

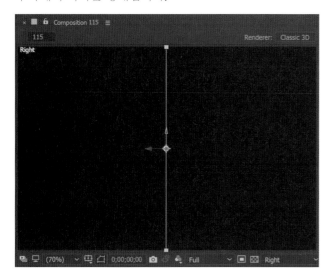

● Bottom

아래에서 올려다본 상태입니다.

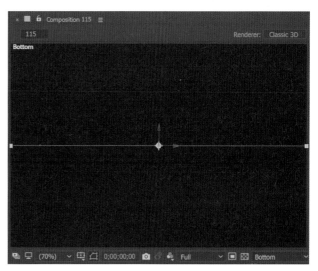

이외에도 미리 설정된 상태로 레이어를 보여주는 세 가지의 Custom View가 존재합니다. 각각의 뷰에 따른 레이어의 형태는 다음과 같습니다.

● Custom View 1

● Custom View 2

◌ Custom View 3

◉ 다양한 뷰 레이아웃으로 편리하게 작업하기

3D 레이어에 대한 작업을 할 때 수시로 각각의 뷰로 전환하는 것은 번거로울 뿐더러 효율적이지 못합니다. 컴포지션 패널 아래 우측에는 여러 개의 뷰를 동시에 띄워 놓고 작업할 수 있는 뷰 레이아웃 메뉴가 자리하고 있습니다.

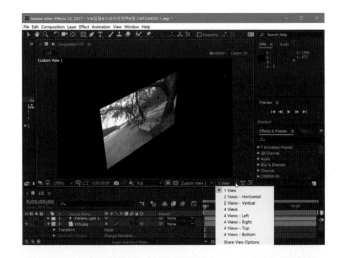

◌ 1 View

디폴트 값으로, 지금까지 보아 왔던 것처럼 뷰 옵션에서 선택한 뷰 상태로 하나만 보여 줍니다.

2 Views Horizontal(Vertical)

컴포지션 패널에 두 개의 뷰가 나타납니다. 수직이나 수
평 상태로 나타나게 할 수 있으며, 선택한 뷰는 모서리에
삼각형이 표시됩니다. 각각의 뷰에 대해 뷰 옵션을 선택
하여 볼 수 있습니다. 그림은 좌측 뷰에 Active Camera,
우측 뷰에 Custom View 1을 선택한 상태입니다.

4 Views

네 개의 뷰를 표시합니다. 특정 위치의 뷰만 크게 볼 수 있는 메뉴도 포함되어 있습니다.

4 Views

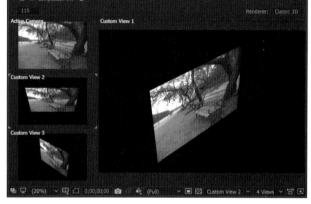

4 View - Left

참고하세요!

여러 뷰의 크기를 동시에 변경하기

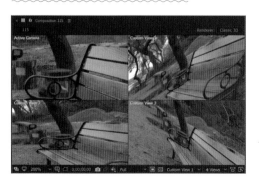

여러 개의 뷰를 동시에 나타나도록 한 경우 레이어의 배율
은 현재 선택한 뷰에 대해서만 적용됩니다. 하지만 Ctrl 키
를 누른 상태에서 배율을 조절하면 어느 뷰가 선택되더라
도 모든 뷰가 선택한 배율로 한꺼번에 변경되어 더욱 편리
하게 작업할 수 있습니다.

Ctrl 키를 누른 상태에서 배율을 200%로 변경한 경우

Chapter 47

카메라 사용하기

3D 레이어 작업을 위하여 카메라를 사용할 수도 있습니다. 카메라는 사람의 눈과 같은 장비로,
위치나 각도를 조작함으로써 다양한 영상을 얻을 수 있습니다.

---

01 카메라로 다양하게 바라보기

먼저 카메라를 만들고 카메라 설정 대화상자의 다양한 옵션들을 살펴보도록 하겠습니다.

◉ 카메라 만들기

카메라도 타임라인 패널에 하나의 레이어로 추가되는데, 메뉴에서 Layer > New > Camera를 선택하거
나 타임라인 패널의 단축 메뉴에서 New > Camera를 선택하여 만들 수 있습니다.

단축 메뉴에서 New 〉 Camera를 선택

메뉴를 선택하면 다음과 같은 카메라 설정 대화상자가
나타납니다.

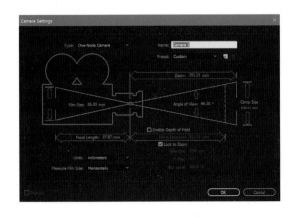

448

일단 디폴트 값 그대로 두고 OK 버튼을 클릭합니다. 타임라인 패널에 다음과 같이 Camera 레이어가 추가되며, 확장 버튼을 클릭하면 여러 속성과 옵션을 가지고 있다는 것을 알 수 있습니다.

또한 컴포지션 패널을 Custom View 1과 같이 다른 뷰의 형태로 전환하고 크기를 키워 보면 카메라가 나타나는 것을 볼 수 있습니다. 카메라는 자신의 위치인 Point 속성, 렌즈의 방향을 가리키는 Point of Interest 속성, 카메라의 포지션으로부터 이미지까지의 거리인 Zoom 속성, 카메라로부터 포커스(초점)가 선명하게 맺히는 곳까지의 거리를 의미하는 Focus Distance 속성 등을 가지고 있습니다.

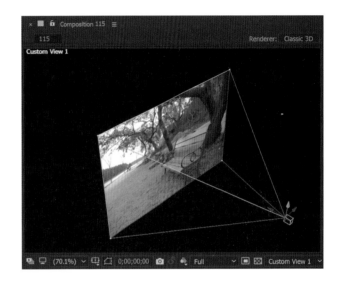

● 카메라 설정 대화상자의 옵션들

처음 카메라를 만들 때 나타나는 카메라 설정 대화상자의 옵션들에 대하여 살펴보도록 하겠습니다. 카메라가 만들어진 다음, 다시 설정 대화상자를 열려면 카메라 레이어를 선택하고 Layer > Camera Settings 메뉴를 선택하거나 타임라인 패널에 만들어진 카메라 레이어 이름을 더블 클릭합니다.

⊃ Name

카메라의 이름을 입력합니다.

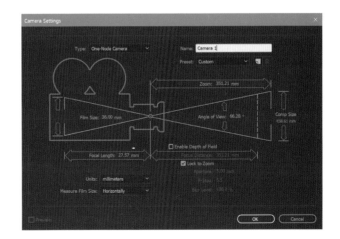

◆ Preset

미리 준비된 카메라 설정값을 메뉴를 통해 선택할 수 있습니다. 렌즈의 초점 거리(Focal Length)를 선택하면 그에 따른 모든 값들이 변경되어 적용됩니다.

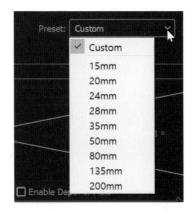

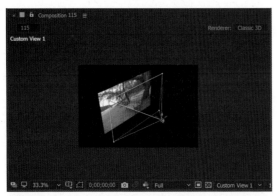

15mm

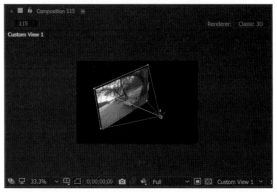

24mm

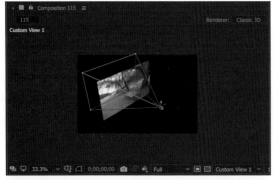

35mm

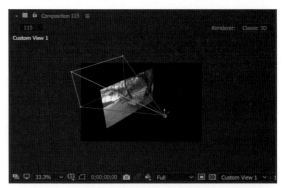

50mm

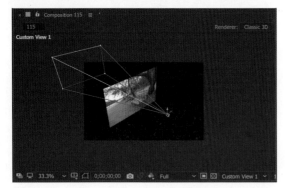

80mm

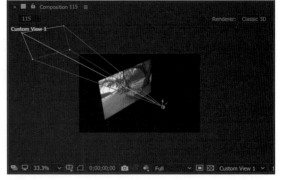

135m

● Zoom

카메라의 배율을 지정합니다. 큰 값을 지정할수록 레이어는 크게 보이며, 지정한 값에 의해 초점 거리를
비롯한 관련 값들이 함께 변화합니다.

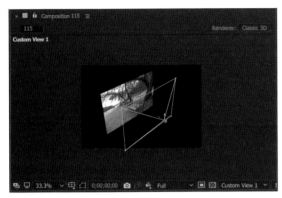

Zoom : 100 mm

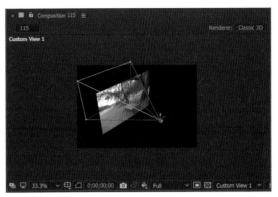

Zoom : 500 mm

● Film Size

이미지가 카메라의 렌즈를 통해 필름으로 맺히는 크기를 지정합니다. 필름 사이즈를 키울수록 카메라의
화각(일정한 화면 내에 촬영 가능한 피사체의 범위)이 넓어지며 Zoom 값이 감소하여 레이어가 작게 나
타납니다. 다음은 실제 카메라로 보이는 영역만을 나타내는 Camera 1 뷰를 선택한 결과입니다.

Film Size : 100

Film Size : 300

● Focal Length

렌즈와 필름과의 거리인 초점 거리를 직접 설정합니다. 단위는 mm이며 값이 클수록 Zoom 값이 증가하
여 레이어는 크게 나타납니다.

참고하세요!

초점 거리와 화각

화각은 렌즈를 통해 볼 수 있는 범위(각도)를 가리키는데, 이것은 초점 거리에 반비례합니다. 즉, 화각은 초점 거리가 가까울수록 넓어지며 초점 거리가 길수록 좁아집니다. 초점 거리가 짧아서 넓은 화각을 갖는 렌즈를 광각 렌즈, 초점 거리가 중간 정도인 렌즈를 표준 렌즈, 초점 거리가 길어서 화각이 좁은 렌즈를 망원 렌즈라고 합니다.

◐ Angle of View

렌즈를 통해 볼 수 있는 범위 즉, 화각을 설정합니다. Focal Length의 값을 변경하면 그에 따른 Angle of View 값이 설정되며, 반대로 Angle of View 값을 변경하면 Focal Length 값도 변하게 됩니다.

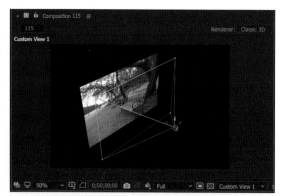

Angle of View : 100

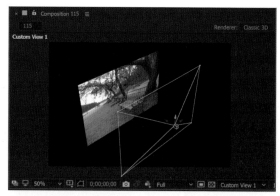

Angle of View : 150

◐ Enable Depth of Field

피사계 심도가 적용되도록 합니다. 피사계 심도란 포커스의 범위 즉, 초점이 맞는 가장 가까운 거리에서부터 가장 먼 거리까지의 길이를 말합니다. 이 이외의 영역은 블러(Blur) 처리되어 초점이 맞는 영역에 대해 공간감을 갖게 합니다. 이 옵션은 다음에 설명하는 Focus Distance, Aperture, F-Stop, Blur Level 값에 의해 그 강도를 조절할 수 있습니다.

Enable Depth of Field 해제

Enable Depth of Field 선택

수동 카메라를 다루어 보았다면 아시겠지만 심도는 조리개 값 즉, F 값이 작을수록(조리개를 열수록) 얕아지며 F 값이 클수록(조리개를 닫을수록) 깊어집니다.

Focus Distance
카메라로부터 포커스가 선명한 곳까지의 거리를 설정합니다.

Aperture / F-Stop
카메라의 조리개 값을 설정합니다. 두 값 중 한쪽을 조절하면 다른 쪽의 값도 함께 변경됩니다. 값이 작을수록 조리개가 열려 심도가 얕아지고, 값이 클수록 조리개가 닫혀서 심도가 깊어집니다.

Blur Level
피사계 심도를 벗어난 부분에 대한 블러의 강도를 설정합니다. 큰 값을 지정할수록 흐리게 나타납니다.

Units
카메라 설정 대화상자에서 사용하는 수치의 단위를 설정합니다.

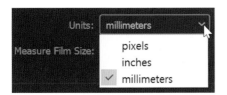

◯ Measure Flim Size

필름 사이즈의 기준 방향을 가로, 세로, 대각선 중에서 선택합니다.

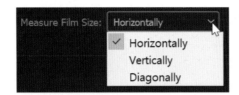

참고하세요!

타임라인 패널에서 카메라 옵션 조절하기

카메라 설정 대화상자의 옵션들은 타임라인 패널에도 그대로 나타납니다. 타임라인 패널에 등록된
카메라 레이어의 확장 버튼을 클릭하면 Camera Options 속성들이 나타납니다. 레이어가 선택된 상
태에서 A 키를 빠르게 두 번 누르면 카메라의 옵션들만을 열 수 있습니다.

---

02 카메라로 이동하기

카메라의 Position과 Point of Interest 속성을 통하여 카메라를 이동한 경우에 나타나는 이미지의 형태와
툴 박스의 카메라 툴에 대해 알아보도록 하겠습니다.

● Position 이동하기

카메라의 위치를 이동하기 위하여 Position을 조절해 보도록 하겠습니다.

1] 새 컴포지션을 생성한 다음, 부록의 [Source] 폴더에
서 '103.jpg' 파일을 불러와 타임라인 패널에 등록한
다음 3D 스위치를 클릭하여 3D 레이어로 전환합니다.

2] 타임라인 패널의 단축 메뉴를 열어 New > Camera 를 선택합니다. 카메라 설정 대화상자가 나타나면 Preset에서 50mm를 선택한 다음, 나머지는 디폴트 값을 적용하고 OK 버튼을 클릭합니다.

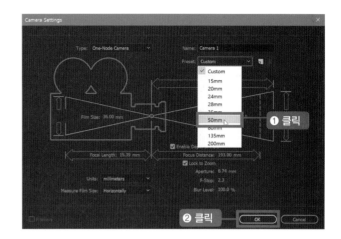

3] 카메라가 생성되어 타임라인 패널에 레이어로 등록 됩니다.

4] 컴포지션 패널의 View 옵션을 Custom View 1로 선 택합니다. 카메라가 피사체를 보는 영역을 참고해 볼 수 있습니다.

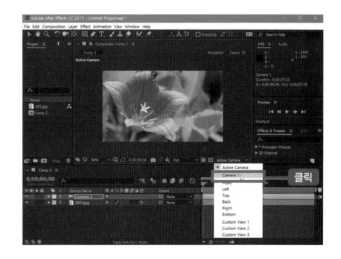

5] 카메라 레이어의 확장 버튼을 클릭하여 속성을 열거 나 카메라 레이어가 선택된 상태에서 P 키를 누릅니 다. 카메라의 Position 속성이 나타납니다.

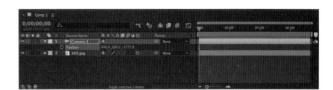

6) Position 속성에 나타난 세 값은 좌측부터 X, Y, Z 값을 의미합니다. X 값을 드래그하여 그 변화를 보도록 하겠습니다. X 값이 작을수록 카메라는 좌측으로 이동하며 클수록 우측으로 이동합니다.

좌측으로 이동한 카메라

우측으로 이동한 카메라

7) 이번에는 Y 값을 조절해 봅니다. 카메라는 Y 값이 작을수록 위쪽으로 이동하며 클수록 아래쪽으로 이동합니다. 다음은 X 값을 초기 상태로 두고 Y 값을 조절해 본 결과입니다.

위쪽으로 이동한 카메라

아래쪽으로 이동한 카메라

8) Z 값은 카메라와 이미지와의 거리를 조절합니다. Z 값이 작을수록 카메라와의 거리가 멀어져 이미지가 작게 나타나며, 클수록 카메라와의 거리가 가까워져 이미지가 크게 나타납니다. 실제로 카메라를 통해 나타나는 영역을 벗어나는 부분은 흰색 선으로 표시됩니다.

멀리 떨어진 카메라

가깝게 이동한 카메라

9) 컴포지션 패널의 각 방향 축을 드래그하여 카메라의 위치를 변경할 수도 있습니다. 컴포지션의 View 옵션을 Custom View 1로 변경합니다.

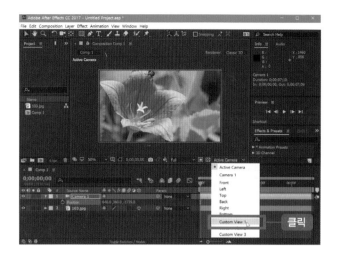

10) 마우스를 축 위로 가져가면 축의 이름이 나타납니다. 각 축을 드래그하여 X, Y, Z 값을 자유롭게 변경할 수 있습니다.

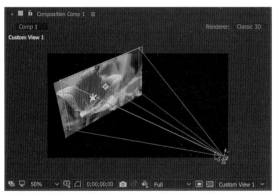

Z축이 표시된 경우

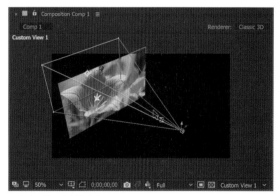

Z축의 값을 변경합니다.

● **Point of Interest 이동하기**

이번에는 카메라의 위치는 그대로 두되 렌즈의 방향을 의미하는 Point of Interest 속성을 조절하여 그 변화를 살펴보도록 하겠습니다.

1) 컴포지션 패널의 뷰 레이아웃 메뉴를 열고 2 Views - Horizontal을 선택합니다.

2) 가로로 두 개의 뷰가 나타납니다. 좌측 뷰를 클릭하고 Active Camera를 선택합니다.

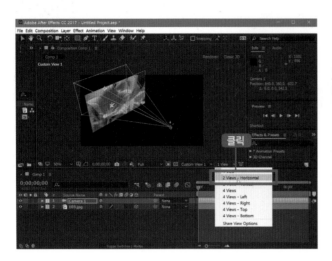

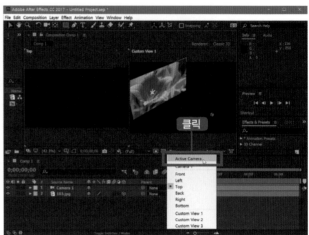

3) 우측 뷰는 Top으로 바꾸고 카메라 레이어의 확장 버튼을 클릭하여 속성을 열거나 카메라 레이어가 선택된 상태에서 A 키를 누릅니다. 카메라의 Point of Interest 속성이 나타납니다.

4) Point of Interest 속성에 나타난 세 값은 좌측부터 X, Y, Z 값을 의미합니다. X 값은 카메라 렌즈의 좌우측 방향을 가리킵니다. X 값을 좌측으로 드래그하면 카메라의 방향이 좌측으로, 우측으로 드래그하면 우측으로 향하는 것을 볼 수 있습니다.

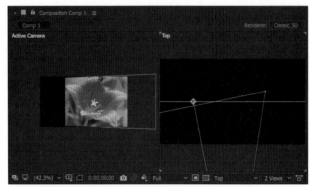

X 값을 좌측으로 드래그

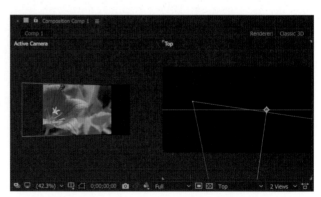

X 값을 우측으로 드래그

5) Point of Interest 속성의 두 번째 값인 Y 값은 카메라 렌즈의 상하 방향을 가리킵니다. Y 값을 좌측으로 드래그하면 카메라의 방향이 위쪽, 우측으로 드래그하면 카메라의 방향이 아래쪽으로 향하는 것을 볼 수 있습니다.

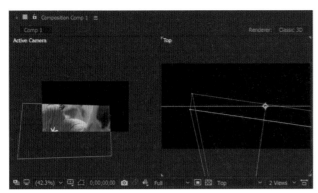

Y 값을 좌측으로 드래그

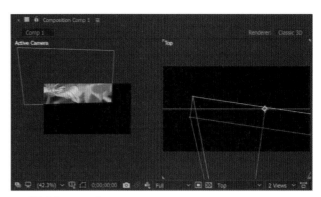

Y 값을 우측으로 드래그

6) 컴포지션 패널에서 직접 카메라의 Point of Interest를 드래그하여 카메라의 방향을 조절할 수도 있습니다. 우측의 Top View에서 Point of Interest를 자유롭게 드래그해 보면 그 결과를 좌측의 Active Camera View에서 확인할 수 있습니다.

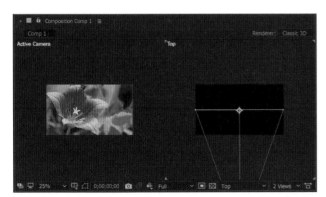

초기 상태

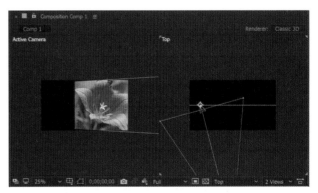

Point of Interest를 드래그

◉ 카메라 툴 사용하기

레이어가 3D로 전환되고 카메라가 만들어져 있다면 툴 패널의 카메라 툴을 사용할 수 있습니다. 카메라 툴을 사용하면 카메라의 Position이나 Point of Interest를 편리하게 조절할 수 있으며 카메라를 줌 인(Zoom In) 또는 줌 아웃(Zoom Out)시킬 수 있습니다.

카메라 툴

참고하세요!

카메라 툴의 단축키

타임라인 패널에서 카메라가 선택되어 있을 때 단축키로 C 키를 누를 때마다 네 개의 카메라 툴이 순차적으로 선택됩니다.

● Unified Camera 툴

세 가지 카메라 툴 기능을 모두 수행합니다. 즉, 마우스 왼쪽 버튼을 누른 상태에서 컴포지션 패널 내부를 드래그하면 Orbit Camera 툴, 가운데 버튼(휠 버튼)을 누른 상태에서는 Track XY Camera 툴, 오른쪽 버튼을 누른 상태에서는 Track Z Camera 툴 기능을 수행합니다.

● Orbit Camera 툴

카메라를 자유롭게 회전시켜 볼 수 있습니다.

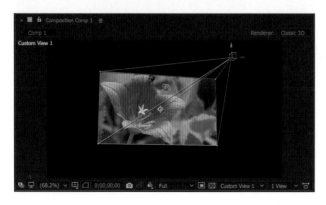

● Track XY Camera 툴

카메라를 상하좌우로 이동시키며 볼 수 있습니다.

● Track Z Camera 툴

카메라를 앞뒤로 이동시켜 줌 인 또는 줌 아웃 화면을 볼 수 있습니다.

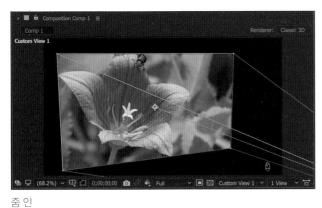

줌 인

줌 아웃

Chapter 48

예제파일
[Example₩48.mp4]

진정한 3D를 위한 라이트 효과 만들기

라이트를 이용하여 컴포지션의 레이어에 빛을 비추면 더욱 강력하고 실감나는 3D 효과를 거둘 수 있습니다.
라이트도 일반 레이어와 마찬가지로 애니메이션이 가능합니다.

01 라이트 만들기

타임라인 패널에 하나의 레이어를 등록한 다음, 3D 레이어로 전환하고 메뉴에서 Layer > New > Light를
선택하거나 타임라인 패널의 단축 메뉴에서 New > Light를 선택합니다.

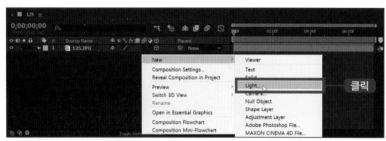

단축 메뉴에서 Light 선택

생성할 라이트 설정을 위한 대화상자가 나타나면 Light Type을 Spot,
색상을 노란색으로 설정하고 OK 버튼을 클릭합니다.

라이트도 일반 레이어처럼 타임라인 패널에 하나의 레이어로 등록됩니다. 라이트의 확장 버튼을 클릭하면 설정 대화상자의 옵션 항목들이 나타나 옵션을 변경할 수 있습니다. 또한 라이트를 선택하고 Layer > Light Settings 메뉴를 선택하거나 타임라인 패널에 등록된 라이트 이름을 더블 클릭하면 다시 라이트 설정 대화상자를 열 수 있습니다.

타임라인 패널에 등록된 라이트

라이트에 의해 비춰지고 있는 레이어

● 라이트 설정 대화상자의 옵션들

라이트 대화상자의 각 옵션에 대해 살펴보겠습니다. 앞에서 언급한 대로 옵션은 타임라인에 추가된 라이트의 Options 항목을 통해서도 변경할 수 있습니다.

각 옵션의 설정에 따른 결과를 확인하기 위하여 이미지 레이어 아래에 파란색 솔리드 레이어를 추가하고 3D 레이어로 전환하였습니다. 아울러 컴포지션 패널의 배경색을 흰색으로 변경하고 Custom View 1 상태에서 솔리드 레이어를 이미지 레이어 뒤쪽으로 배치하였습니다.

◐ Name
라이트의 이름을 지정합니다.

● Light Type

라이트의 종류를 선택합니다.

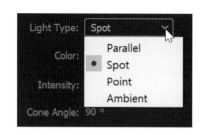

• Parallel : 일정한 각도로 평행하게 비추는 라이트입니다.

• Spot : 특정 영역을 집중적으로 비추는 라이트입니다. 무대
조명과 유사한 성질을 갖는 것으로, 밝은 곳과 어두운 곳의
구분이 명확합니다.

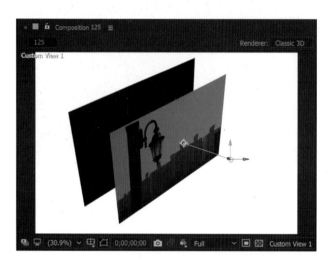

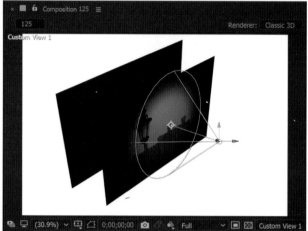

• Point : 라이트를 중심으로 사방으로 퍼져나가는 빛을 만듭
니다. 방향성을 가지고 있지 않습니다.

• Ambient : 다른 라이트 타입과 달리 그림자가 없으며, 방향
성도 없이 전체 영역을 일정하게 비추는 라이트입니다.

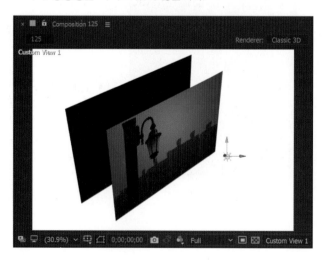

⬤ Color

라이트가 발산하는 빛의 색상을 설정합니다.

⬤ Intensity

라이트의 강도를 설정합니다. 값이 클수록 밝아집니다.

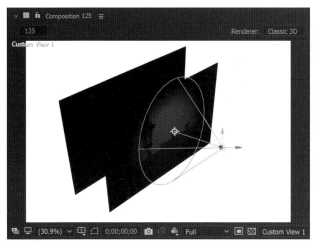

Intensity : 50%

Intensity : 200%

⬤ Cone Angle

Spot 라이트에서 라이트가 퍼져 나가는 각도를 설정합니다.

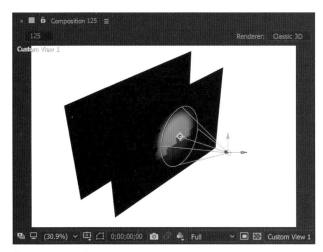

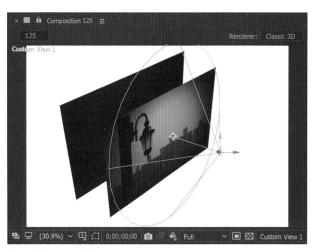

Cone Angle : 50

Cone Angle : 120

● Cone Feather

라이트를 비춤으로써 생기는 밝은 부분과 어두운 부분의 경계에 대한 부드러운 정도를 설정합니다. 높은
값을 설정할수록 경계가 부드러워집니다.

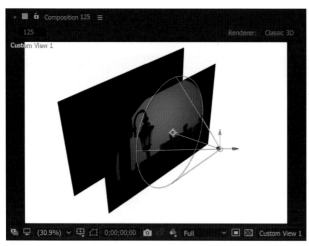

Cone Feather : 0%

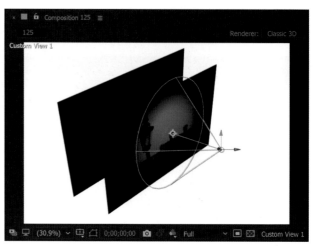

Cone Feather : 60%

● Casts Shadows

라이트에 의하여 그림자가 나타나도록 합니다.

> **참고하세요!**
>
> ### Casts Shadows 옵션이 적용되려면
>
> 라이트에 의한 그림자가 나타나게 하려면 라이트의 Casts Shadows 옵션뿐 아니라 그림자를 사용
> 할 레이어에서 Merterial Options의 Casts Shadows 옵션도 On으로 설정해야 합니다.

● Shadow Darkness

그림자의 강도를 설정합니다. 값이 클수록 그림자가 어두워집니다.

● Shadow Diffusion

Spot과 Point 라이트에서만 나타나는 옵션으로서, 그림자 경계의 부드러운 정도를 설정합니다. 높은 값
을 설정할수록 경계가 부드러워집니다.

02 | 서치라이트로 물체 비추기

라이트를 사용하여 레이어에 빛을 비추는 실제 예제를 다루어 보도록 하겠습니다.

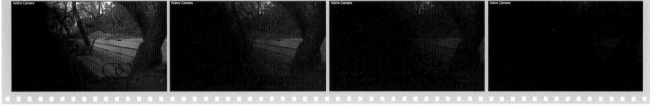

1] 1280×720, 30프레임의 새 컴포지션을 만들고 부록의 [Source] 폴더에서 '115.jpg' 파일을 불러와 타임라인 패널에 레이어로 등록합니다.

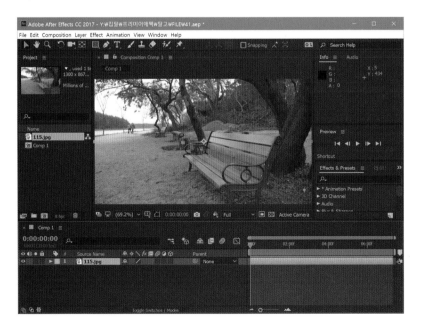

2] 레이어의 3D 스위치를 클릭하여 3D 레이어로 만든 다음 타임라인 패널의 단축 메뉴를 열어 New > Light 를 선택합니다. 라이트 설정 대화상자가 나타나면 다음과 같이 설정하고 OK 버튼을 클릭합니다.

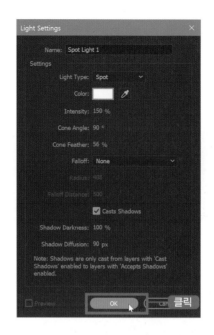

3] 타임라인 패널에 라이트가 생성되고 아울러 컴포지션 패널에도 라이트에 의해 빛이 비춰지고 있는 것을 볼 수 있습니다.

4] 컴포지션 패널의 뷰 옵션 단축 메뉴를 열고 Custom View 1을 선택합니다. Custom View 형태로 레이어가 나타납니다.

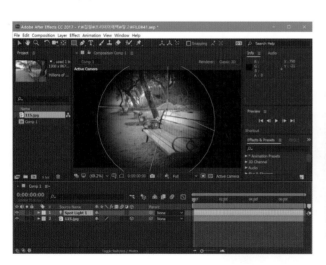

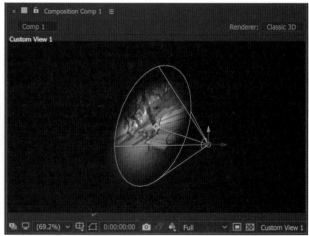

5) 솔리드 레이어를 만들기 위하여 타임라인 패널의 단축 메뉴를 열고 New > Solid를 선택합니다. 솔리드 설정 대화상자가 나타나면 흰색을 지정하고 OK 버튼을 클릭합니다. 나머지 옵션은 모두 디폴트 값입니다.

6) 새로 생성된 솔리드 레이어도 3D 스위치를 클릭하여 3D 레이어로 변환합니다. 솔리드 레이어를 배경으로 사용하기 위하여 타임라인 패널에서 솔리드 레이어를 선택하고 P 키를 눌러 Position 속성이 나타나면 가장 우측의 Z 값을 키워 솔리드 레이어를 뒤쪽으로 이동시킵니다.

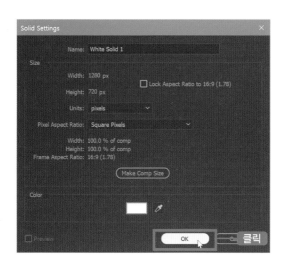

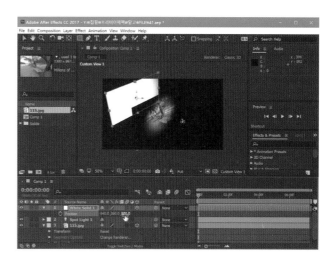

7) 타임라인 패널에서 솔리드 레이어가 선택된 상태로 S 키를 눌러 Scale 속성을 꺼내고, 값이 나타난 부분을 클릭하여 500을 입력합니다. 레이어가 5배로 확대됩니다.

8) 이미지 레이어인 3번 레이어의 확장 버튼을 클릭하거나 A 키를 연속으로 두 번 눌러 Material Options 속성을 열고, Casts Shadow 옵션을 On으로 설정하여 그림자가 나타나도록 합니다.

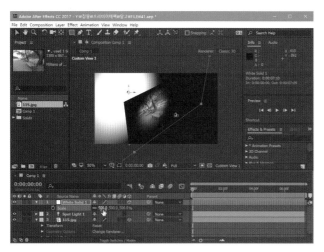

레이어가 5배로 확대되어 나타납니다.

9) 컴포지션 패널을 보면 라이트가 너무 가까운 것을 알 수 있습니다. 타임라인 패널에서 라이트를 선택하고 컴포지션 패널에서 Z축을 우측으로 드래그하여 레이어와 멀리 떨어지도록 합니다.

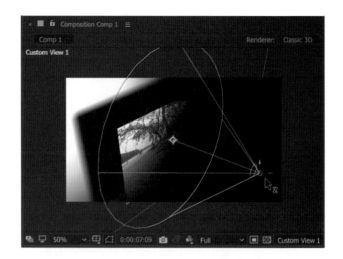

10) A 키를 누릅니다. 현재 라이트가 선택되어 있으므로 라이트의 Point of Interest 속성이 열립니다. 컴포지션 패널을 보면서 레이어의 좌측 끝에 라이트가 비춰지도록 X축의 좌표값을 좌측으로 드래그합니다.

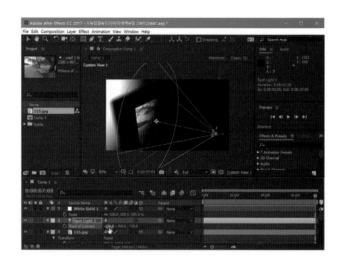

11) 인디케이터를 시작 지점에 두고 Point of Interest 좌측의 스톱워치를 클릭하여 키 프레임을 생성한 다음 인디케이터를 5초 지점으로 이동합니다.

12] 컴포지션 패널을 보면서 레이어의 우측에 라이트가
비춰지도록 라이트의 Point of Interest 속성의 X축
좌표값을 우측으로 드래그합니다.

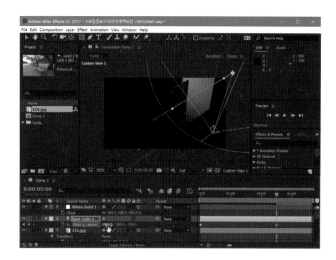

13] 라이트가 선택되어 있는 현 상태에서 A 키를 연속해서 두 번 누르면 라이트의 옵션들이 나타납니다.

14] 인디케이터를 시작 지점으로 이동하고 라이트의 Intensity 속성값을 '0'으로 변경한 다음, 스톱워치
아이콘을 클릭하여 키 프레임을 생성합니다.

15) 인디케이터를 2초 15프레임으로 이동하고 라이트의 Intensity 값을 '150'으로 변경합니다.

16) 인디케이터를 5초 지점으로 이동하고 라이트의 Intensity 값을 '0'으로 변경합니다.

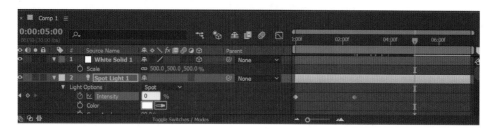

17) 작업 결과를 프리뷰해 보면 좌측 끝에서 어둡게 나타난 라이트는 중앙쪽으로 이동하면서 점차 밝아 지고 다시 우측으로 이동하면서 어두워질 것입니다.

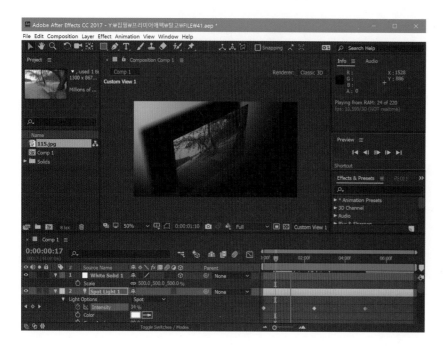

예제파일
[Example₩49-1.mp4], [Example₩49-2.mp4]

Chapter 49

강력한 모션 도구 사용하기

향상된 모션을 창출할 수 있는 기능인 스태빌라이저, 모션 트래커, 모션 매스와 익스프레션에 대해서 다루어
보도록 하겠습니다. 강력하고 정교한 모션을 만드는 데 사용됩니다.

01 특정 지점을 고정시키는 Stabilizer

스태빌라이저(Stabilizer)는 사용자가 지정한 특정 지점의 위치를 고정시키는 기능으로, 흔히 캠코더 등에
서 손떨림을 방지하는 기능과 유사합니다. 스태빌라이저를 확실히 작동시키려면 색상이 명확하게 차이
가 나는 지점을 지정해 주는 것이 좋습니다.

1) 새 프로젝트를 시작하고 프로젝트 패널의 Create a new Composition 버튼을 클릭하여 다음과 같이
컴포지션을 생성합니다. 모두 디폴트 값이며 컴포지션의 지속시간을 의미하는 Duration은 5초로 설
정합니다.

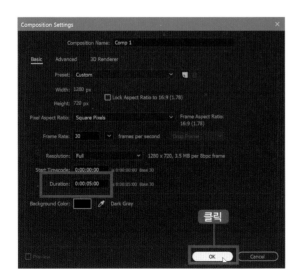

2] 프로젝트 패널의 바탕 영역을 더블 클릭하여 부록의
[Source] 폴더에서 '110.mp4' 파일을 불러온 다음, 프
로젝트 패널에 등록된 동영상 파일 타임라인 패널에
등록하고 재생합니다. 신경 써서 촬영했음에도 조금
은 흔들리고 있다는 것을 알 수 있습니다.

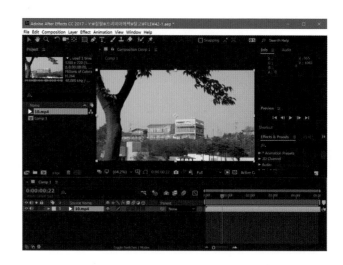

3] 타임라인의 레이어 위에서 단축 메뉴를 열고 Track
Motion을 선택합니다. 레이어 패널과 Track 패널이
나타납니다. 레이어 패널에는 지정된 픽셀 추적을 위
한 트랙 포인트가 표시되어 있습니다.

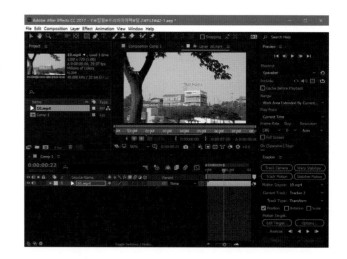

4] 레이어 패널 위에서 마우스의 스크롤 버튼을 위쪽으
로 올려 레이어를 확대해 보면 트랙 포인트가 두 개
의 사각형으로 되어 있는 것을 볼 수 있습니다. 안쪽
의 작은 사각형은 위치를 고정시키기 위하여 추적될
픽셀 영역(트래킹 영역), 바깥쪽의 큰 사각형은 트래
킹 영역이 이동될 때 참조를 하기 위한 영역입니다.
두 사각형 영역은 크기와 위치를 자유롭게 지정할 수
있습니다.

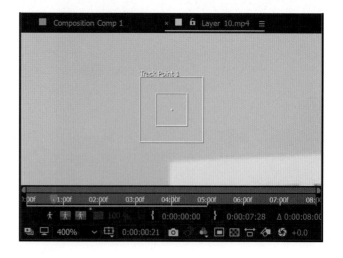

5) 인디케이터를 시작 지점에 두고 트랙 포인트를 드래
그하여 건물의 빨간색 지점을 트래킹 영역으로 설정
합니다.

트래킹 영역을 설정할 때의 주의점

지정한 영역은 애프터 이펙트가 계속적으로 추적(Tracking)하여 위치가 이동되지 않도록 합니다. 따
라서 흔들려 촬영했음에도 트래킹 영역을 기준으로 카메라가 이동되지 않은. 다시 말해 흔들림이 적
은 결과를 얻게 됩니다. 트래킹 영역은 색상 차이가 뚜렷한 부분을 지정해야 최대한 정확한 결과를
얻을 수 있습니다.

트래킹 영역은 줌 툴이나 배율 메뉴 또는 마우스 스크롤 버튼 등을 사용하여 레이어의 크기를 확대
하여 정밀하게 지정하는 것이 좋습니다.

6) 트래킹 영역을 설정하였다면 Tracker
패널에서 Track Type 메뉴를 열고
Stabilize를 선택한 다음 Analyze
Forward 버튼을 클릭합니다.

Stabilize 선택

Analyze Forward 클릭

참고하세요!

흔들림 보정을 위한 Wrap Stabilizer

Tracker 패널에서 Wrap Stabilizer 버튼을 클릭하거나 이펙트 패널에서 Distort 〉 Wrap Stabilizer VFX 이펙트를 적용해도 흔들린 영상을 보정할 수 있습니다. 이는 적용만 하면 분석을 통해 자동으로 결과를 만들어 내므로 설명할 필요가 없을 정도로 쉽게 사용할 수 있습니다.

7) 인디케이터가 이동하면서 트래킹이 진행됩니다. 완료되면 Apply 버튼을 클릭하여 레이어에 트래킹 결과를 적용합니다.

8) 모션 트래커 적용 옵션 대화상자가 나타나면 기본값인 X and Y 상태 그대로 두고 OK 버튼을 클릭합니다.

9) 타임라인 패널에서 레이어의 Anchor Point 속성을 보면 각 프레임에 키 프레임이 생성되어 있음을 볼 수 있습니다. 즉, 흔들림에 따라 레이어의 중심점이 자동으로 이동된 것입니다. 다시 재생해 보면 미세한 흔들림이 상당히 보정된 것을 확인할 수 있습니다.

02 다른 레이어의 픽셀을 추적하는 Motion Tracker

두 번째 트래킹 방식인 모션 트래커를 살펴보겠습니다. 이것은 트래킹 영역에 대한 좌표 정보를 다른 레이어에 적용함으로써 두 레이어가 함께 이동하도록 합니다.

1] 새 프로젝트를 시작하고 지속시간 4초짜리 컴포지션을 생성한 다음, 부록의 [Source] 폴더에서 '21.mp4' 파일을 불러와 타임라인 패널에 등록하고 툴 패널에서 타입 툴을 클릭합니다.

2] 컴포지션 패널을 클릭하면 문자 입력을 위한 커서가 나타납니다. 키보드를 한글 모드로 전환하고 'ㅁ'을 입력한 다음 '한자' 키를 누르면 특수문자가 나타나는데, 그림처럼 왼쪽 방향을 가리키는 손가락을 선택합니다.

3] 선택한 특수문자가 입력되어 나타납니다. 선택 툴로 자동차 우측 상단으로 문자를 이동하고 크기도 줄여 줍니다.

4] 키보드를 다시 영문 모드로 전환하고 'R' 키를 누릅니다. 텍스트 레이어의 Rotation 속성이 나타나면 컴포지션 레이어에 나타난 손가락 방향이 자동차를 가리키도록 값을 조절합니다. 예제에서는 −20으로 지정하였습니다.

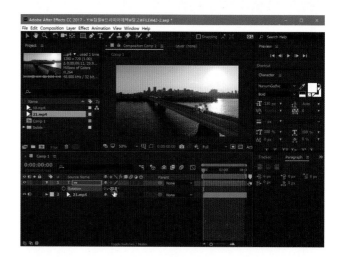

5] 타임라인 패널에서 동영상 레이어의 단축 메뉴를 열고 Track Motion을 선택하고 레이어 패널에서 트랙포인트를 자동차로 지정합니다. 앞에서 설명했던 대로 확대해 보면서 지정해 주는 것이 좋습니다.

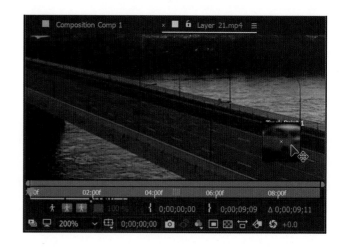

6] Tracker 패널을 보면 Motion Target에 텍스트 레이어가 지정되어 있는 것을 볼 수 있습니다. 트랙 포인터로 지정한 영역의 움직임을 텍스트 레이어에도 적용하기 위해 인디케이터를 시작 지점에 두고 Analyze forward 버튼을 클릭합니다.

7] 트래킹이 시작되어 자동차의 움직임에 따라 트랙 포인터가 이동합니다. 완료되면 Apply 버튼을 클릭합니다.

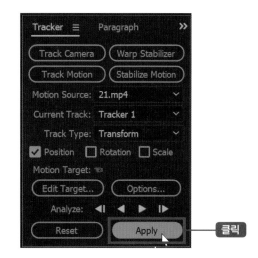

8] 모션 트래커 적용 옵션 대화상자가 나타나면 OK 버튼을 클릭합니다. 텍스트 레이어를 선택하고 P 키를 눌러 Position 속성을 열어 보면 동영상 레이어에서 트랙 포인트로 지정한 영역의 움직임에 따라 수많은 키 프레임이 생성되어 있음을 볼 수 있습니다.

9) 작업 결과를 확인합니다. 자동차의 움직임에 따라 손가락의 위치도 함께 이동합니다.

참고하세요!

타깃 레이어의 위치가 제대로 맞지 않는다면?

타깃 레이어인 텍스트 레이어의 Position 속성에 생성된 키 프레임을 수정하면 잘못 추적된 위치를 수정할 수 있습니다. 시작 지점부터 종료 지점까지의 전체적인 위치가 어긋나 있다면 키 프레임 전체를 모두 선택한 상태에서 컴포지션 패널에서 위치를 수정해 주면 됩니다.

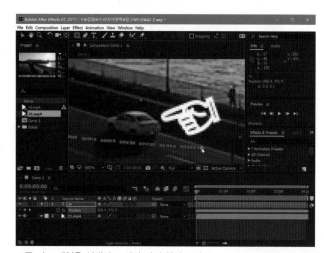

모든 키 프레임을 선택하고 시작 지점 위치 조정

Chapter 50

예제파일
[Example₩50-1.mp4], [Example₩50-2.mp4]

익스프레션의 적용과 활용

특정 속성의 키 프레임을 다른 속성에 적용할 수 있는 방법 중 하나인 익스프레션을 사용해 보도록 하겠습니다. 익스프레션은 레이어의 속성을 유기적으로 연결함으로써 특정 속성값의 변화에 따라 다른 속성값도 함께 변화되도록 합니다.

01 익스프레션 적용하기

1] 부록의 [Source] 폴더에서 'rome.psd' 파일을 불러옵니다. 대화상자가 나타나면 다음과 같이 Import Kind는 Composition-Retain Layer Sizes, Layer Options는 Merge Layer Styles into Footage를 선택하고 OK 버튼을 클릭합니다.

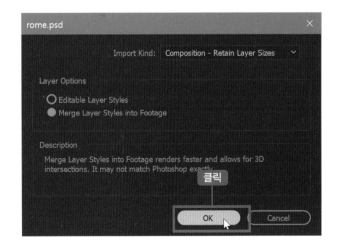

2) 프로젝트 패널의 rome 컴포지션을 더블 클릭하면 타임라인 패널에 모든 레이어가 등록되고 그 결과는 컴포지션 패널에 나타납니다.

3) 3번 레이어를 선택하고 P 키를 눌러 Position 속성을 엽니다. 인디케이터가 시작 지점에 있는 상태에서 스톱워치를 클릭하여 키 프레임을 생성합니다. 이어서 인디케이터를 3초 지점에 두고 Position의 값 중 좌측의 X 값을 좌측으로 드래그하여 자동차를 공 앞으로 이동시킵니다.

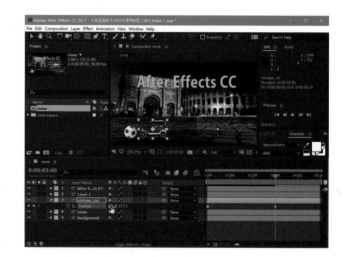

4) 2번 레이어를 선택하고 R 키를 눌러 Rotation 속성을 열고 선택한 상태에서 Animation > Add Expression 메뉴를 선택합니다. 현재 선택되어 있는 속성의 스위치 패널에 네 개의 버튼이 추가로 나타나는데, 세 번째에 있는 Pick Whip 버튼을 3번 레이어의 Position 속성으로 드래그합니다.

참고하세요!

익스프레션은 속성을 선택해야 적용할 수 있습니다.

익스프레션을 적용하기 위한 Add Expression 메뉴는 레이어의 속성을 선택한 경우에만 활성화되어 나타납니다. 단순히 레이어만 선택한 경우에는 메뉴를 선택할 수 없으므로 희미하게 나타납니다. 익스프레션은 Alt 키를 누른 상태에서 해당 속성 좌측에 있는 스톱워치를 클릭하여 적용할 수도 있습니다.

Alt + 스톱워치 클릭

5] 마우스 버튼을 놓으면 속성 우측의 타임라인에 'thisComp.layer("vintage_car").transform.position[0]'이 라는 스크립트가 표시됩니다. 이것은 3번 레이어인 vintage_car 레이어의 Position 속성값이 변화함에 따라 2번 레이어의 현재 선택된 속성값도 변화된다는 것을 의미합니다.

6] 결과를 확인해 보면 자동차가 이동함에 따라 축구공이 회전하고 있는 것을 볼 수 있습니다.

참고하세요!

익스프레션이 적용된 후 나타나는 4개의 버튼들은 다음과 같은 기능을 합니다.

▶ Enable Expression

가장 좌측의 등호(=) 모양의 버튼으로, 누를 때마다 익스프레션의 적용을 On/Off 시킵니다. 즉, 등호 상태에서 클릭하면 부등호 형태로 바뀌어 익스프레션의 적용이 일시 정지됩니다. 익스프레션이 삭제되는 것은 아니며 다시 클릭하여 적용 상태로 전환할 수 있습니다. 익스프레션이 적용된 상태에서는 해당 속성이 빨간색으로 표시되어 직접 변경할 수 없음을 알려 줍니다.

익스프레션 On · 익스프레션 Off

▶ Expression Graph

Graph Editor 상태에서 익스프레션 그래프가 나타나도록 합니다.

▶ Pick Whip

중앙에 있는 버튼으로서, 드래그함으로써 다른 레이어의 속성과 연결하여 익스프레션을 적용합니다.

▶ Language Menu

가장 우측에 있는 버튼으로, 자주 사용되는 스크립트가 메뉴 형식으로 나타납니다. Pick Whip 버튼을 드래그하지 않고 익스프레션을 적용할 수 있습니다.

▶ Expression Field

익스프레션 스크립트가 나타나는 부분으로서, 스크립트를 잘 알고 있다면 직접 입력하여 적용할 수도 있습니다.

7] 또 다른 레이어에 익스프레션을 추가 및 적용해 보도록 하겠습니다. 인디케이터를 시작 시점으로 이동하고 1번 레이어를 선택한 다음 T 키를 눌러 Opacity 속성을 엽니다.

8] Opacity 값을 '0'으로 설정하고 스톱워치를 클릭하여 키 프레임을 생성합니다. 이어서 인디케이터를 3초 지점에 두고 Opacity 값을 100으로 설정합니다.

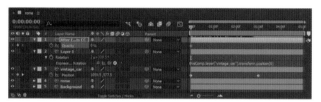

시작 지점

3초 지점

9] 2번 레이어의 Rotation 속성에 있는 익스프레션 Pick Whip 버튼을 클릭하고 1번 레이어의 Opacity 속성으로 드래그합니다. 다시 결과를 확인해 보면 자동차가 이동함에 따라 공이 회전하고, 이와 함께 1번 레이어가 점점 진하게 나타나게 됩니다.

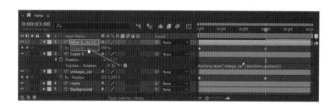

참고하세요!

동일 속성 연동을 위한 Parent

익스프레션은 레이어의 A 속성을 다른 레이어의 B 속성과 연동시킬 수 있으나 같은 속성을 연동시키려면 간단히 Parent 기능을 사용하면 됩니다.

그림과 같이 하나의 도형 레이어와 두 개의 텍스트 레이어가 있는 경우를 살펴보겠습니다.

1) 1번 레이어의 Scale 속성에 키 프레임을 생성하고 2초 지점에서 크기를 115%로 설정하여 크기가 커지는 애니메이션을 적용한 상태입니다.

2) 2번 레이어와 3번 레이어의 Parent 버튼을 모두 1번 레이어로 드래그합니다.

2번 레이어의 Parent를 1번 레이어로 드래그

3번 레이어의 Parent를 1번 레이어로 드래그

3) 재생해 보면 1번 레이어가 커지면서 2번 레이어와 3번 레이어도 함께 커지는 것을 볼 수 있습니다.
   Parent로 연결되면 다른 속성도 연결된 레이어의 속성과 연동되어 함께 변하게 됩니다.

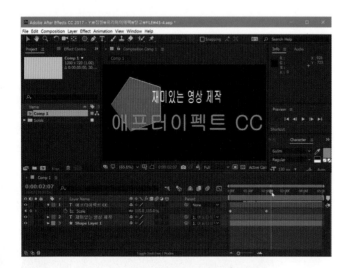

02 이펙트에 익스프레션 적용하기

익스프레션은 그 적용 대상에 따라 다양한 애니메이션을 만들 수 있습니다. 이번에는 이펙트에 익스프레션을 적용하여 좀 더 변화하는 애니메이션을 만들어 보겠습니다.

1) 새 프로젝트를 시작하고 컴포지션을 생성한 다음, 부록의 [Source] 폴더에서 '123.jpg' 파일을 불러와 타임라인 패널에 등록합니다.

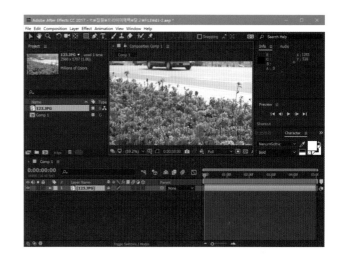

2) 텍스트 툴로 그림과 같이 'EXPRESSION'이라는 문자를 입력하고 크기를 변경한 다음 Character 패널에서 색상 박스를 클릭하여 Text Color 대화상자가 나타나면 노란색으로 지정하고 OK 버튼을 클릭합니다.

3) 타임라인 패널의 텍스트 레이어를 선택하고 Edit > Duplicate 메뉴를 선택하거나 단축키로 Ctrl+D를 눌러 레이어를 복제합니다. 또 하나의 텍스트 레이어가 1번 레이어로 추가됩니다.

4) 새로 추가된 1번 레이어를 선택하고 Character 패널에서 색상 박스를 클릭하여 Text Color 대화상자가 나타나면 파란색을 지정하고 OK 버튼을 클릭합니다.

5) 2번 레이어 좌측의 삼각형 버튼을 클릭하여 속성들을 엽니다. 인디케이터를 시작 지점에 두고 Scale 속성과 Opacity 속성 좌측의 스톱워치를 클릭하여 키프레임을 생성합니다.

6) 인디케이터를 마지막 프레임으로 이동하고 Scale 속성값은 '500', Opacity 속성값은 '0'으로 설정합니다.

7) 프리뷰해 보면 현재까지의 설정으로 2번 레이어의 텍스트가 점점 커지면서 희미해지는 애니메이션을 볼 수 있습니다. 타임라인 패널에서 배경 레이어인 3번 레이어를 선택하고 Effect > Color Correction > Hue/Saturation 메뉴를 선택합니다.

8) 해당 레이어에 대한 Hue/Saturation 이펙트 컨트롤 패널이 나타납니다. 하단의 Colorize 체크 박스를 클릭합니다.

9) 타임라인 패널에서 3번 레이어 좌측의 삼각형을 클릭하여 Effect > Hue/Saturation > Colorize Hue 속성이 나타나도록 하고 Alt 키를 누른 상태에서 이 속성 좌측의 스톱워치를 클릭하여 익스프레션을 적용합니다.

10) Colorize Hue 속성에 적용된 익스프레션의 Pick Whip 버튼을 클릭하고 2번 레이어의 Scale 속성으로 드래그합니다.

11) 다시 프리뷰를 통해 익스프레션까지 적용된 최종 결과를 확인합니다. 애니메이션이 진행되면서 3번 레이어에 적용된 Hue/Saturation 이펙트의 Colorize Hue 속성값이 변화되므로 레이어의 색상도 변화되는 것을 볼 수 있습니다.

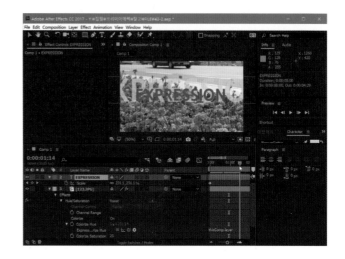

03 Expression Language 사용하기

Pick Whip 버튼을 사용하지 않고 Language Elements 메뉴를 통해 익스프레션을 적용하는 예제를 다루어 보도록 하겠습니다. 간단히 스크립트를 사용하는 방법을 이해할 수 있게 될 것입니다.

1) 새 프로젝트를 시작하고 컴포지션을 생성한 다음, 노란색과 빨간색, 두 개의 솔리드 레이어를 추가합니다. 노란색이 1번, 빨간색이 2번 레이어이며 노란색 레이어의 크기는 그림과 같이 작게 변경합니다.

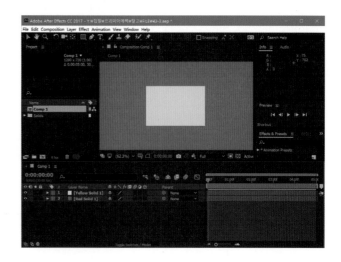

2) 1번 레이어를 선택하고 T 키를 눌러 Opacity 속성을 연 다음, 인디케이터가 시작 지점에 있는 상태에서 속성값을 0%로 설정한 후 좌측의 스톱위치를 클릭하여 키 프레임을 생성합니다.

3) 인디케이터를 마지막 프레임으로 이동하고 1번 레이어의 Opacity 값을 100%로 설정합니다.

4) 2번 레이어를 선택하고 R 키를 눌러 Rotation 속성을 열고, Alt 키를 누른 상태에서 좌측의 스톱위치를 클릭하여 익스프레션을 적용합니다.

5) 익스프레션이 적용되어 나타난 버튼 중, 가장 우측에 있는 Language menu 버튼을 클릭하고 Global > thisComp를 선택합니다.

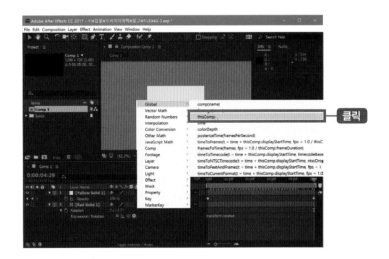

6) 타임라인 패널의 익스프레션 필드에 해당 스크립트가 입력되어 나타납니다. 명령의 구분을 위하며 마지막에 마침표(.)를 삽입합니다.

491

7) 다시 Language menu 버튼을 클릭하여 Comp > layer (name)를 선택합니다. 익스프레션 필드에 layer(name) 가 추가되어 나타납니다.

8) 괄호 안의 name이라는 문자를 삭제하고 대상 레이어 인 1번 레이어의 이름인 Yellow Solid 1을 입력합니다. 레이어 이름 양쪽에 큰따옴표("")를 붙여 주고 끝에는 역시 구분을 위해 마침표(.)를 입력합니다.

9) 다시 Language menu 버튼을 클릭하고 Layer Properties > opacity를 선택합니다. 익스프레션 필드 에 대상 레이어의 속성인 opacity가 입력되어 나타납니다.

10) 프리뷰해 보면 1번 레이어가 점차 짙게 나타나면서 2번 레이어가 회전하는 애니메이션이 재생됩니다. 간단히 Pick Whip 버튼으로 익스프레션을 적용할 수도 있지만 메뉴를 통하여 스크립트의 골격이 입력되면 수정해 사용함으로써 다양한 결과를 만들어 낼 수도 있습니다.

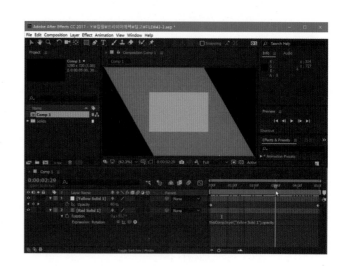

참고하세요!

스크립트를 잘못 입력하면?

잘못된 스크립트를 입력하면 Enable Expression 버튼은 Off 상태 즉, 부등호로 표시되어 익스프레션이 적용되지 않은 상태임을 알려 줍니다. ⚠ 버튼을 클릭합니다.

오류에 대한 정보가 나타납니다. 일부러 대상 레이어의 이름을 틀리게 입력한 경우입니다. OK 버튼을 클릭하고 스크립트를 제대로 수정하면 자동으로 Enable Expression 버튼이 등호 표시로 바뀌면서 익스프레션이 정상적으로 작동하게 됩니다.

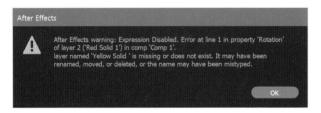

09
P.A.R.T

여러 효과로
다양한 영상 만들기

애프터 이펙트는 기본적으로 소스 파일을 가공하고 변형하는 기능 외에도 다양한 효과를 복합적으로 적용함으로써 독특하면서도 창의적인 영상을 위한 크리에이터의 절대적인 도구라는 평가를 받습니다. 이번 파트에서는 여러 기능을 사용하여 다양하게 응용할 수 있는 여러 실전 영상을 만들어 봅니다.

Chapter 51

예제파일
[Example₩51.mp4]

오디오에 따라 변화하는 스펙트럼 만들기

오디오 스펙트럼(Audio Spectrum) 이펙트를 사용하면 오디오 레이어의 재생에 따라 그래픽 이퀄라이저와 같은 형태의 스펙트럼을 만들 수 있습니다. 먼저 펼쳐지는 스펙트럼을 만들어 보고 마스크를 사용하여 원형으로 퍼지는 스펙트럼도 만들어 볼 것입니다.

1 새 프로젝트를 시작하고 부록의 [Source] 폴더에서 'audio.jpg', 'music04.mp3' 파일을 불러온 후 프로젝트 패널에 등록된 mp3 파일을 New Composition 버튼 위로 드래그합니다.

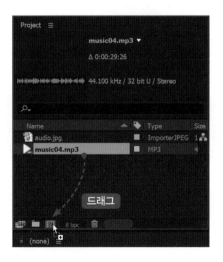

2️⃣ 오디오의 재생 시간과 동일한 길이를 갖는 컴포 지션이 생성됩니다. 메뉴에서 Composition > Composition Settings를 선택하고 컴포지션 설정 대화상자를 열어 가로, 세로를 각각 1280, 720, Frame Rate를 30으로 설정하고 OK 버튼을 클릭합니다.

3️⃣ 프로젝트 패널의 'audio.jpg' 파일을 타임라인 패널에 등록합니다. 이어서 타임라인 패널의 단축 메뉴를 열고 New > Solid를 선택하여 다음과 같이 솔리드 레이어를 만들어 줍니다. 어떤 색상을 선택해도 관계없습니다.

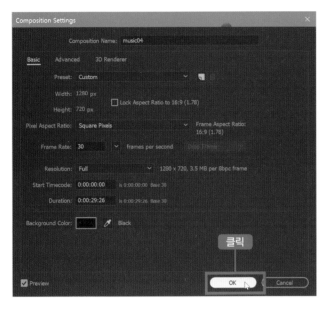

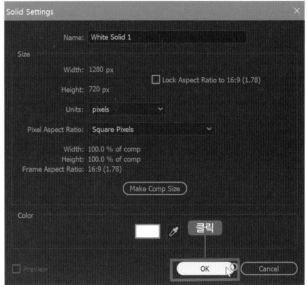

4️⃣ 새로 생성된 솔리드 레이어를 선택하고 메뉴에서 Effect > Generate > Audio Spectrum을 선택합니다. 솔리드 레이어에 Audio Spectum 이펙트가 적용되고 이펙트 컨트롤 패널이 나타납니다. 상단의 Audio Layer 메뉴를 열어 타임라인 패널에 등록된 오디오 레이어인 'music04.mp3'를 선택합니다.

5️⃣ 재생해 보면 위쪽과 아래쪽으로 퍼지는 스펙트럼이 나타납니다.

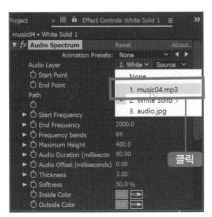

6) 스펙트럼이 한쪽으로만 나타나도록 Side Options에서 Side A를 선택합니다.

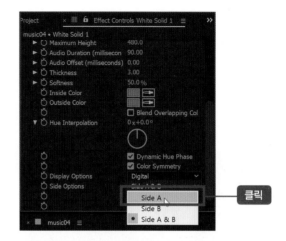

7) 이펙트 컨트롤 패널에서 Start Point 파라미터의 십자 버튼을 클릭한 다음, 컴포지션 패널에서 오디오의 디스플레이 창 부분 좌측을 클릭하여 스펙트럼의 시작 지점으로 지정합니다.

8) 이번에는 End Point 파라미터의 십자 버튼을 클릭한 다음, 컴포지션 패널에서 오디오 디스플레이 창 우측 부분을 클릭하여 스펙트럼의 끝 위치로 지정합니다.

9) 스펙트럼의 크기가 작아짐으로 인해 각 밴드(band)가 너무 조밀하게 나타나므로 이펙트 컨트롤 패널의 Frequency bands 값을 '30' 정도로 변경합니다.

10) 재생해 보면 마치 오디오에 부착된 것처럼 오디오의 음량에 따라 변화하는 스펙트럼을 볼 수 있습니다. 스펙트럼의 높이는 Maximum Height 값을 조절하여 적절히 크게 해 줍니다.

11) 스펙트럼을 다른 형태로 바꿔 보겠습니다. 타임라인 패널에서 배경으로 사용한 3번 레이어를 삭제하고 이펙트 컨트롤 패널에서 Audio Spectrum 이펙트의 Reset을 클릭합니다.

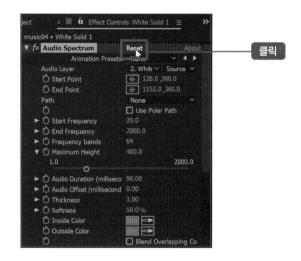

12) 이펙트의 설정값이 초기화되었습니다. 부록의 [Source] 폴더에서 'smile.jpg' 파일을 불러와 타임라인 패널의 가장 아래 레이어로 등록합니다.

13) 새로 등록된 3번 레이어가 선택된 상태에서 그림과 같이 크기를 줄이고 원형 툴을 선택합니다.

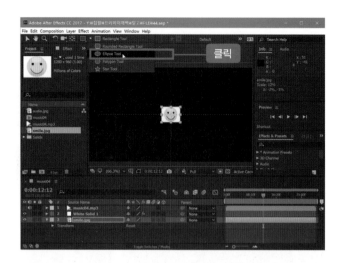

14) 레이어 내부를 클릭한 다음, Ctrl+Shift 키를 누르면서 드래그하여 동그란 원을 그립니다. 바깥쪽의 흰색 부분을 제외한 내부 영역만 나타나게 하려는 것입니다. 마우스의 스크롤 버튼을 위쪽으로 드래그하여 컴포지션 패널의 배율을 키워 놓고 작업하는 것이 좋습니다.

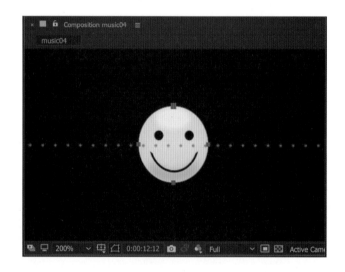

15) 오디오 스펙트럼 이펙트가 적용되어 있는 솔리드 레이어를 선택하고 역시 원형 툴로 마스크를 그립니다. 앞에서 했던 것처럼 클릭한 다음, Ctrl+Shift 키를 누르면서 드래그하여 스마일 크기와 비슷하게 원을 그린 후 선택 툴로 위치와 크기를 다시 조절합니다.

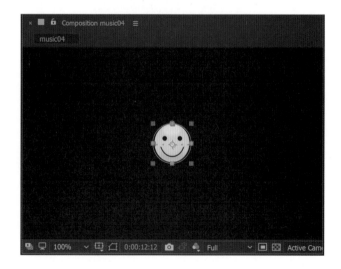

16 이펙트 컨트롤 패널에서 오디오 스펙트럼 이펙트의 Audio Layer 메뉴를 열고 타임라인에 등록된 mp3 파일로 지정한 다음, Path를 Mask 1로 선택합니다.

17 스펙트럼의 색상이 변화되도록 Hue Interpolation의 앞쪽 값을 '3'으로 설정합니다.

18 스펙트럼이 넓게 퍼지도록 Maximum Height 값을 3000, 스펙트럼이 두껍게 나타나도록 Thickness 값을 '5'로 각각 설정하고 스펙트럼이 바깥쪽으로만 퍼지도록 Side Options에서 Side B를 선택합니다.

19 재생해 보면 스펙트럼이 제대로 퍼지지 않는 것을 볼 수 있습니다. 타임라인 패널의 솔리드 레이어를 선택하고 M 키를 눌러 마스크 속성이 나타나면 합성 모드를 None으로 변경합니다.

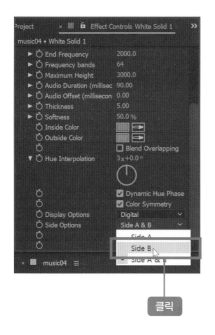

501

20) 스펙트럼이 좀 더 예쁘게 보이도록 이펙트를 추가해 보겠습니다. 솔리드 레이어가 선택된 상태에서 Stylize > Glow 이펙트를 선택하고 Glow Threshold, Glow Radius, Glow Intensity 값을 적절히 조절하여 빛이 예쁘게 번져 나가도록 합니다. 예제에서는 각각 20, 20, 1.5로 설정하였습니다.

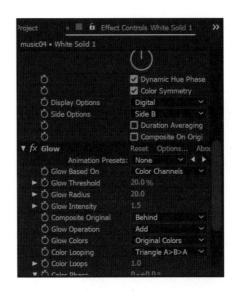

21) 배경을 바꾸기 위해 부록의 [Source] 폴더에서 '109.jpg' 파일을 배경의 레이어에 등록하고 크기를 조절합니다. 원하는 다른 이미지나 동영상을 배경으로 등록해 보기 바랍니다.

Chapter 52

예제파일
[Example₩52.mp4]

퍼지면서 이동하는 3D 애니메이션 만들기

블러 이펙트가 적용된 여러 레이어가 3D 공간에서 이동하는 애니메이션을 만들어 보도록 합니다.
카메라와 라이트도 추가하여 입체적인 느낌을 갖도록 할 것입니다.

1️⃣ 새 프로젝트를 시작하여 1280×720, 30프레임, 5초
짜리 컴포지션을 생성하고 부록의 [Source] 폴더에서
'24.mp4' 파일을 불러와 타임라인에 등록합니다.

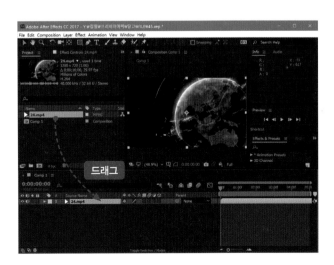

2] 툴 패널에서 타입 툴을 선택해서 그림과 같이 'FLY TO THE FUTURE'라는 텍스트를 입력하고 색상은 흰색으로 지정합니다.

3] 텍스트 레이어인 1번 레이어를 선택하고 P 키를 눌러 Position 속성을 엽니다. 인디케이터를 시작 지점에 두고 X좌표의 값을 조절하여 그림처럼 보이지 않도록 설정합니다. 컴포지션 패널의 배율을 낮춰 레이어의 바깥 영역도 충분히 보이도록 하고 작업합니다.

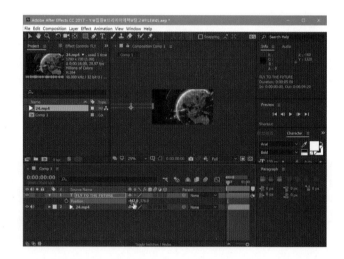

4] Position 속성의 스톱워치를 클릭하여 키 프레임을 생성하고 인디케이터를 2초 지점에 둔 다음 그림과 같이 레이어가 우측으로 나타나도록 합니다.

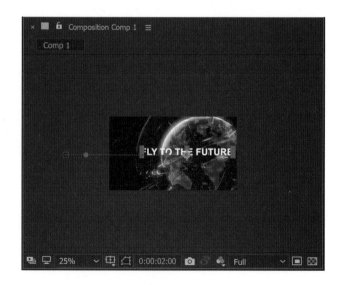

5] 1번 레이어가 선택된 상태에서 Ctrl+D 키를 두 번 눌러 두 개의 레이어를 복제하고 모든 레이어의 Position 속성을 엽니다.

6] 2번 레이어의 앞쪽 키 프레임을 10프레임 뒤로, 3번 레이어의 앞쪽 키 프레임은 20프레임 뒤로 각각 드래그하여 이동시킵니다. 키 프레임을 드래그할 때의 위치는 Info 패널에 표시되므로 이것을 참고하여 드래그하면 됩니다.

7] 2번 레이어와 3번 레이어에서 T 키를 눌러 Opacity 속성이 나타나도록 하고, 잔상이 남는 것처럼 보이기 위해 2번 레이어는 '50', 3번 레이어는 '20'으로 각각 설정합니다.

8] 프리뷰해 보면 1번 레이어가 이동하면서 2번 레이어와 3번 레이어가 희미하게 뒤따라 이동하는 것을 볼 수 있습니다.

9] 1, 2, 3번 레이어를 모두 선택하고 Layer > Pre-compose를 선택합니다. 다음과 같이 Pre-compose 창이 나타나면 디폴트 값으로 두고 OK 버튼을 클릭합니다.

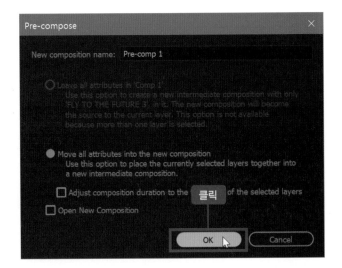

10] Pre-compose 된 레이어를 선택하고 Effect > Blur & Sharpen > Gaussian Blur를 선택하여 이펙트를 적용합니다.

11 레이어의 속성을 열고 인디케이터를 시작 지점에 위치시킨 다음 Gaussian Blur의 Blurriness 속성 좌
측에 있는 스톱워치를 클릭하여 키 프레임을 생성합니다.

12 인디케이터를 2초 지점으로 이동하고 Blurriness 값을 '10'으로 설정합니다.

13 보기 편하도록 레이어의 모든 속성을 닫고 1번 레이어인 Pre-comp 1을 선택한 다음, Ctrl+D 키를 여
섯 번 눌러 여섯 개의 레이어를 추가합니다.

14) Pre-comp 1 레이어를 하나씩 선택하고 방향키로 레이어의 위치를 그림과 같이 조금씩 다르게 변경합니다.

15) 각 레이어들이 약간의 시간차를 두고 나타나도록 타임라인 패널에서 레이어의 위치를 다음과 같이 변경합니다.

16) 인디케이터를 시작 지점에 두고 Layer > New > Solid를 선택한 후 다음과 같이 솔리드 레이어를 생성합니다. 색상은 어느 것을 지정해도 좋습니다.

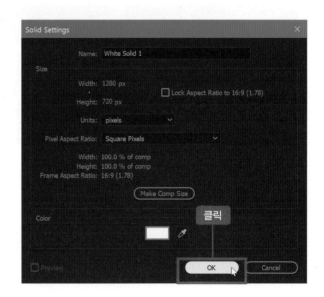

17) 새로 생성된 솔리드 레이어를 선택하고 Effect > Generate > Radio Waves를 선택하여 이펙트를 적용한 다음, 이펙트 컨트롤 패널에서 각 속성값을 다음 표와 그림을 참고하여 설정합니다.

Wave motion	Frequency	3.00
	Expansion	3.00
Stroke	Profile	Sawtooth Out
	Color	노란색

18) 레이어를 배경 레이어인 9번 레이어의 바로 위로 옮긴 다음, 작업 결과를 확인하면 다음과 같이 나타나게 될 것입니다.

19) 이제 레이어를 3D로 전환하고 카메라와 라이트를 추가하여 입체적인 형태로 만들어 보겠습니다. 타임라인 패널에 등록된 모든 레이어의 3D Layer 버튼을 클릭하고 컴포지션 패널의 3D View를 Top으로 전환합니다.

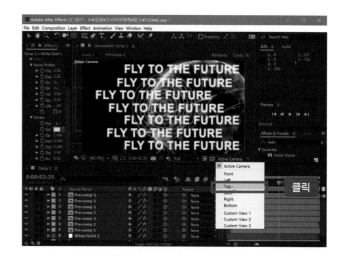

20) 타임라인 패널에서 1번 레이어를 선택하고 P 키를 눌러 Position 속성이 나타나도록 한 뒤에 세 번째 속성인 Z 값을 드래그하여 Z 위치를 다르게 조절합니다.

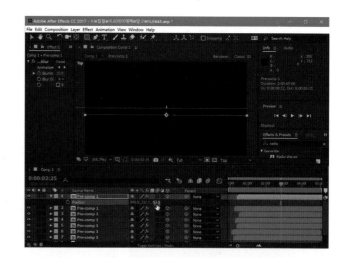

참고하세요!

인디케이터의 위치에 주의하세요!

Pre-comp 1 레이어가 나타나는 시간 지점이 각각 다르므로 인디케이터가 시작 위치에 있으면 모든 레이어가 나타나지 않습니다. 따라서 모든 레이어가 나타나는 지점인 1초 이후 지점으로 인디케이터를 이동하고 조절하도록 합니다.

21) 나머지 Pre-comp 레이어에 대해서도 그림과 같이 각각 조금씩 다른 지점으로 Z 값을 지정합니다.

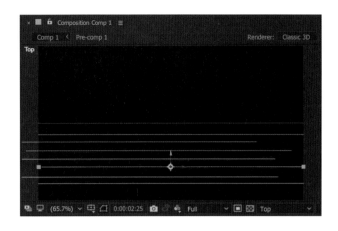

참고하세요!

각 레이어는 배경보다 앞에 위치해야 합니다.

각 레이어의 Z축 위치는 Top View 상태에서 볼 때 배경 레이어의 위치인 중앙 부분보다 아래쪽에 놓여야 합니다. 그렇지 않으면 배경 레이어보다 뒤에 위치하기 때문에 가려져 해당 레이어가 보이지 않게 됩니다.

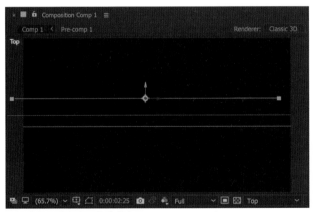

Z축 위치 조절이 잘못된 레이어

22) 인디케이터를 시작 지점에 둔 상태에서 레이어를 다른 각도에서 바라볼 수 있도록 카메라를 추가하기 위해 Layer > New > Camera를 선택합니다. 카메라 설정창이 나타나면 디폴트 값으로 두고 OK 버튼을 클릭합니다.

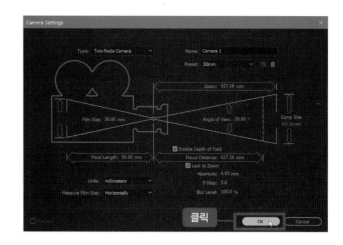

23) 타임라인 패널에서 카메라(Camera 1)의 Position 속성을 열고 첫 번째 값을 '1300'으로 설정하여 약간 비틀어진 상태로 만듭니다.

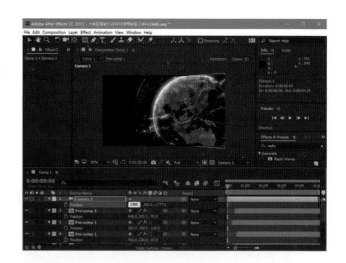

24) 이어서 Layer > New > Light를 선택하여 라이트도 추가합니다. 라이트 타입은 Parallel로 선택합니다.

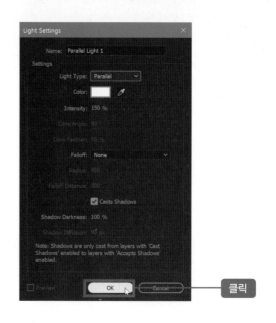

25) 라이트가 생성됩니다. 그림자가 나타나게 하려면 라이트의 Light Options에서 Casts Shadows가 On으로 설정되어 있어야 하며, Pre-comp 1 레이어의 Material Options에 있는 Casts Shadows 속성도 On으로 설정되어 있어야 합니다. 일곱 개의 Pre-comp 1 레이어에 대해 모두 이 속성을 On으로 설정합니다.

26) 프리뷰를 통하여 작업 결과를 확인합니다. 그림자가 너무 어둡게 나타난다면 라이트의 Shadows Darkness 속성값을 줄여 주도록 합니다.

Chapter 53

너무나 간단하게
눈이나 비오는 영상 만들기

애프터 이펙트에서는 눈이나 비오는 영상을 너무나 쉽게 만들 수 있습니다.
이펙트를 적용하고 속성만 잘 조절한다면 사실과 흡사한 결과를 볼 수 있습니다.

1) 새 프로젝트를 시작하고 부록의 [Source] 폴더에서
'27.mp4' 파일을 불러와 타임라인에 등록합니다. 영
상이 밝으면 눈이 제대로 보이지 않으므로 밝기 조
절을 위해 레이어가 선택된 상태에서 Effect > Color
Correction > Curves 이펙트를 적용합니다.

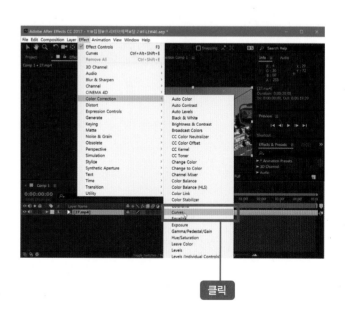

2] 이펙트 컨트롤 패널에서 그림과 같이 커브를 조절하여 약간 어둡고 진하게 변경합니다.

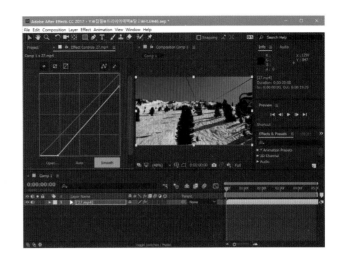

3] 다시 레이어가 선택된 상태에서 Effect > Simulation > CC Snowfall 이펙트를 선택합니다. 재생해 보면 기본적인 이펙트가 적용된 상태에서도 영상에 눈이 내리는 모습을 볼 수 있습니다.

4] CC Snowfall 이펙트의 속성을 조절하면 좀 더 확실하고 입맛에 맞게 변경할 수 있습니다. 눈송이의 크기는 Size에서 조절할 수 있으며, Variation 속성의 뒤에 표시된 속성에 따라 속성값이 자동으로 변화하면서 재생되도록 비율을 조절할 수 있습니다. 눈이 내리는 속도는 Speed에서 조절하며, Wind 값을 조절하면 눈이 내리는 방향이 바뀌게 됩니다.

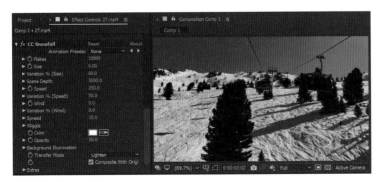

Size : 6, Variation %(Size) : 60으로 변경한 상태

5) 타임라인의 레이어를 삭제하고 부록의 [Source] 폴더
에서 '13.mp4' 파일을 불러와 타임라인에 등록하고
레이어가 선택된 상태에서 Effect > Simulation > CC
Rainfall 이펙트를 선택합니다. 이름에서 짐작할 수
있듯이 비가 내리는 효과입니다.

6) 영상을 재생해 보면 비가 내리는 모습을 볼 수 있습니다. 더욱 마음에 들도록 이펙트의 속성을 조절
합니다. Drops 속성에서 비의 양을 조절하며 Wind 속성에서 바람의 방향, Variation % Wind 속성에
서 바람의 변화에 대한 강도를 지정할 수 있습니다.

Chapter 54

특정 부분만 그림처럼 나타나는 영상 만들기

원본 이미지에서 특정 부분만 보이지 않도록 했다가 다시 나타나도록 합니다. 해당 부분은 카툰 이펙트를 적용하여 그림으로 그린 듯 나타나도록 할 것입니다. 마스크와 이펙트를 활용하여 만들게 됩니다.

1. 새 프로젝트를 시작하고 1280×720, 30프레임의 컴포지션을 생성합니다. 부록의 [Source] 폴더에서 '114.jpg' 파일을 불러와 타임라인에 등록한 후 등록된 레이어를 더블 클릭합니다.

더블 클릭

2] 컴포지션 패널 옆에 레이어 패널이 나타납니다. 툴 박
스에서 Clone Stamp Tool(도장 툴)을 선택하고 레이
어 패널 위에 마우스를 두면 원 모양이 나타납니다.

3] 건물 주위의 하늘 부분을 Alt 키를 누른 상태에서 클릭하여 복제될 부분을 선택하고 건물과 큰 나무
부분을 드래그하여 보이지 않도록 합니다. Ctrl 키를 누른 상태에서 클릭한 다음 드래그하면 도장 툴
로 지정되는 영역의 크기를 조절할 수 있습니다.

도장 툴로 지워 나갑니다.

완료된 상태

4) 프로젝트 패널에서 다시 '114.jpg' 파일을 타임라인 패널로 드래그하여 상위 레이어로 등록하고 타임라인에서 레이어를 1초 뒤로 옮겨 줍니다.

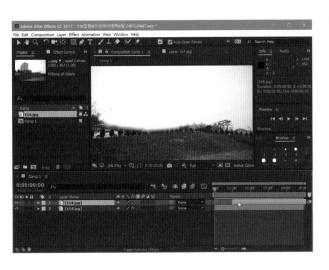

5) 인디케이터를 1초 지점에 두고 새로 추가된 1번 레이어가 선택된 상태에서 툴 박스의 펜 툴을 선택합니다.

클릭

6) 컴포지션 패널에서 그림과 같이 건물 주위에 패스를 그려 마스크 영역을 만듭니다. 마우스의 스크롤 휠을 위쪽으로 드래그하여 크게 나타나도록 하고 작업하는 것이 좋습니다. 마스크를 만들어 두었지만 하위 레이어이기 때문에 나머지 영역도 보이고 있습니다.

7) Effect > Stylize > Cartoon 이펙트를 적용합니다. 건물이 그림으로 그린 듯 카툰 형태로 나타납니다. 특별히 속성값을 변경하지는 않겠습니다.

8) 펜 툴로 건물 위를 그림과 같이 그립니다. 그림이 나타날 경로이므로 위에서부터 좌우로 내려가면서 그려주면 됩니다.

9) Effect > Generate > Stroke 이펙트를 선택하여 적용하고 이펙트 컨트롤 패널에서 Stroke 이펙트의 Path 속성에 두 번째 그려 준 Mask 2를 지정합니다.

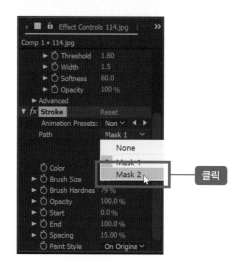

10) Brush Size 속성값을 '55' 정도로 키워 마스크로 설정한 영역이 브러시로 모두 덮어지도록 합니다. 비어 있는 영역이 보이거나 자연스럽지 못하다면 펜 툴로 패스를 수정해 주도록 합니다.

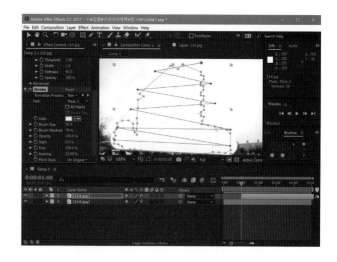

11) 인디케이터가 레이어의 시작 지점인 1초 지점에 있는지 확인하고 Stroke 이펙트의 Start, End 속성의 스톱워치를 클릭하여 키 프레임을 생성한 다음, 값을 모두 '0'으로 설정합니다.

12) 이어서 Paint Style 속성 메뉴를 열고 자연스럽게 합성되도록 Reveal Original Image를 선택합니다.

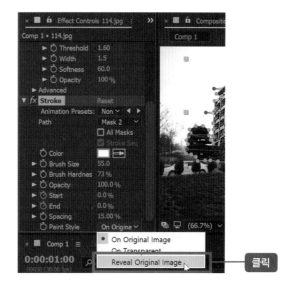

13) 인디케이터를 2초 뒤인 3초 지점에 두고 End 속성값을 '100'으로 설정합니다. 프리뷰해 보면 카툰 형태의 건물이 그리듯 나타나게 됩니다.

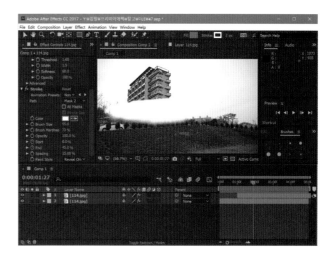

Chapter 55

예제파일
[Example₩55.mp4]

초간단 텍스트 애니메이션 만들기

텍스트 레이어의 애니메이터를 사용하면 복잡한 설정없이 문자 단위로 변화하는 애니메이션을 만들 수 있습니다.
키 프레임을 생성하여 다양하게 변화시킬 수 있으며, 키 프레임 생성 없이도 문자 단위로 크기나 회전, 비틀기 등
의 애니메이션이 뚝딱 완성됩니다.

1) 새 프로젝트를 시작하고 컴포지션을 생성한 다음, 툴
패널에서 타입 툴을 선택하여 문자를 입력합니다. 예
제에서는 '텍스트 애니메이션'이라고 입력하였습니
다. 문자를 입력한 후에는 Character 패널을 통해 폰
트와 색상 등도 적절히 변경합니다.

2) 타임라인 패널에서 텍스트 레이어의 속성을 열면
Text 속성 우측으로 Animate 버튼을 볼 수 있습니다.
클릭하고 Scale을 선택합니다.

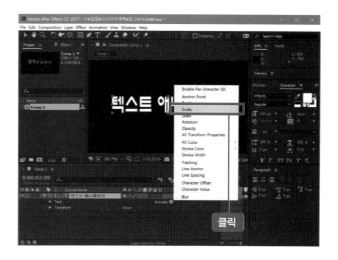

3) 텍스트 레이어에 Animator 1 속성이 추가되고, Range Selector > Scale 속성이 나타납니다. 인디케
이터가 시작 지점에 있는지 확인하고 Scale 속성 좌측의 스톱워치를 클릭합니다.

4) Scale 속성값을 '0'으로 설정한 다음 인디케이터를 1초 지점에 두고 값을 '100'으로 변경합니다.

5] 재생해 보면 문자 단위로 크기가 커지는 것을 볼 수 있습니다. 텍스트 애니메이터를 적용하지 않고
레이어의 Scale 속성을 변화시키면 전체적으로 크기가 변하는 것과 확연히 다른 결과입니다.

6] 다른 속성을 추가해 보겠습니다. Animator 1 속성의
Add 버튼을 클릭하고 Property > Rotation을 선택합
니다.

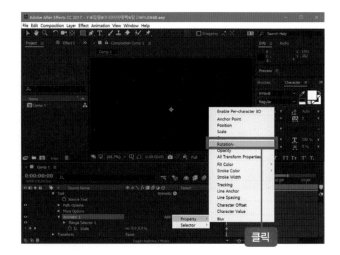

7] 인디케이터를 시작 지점에 두고 새로 추가된 Rotation 속성의 스톱워치를 클릭하여 키 프레임을 생성
합니다.

8] 인디케이터를 1초 지점에 두고 Rotation 속성값을 '15'로 설정합니다. 재생해 보면 역시 문자 단위로
회전하는 것을 볼 수 있습니다.

9] 키 프레임을 생성하지 않아도 간단하게 애니메이션을 만들 수 있습니다. Rotation 속성을 선택하여
Delete 키를 눌러 삭제하고 Scale 속성의 스톱워치를 클릭하여 생성되어 있는 키 프레임도 제거합니
다. 이제 텍스트는 어떠한 애니메이션도 적용되지 않은 상태입니다. Animator 1의 Add 버튼을 클릭
하고 Selector > Wiggly를 선택합니다.

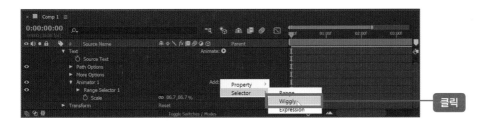

10] Wiggly Selector 1의 Scale 속성값을 '150'으로 설정합니다.

525

11 재생해 보면 어떠한 키 프레임이 생성되어 있지 않음에도 문자 단위로 각각 다르게 크기가 커졌다 작아지는 애니메이션이 나타나는 것을 볼 수 있습니다. Wiggly Selector 1의 Scale 속성에서 지정한 값이 변화하는 최대 크기입니다.

12 Scale 속성을 삭제한 다음 Animator 1의 Add 버튼을 클릭하고 Property > Skew를 선택합니다. 이어서 Skew 값과 Skew Axis 값을 모두 '45'로 설정합니다.

13 역시 키 프레임을 생성하지 않았음에도 자동으로 문자 단위로 비틀어지면서 변화하는 애니메이션이 만들어집니다. Animator에서 익스프레션을 적용할 수도 있지만 간단히 Wiggly와 원하는 속성값 설정만으로 다양하게 변화하는 텍스트 애니메이션을 만들 수 있습니다. Scale, Rotation, Position 등의 애니메이터 속성을 추가하고 속성값을 지정하여 더욱 다양하게 변화하는 애니메이션을 만들어 보기 바랍니다.

Chapter 56

예제파일
[Example₩56.mp4]

위치와 방향이 영상과 함께 하는 텍스트 만들기

트랙 카메라를 사용하여 텍스트가 영상과 같은 위치와 방향을 유지하면서 재생되도록 하는 애니메이션을 만들어 보겠습니다.
텍스트 외에 영상을 삽입하면 실제로 건물에 설치되어 있는 대형 전광판이나 TV같은 모습을 연출할 수도 있습니다.

1 새 프로젝트를 시작하고 부록의 [Source] 폴더에서 '28.mp4' 파일을 불러와 프로젝트 패널에 나타나면 Create a new Composition 버튼으로 드래그합니다.

2) 해당 파일의 길이와 동일한 컴포지션이 생성되고 타임라인에도 자동으로 등록됩니다. Composition > Composition Settings를 선택하여 컴포지션 설정 대화상자를 열어 보면 해상도와 프레임 레이트, 길이 등이 파일에 맞게 설정되어 있는 것을 알 수 있습니다.

3) 타임라인의 영상 레이어 위에서 단축 메뉴를 열고 Track Camera를 선택합니다. 영상 분석 과정이 나타납니다. 1단계는 영상을 분석하며, 2단계에서는 분석 결과에 트랙 카메라가 적용됩니다.

1단계

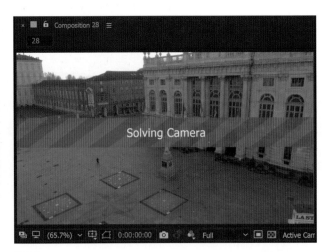

2단계

4️⃣ 2단계까지의 과정이 완료되면 이펙트 컨트롤 패널에
서 3D Camera Tracker를 클릭하여 선택합니다.

클릭

5️⃣ 컴포지션 패널의 영상 위에 여러 트랙 포인트가 생성된 것을 볼 수 있습니다. 또한 트랙 포인터 위에
마우스 포인터를 두면 화살 과녁판 같은 타깃이 표시됩니다. 타깃은 지점에 따라 각각 방향이 다르게
나타나며, 여기에 텍스트를 추가하면 텍스트도 이러한 방향을 따르게 됩니다.

트랙 포인트

트랙 포인트 위에 나타나는 타깃

참고하세요!

트랙 포인트와 타깃의 크기 변경

트랙 포인트가 잘 보이지 않는다면 이펙트 컨트롤 패널에서 Track Point 속성값을 키워 줍니다. 과
녁판처럼 생긴 타깃의 크기는 Target Size 속성에서 조절할 수 있습니다.

6) 이제 텍스트를 추가해 보겠습니다. 인디케이터를 시작 지점에 두고 그림과 같이 건물 앞 부분의 트랙 포인트에 마우스를 두고 타깃이 표시되면 마우스 우측 버튼을 클릭합니다. 단축 메뉴가 나타나면 Create Text and Camera를 선택합니다.

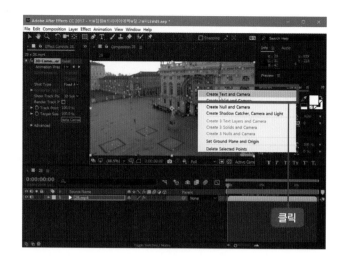

7) 기본 텍스트가 나타납니다. 타임라인 패널에서 추가된 텍스트 레이어를 선택하고 텍스트 레이어를 더블클릭합니다.

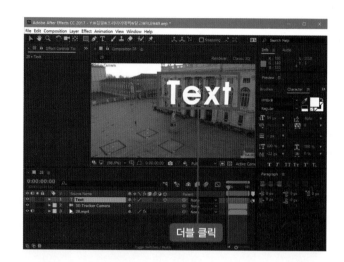

8) 타입 툴로 전환되고 텍스트가 선택 상태로 나타납니다. 원하는 텍스트를 입력합니다.

9) Character 패널에서 텍스트의 크기나 폰트, 색상 등을 변경합니다. 높이는 baseline shift에서 조절하는 것이 편리합니다.

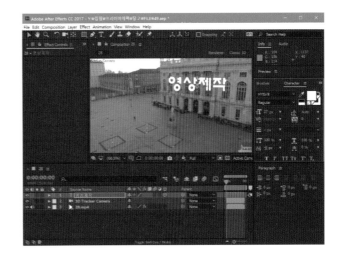

10) 입력한 문자의 방향이 건물과 정확히 일치하지 않는다면 수정해 주어야 합니다. 텍스트 레이어가 선택된 상태에서 R 키를 눌러 Rotation 속성이 나타나도록 하고 속성값을 조절합니다. 예제에서는 Y Rotation 값을 '28', Z Rotation 값을 '5'로 변경하였습니다. 이 값은 트랙 포인트 위치에 따라 다르게 설정해 주어야 하므로 영상을 보고 건물과 같은 방향이 되도록 조절해 줍니다.

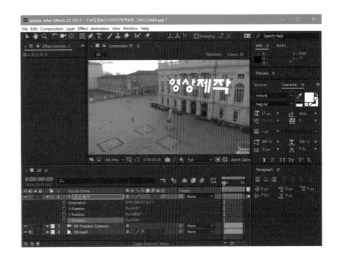

11) 영상을 재생해 보면 지정한 지점에 텍스트가 고정되어 영상과 함께 이동함은 물론, 영상의 각도에 따라 텍스트도 함께 변화하는 것을 볼 수 있습니다.

12] 다른 지점에 텍스트를 추가해 보겠습니다. 인디케이터를 7초 지점에 두고 타임라인 패널에서 영상 레이어를 클릭한 다음 다시 이펙트 컨트롤 패널에서 3D Camera Tracker를 클릭하여 선택합니다. 좌측 건물 위의 트랙 포인트에 마우스를 두어 타깃이 나타나면 마우스 우측 버튼을 클릭하고 Create Text를 선택합니다.

13] 기본 텍스트가 나타나면 타임라인 패널에서 추가된 텍스트 레이어를 선택하고 더블 클릭하여 텍스트가 선택된 상태에서 원하는 텍스트를 입력합니다.

14] Character 패널에서 텍스트의 크기나 폰트, 색상 등을 변경합니다.

15) 텍스트의 방향이 마음에 들지 않는다면 R 키를 눌러 Rotation 속성이 나타나도록 하고 속성값을 조절하여 건물과 같은 방향이 되도록 합니다.

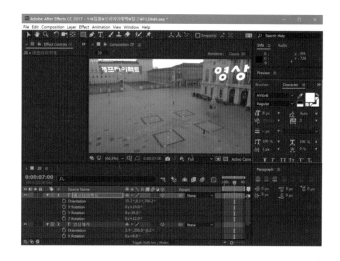

영상을 재생해 보고 다른 지점에서 각도가 틀어진다면 Rotation 속성에 키 프레임을 생성하고 틀어지는 시간 지점에서 다시 속성값을 조절하여 맞춰 주도록 합니다. 트랙 포인트 지점에 따라 정확히 맞지 않는 경우가 있기 때문입니다.

16) 이번에는 다른 영상을 추가해 보겠습니다. 타임라인에서 영상 레이어, 이펙트 컨트롤 패널에서 3D Camera Tracker를 차례로 클릭하여 선택합니다. 트랙 포인트가 나타나면 인디케이터를 2초 지점에 두고 그림과 같은 지점에 마우스 포인터를 둡니다.

17) 클릭하고 Create Solid를 선택하면 솔리드 레이어가 나타납니다. 기본적으로 타깃에 영상을 추가할 수는 없으므로 일단 솔리드를 생성한 것입니다.

18) 타임라인 패널에 추가된 솔리드 레이어를 선택하고 S 키를 눌러 Scale 속성이 나타나도록 한 뒤에 원하는 크기로 값을 조절합니다.

19) 부록의 [Source] 폴더에서 '25.mp4' 파일을 불러와 프로젝트 패널에 나타나면 이것을 클릭한 상태에서 Alt 키를 누르고 컴포지션 패널의 솔리드 레이어 위로 드래그합니다.

20) 마우스 버튼을 놓으면 솔리드 레이어가 해당 영상으로 바뀌어 나타나게 됩니다. 핸들을 드래그하여 적절한 크기로 변경한 다음 Rotation 속성을 열고 건물의 방향과 동일하게 값을 조절합니다.

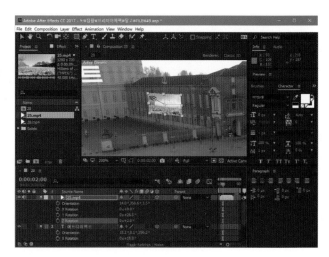

Chapter 57

예제파일
[Example₩57.mp4]

특정 부분의 색상을 제거하거나 바꾸는 애니메이션 만들기

색상이 비교적 고른 영역은 마스크나 로토 브러시 툴 등으로 해당 영역을 지정하는 수고 없이도 간단히 제거하여 다른 레이어와 합성할 수 있습니다. 특정 영역의 색상을 제거하여 합성하고, 색상이 점차 변화하는 애니메이션을 만들어 보겠습니다.

1 새 프로젝트를 시작하고 부록의 [Source] 폴더에서 '19.mp4', '20.mp4' 파일을 불러온 다음 컴포지션을 생성합니다. 늘 그렇듯이 1280×720, 30프레임으로 하고 길이는 5초로 합니다. 이어서 '20.mp4' 파일을 타임라인 패널로 드래그하여 등록합니다.

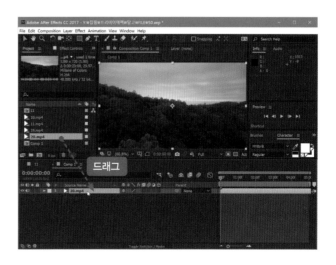

2] 레이어가 선택된 상태에서 Effect > Keying > Keylight
(1.2) 이펙트를 적용하고 이펙트 컨트롤 패널에서
Screen Colour 속성의 스포이드를 클릭합니다.

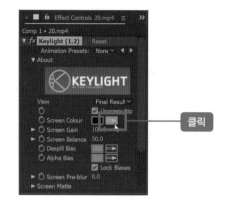

3] 컴포지션 패널에서 레이어의 위쪽 노을이 진 하늘 부
분을 클릭합니다.

4] 해당 영역이 검게 표시되는데, 이곳이 투명하게 처리되
는 부분입니다. 컴포지션 패널의 Transparency Grid
버튼을 클릭합니다.

5] 투명하게 처리된 부분이 바둑판 형태로 나타납니다. 검정색 부분이 남아 있다면 완전히 투명하게 처리되지 않았다는 것을 의미하므로 Keylight (1.2) 이펙트의 Screen Gain 속성값을 조금씩 키워 바둑판 영역의 검정색이 사라지도록 합니다.

6] 프로젝트 패널에서 '19.mp4' 파일을 타임라인 패널의 2번 레이어로 등록합니다. 1번 레이어의 투명 영역을 통해 2번 레이어의 건물들이 나타나게 됩니다. 비교적 고른 색상 영역이 존재하는 경우, 마스크로 영역을 지정하는 것보다 간편하게 특정 영역을 투명하게 처리할 수 있습니다.

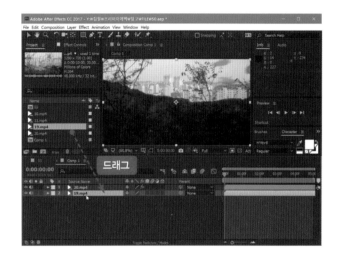

7] 이번에는 특정 영역을 다른 색상으로 바꿔보도록 하겠습니다. 타임라인 패널의 레이어를 모두 삭제하고 부록의 [Source] 폴더에서 '11.mp4' 파일을 불러와 레이어로 등록하고 Effect > Color Correction > Change to Color 이펙트를 선택합니다.

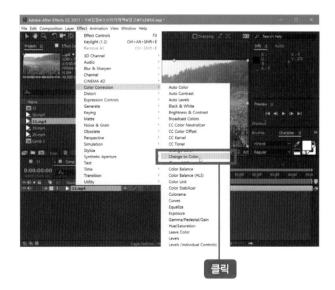

8) 이펙트 컨트롤 패널에 등록된 Change to Color 이펙트의 From 속성 스포이드를 클릭하고 컴포지션 패널에서 아래쪽 붉은색 꽃 부분을 클릭합니다.

9) To 속성의 색상 버튼을 클릭하여 대화상자가 나타나면 노란색을 선택하고 OK 버튼을 클릭합니다.

10) 꽃 부분의 색상이 노랗게 바뀐 것을 볼 수 있습니다. 하지만 바뀐 색상이 고르지 못하므로 Tolerance > Hue 속성값을 조금 키워 줍니다. 스포이드로 클릭한 지점에 따라 색상이 균일하게 나타나는 정도는 다르므로 해당 영역의 색상을 보아가면서 적절한 값으로 조절합니다.

11) 여기에 색상이 변화하는 애니메이션도 추가해 보겠습니다. 인디케이터를 시작 지점에 두고 To 속성의 스톱워치를 클릭합니다.

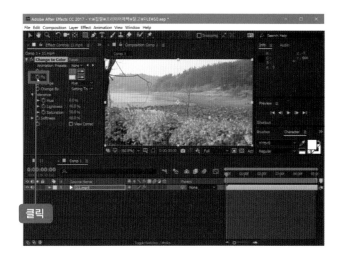

12) 타임라인에서 속성을 열지 않았으므로 보이지는 않지만 현재 지점에 키 프레임이 생성됩니다. 인디케이터를 2초 지점에 두고 To 속성의 색상 버튼을 클릭하여 색상 대화상자가 나타나면 빨간색을 지정한 다음 OK 버튼을 클릭합니다.

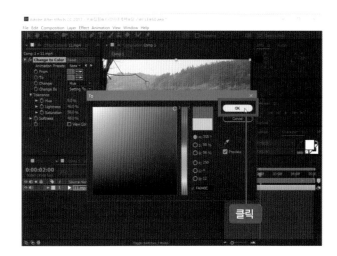

13) 재생해 보면 꽃의 색상이 노란색에서 빨간색으로 점차 변화하는 것을 볼 수 있습니다.

Chapter 58

예제파일
[Example₩58.mp4]

간단하게 빛이 지나가는
텍스트 만들기

애프터 이펙트가 업그레이드되면서 예전에는 상당히 여러 작업을 거쳐야 구현할 수 있었던 효과를 간단히 만들 수 있게 되었습니다. 강력하고 멋진 이펙트 덕분입니다. CC Light Sweep 이펙트를 사용하여 빛이 흐르면서 텍스트를 비추는 애니메이션을 만들어 보겠습니다.

1 새 프로젝트를 시작하고 컴포지션을 생성한 다음 타입 툴로 문자를 입력합니다. 이어서 폰트와 색상, 크기 등을 Character 패널을 통해 조절합니다. 빛이 지나가는 효과를 줄 것이므로 색상은 너무 밝지 않은 것으로 합니다.

2) 텍스트에 외곽선을 만들어 주겠습니다. Character 패널에서 Stroke Color 버튼을 클릭합니다.

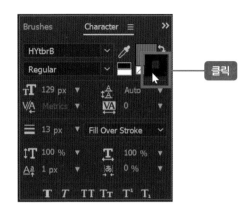

3) 색상 대화상자가 나타나면 노란색으로 지정합니다. 하지만 외곽선 크기가 너무 얇아 잘 보이지 않습니다. 텍스트에 그림자가 나타나기에는 너무 얇으므로 외곽선 크기 값을 '15'로 변경합니다.

4) 부록의 [Source] 폴더에서 '22.mp4' 파일을 불러와 타임라인 패널에 하위 레이어로 등록하고 텍스트 레이어를 선택한 상태에서 Effect > Generate > CC Light Sweep 이펙트를 선택합니다.

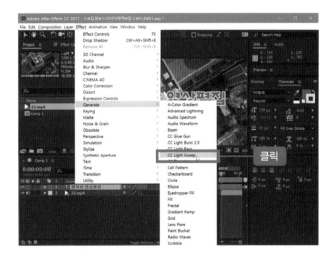

5) 이펙트 컨트롤 패널에 CC Light Sweep 이펙트가 적용되어 나타납니다. Center 속성이 빛의 중심 영역을 의미합니다. 값을 변경하거나 컴포지션에 나타난 핸들을 드래그하여 지정할 수도 있습니다. 빛의 너비를 의미하는 Width 속성값을 조금 키우고 강도를 가리키는 Sweep Intensity 속성값도 '60' 정도로 설정합니다. 아울러 빛의 방향 속성인 Direction은 '45'로 설정합니다.

6) 빛이 지나가는 애니메이션을 만들기 위해 인디케이터를 시작 지점에 두고 Center 속성의 스톱워치를 클릭하여 키 프레임을 만듭니다.

클릭

7) 컴포지션 패널에서 Center 핸들을 그림처럼 좌측 상단에 위치시키고 인디케이터를 2초 지점으로 이동한 다음 Center 핸들을 우측 끝부분으로 옮겨 줍니다.

시작 지점

2초 지점

8] 프리뷰해 보면 문자 위로 빛이 지나가는 효과를 볼 수 있습니다. CC Light Sweep 이펙트의 Light Reception 속성을 Cutout으로 설정하면 빛이 지나는 문자 영역만 나타나게 되어 어둠 속에서 라이트를 비추는 것 같은 느낌을 얻을 수 있습니다.

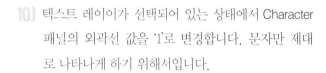

9] Cutout으로 속성을 변경한 후 더욱 확실한 결과를 보기 위해 타임라인 패널에 등록된 동영상 레이어 좌측에 있는 눈동자 모양의 Hide 버튼을 클릭하여 레이어가 나타나지 않도록 합니다.

10] 텍스트 레이어가 선택되어 있는 상태에서 Character 패널의 외곽선 값을 '1'로 변경합니다. 문자만 제대로 나타나게 하기 위해서입니다.

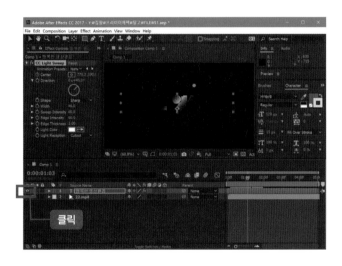

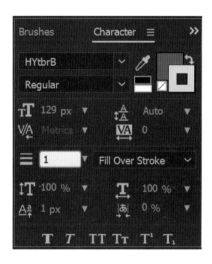

11] 다시 재생해 보면 빛이 지나는 부분만 문자가 나타나는 것을 볼 수 있습니다. 답답해 보인다면 CC Light Sweep의 Width 속성값을 조금 키워 줍니다.

Chapter 59

예제파일
[Example\59.mp4]

현실처럼 날아다니는
나비 애니메이션 만들기

정지되어 있는 나비 이미지로 실제 날아다니는 듯한 애니메이션을 만들어 보겠습니다. 나비의 각 부분을 함께
제어하기 위하여 Null Object(널 오브젝트)를 생성한 후 Parent 레이어로 사용하며, 나비의 날개가 펄럭일 수
있도록 3D 레이어로 전환해 작업합니다.

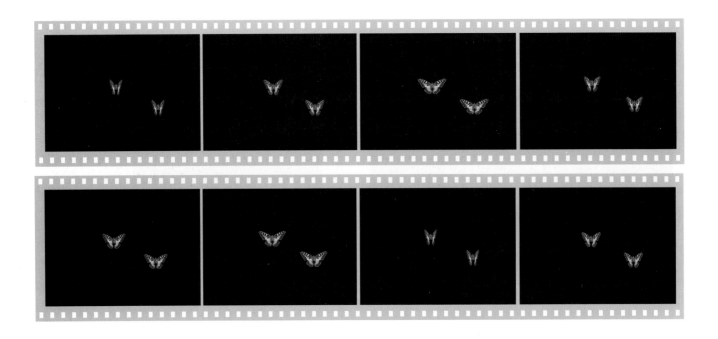

1] 새 프로젝트를 시작하고 프로젝트 패널의 바탕 영
역을 더블 클릭하여 부록의 [Source] 폴더에서
'butterfly.psd' 파일을 불러옵니다. 대화상자가 나타
나면 그림과 같이 Import Kind는 Composition-Retain
Layer Sizes, Layer Options는 Merge Layer Styles
into Footage를 선택하고 OK 버튼을 클릭합니다.

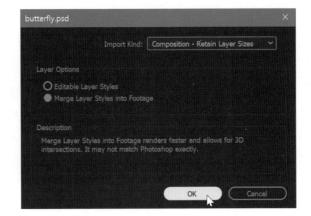

2 프로젝트 패널에 나타난 'butterfly.psd' 컴포지션을 더블 클릭하여 컴포지션을 생성합니다. 타임라인 패널에는 세 개의 레이어가 등록되어 있습니다. 위에서부터 각각 나비의 왼쪽 날개, 오른쪽 날개, 몸통에 해당하는 이미지의 레이어입니다.

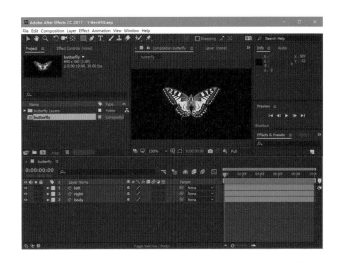

3 Composition > Composition Settings를 선택하여 컴포지션 설정 대화상자를 열고 컴포지션의 해상도는 1280, 720, 초당 30프레임, 길이는 10초로 각각 설정하고 OK 버튼을 클릭합니다.

4 타임라인 패널 위에서 단축 메뉴를 열고 New > Null Object를 선택합니다. 다음과 같이 Null Object 레이어가 타임라인에 추가됩니다.

5 컴포지션 패널에서 Null Object 레이어의 위치를 나비의 중심으로 이동시켜 줍니다.

Null Object 레이어를 드래그

중앙으로 이동

6 Null Object 레이어는 다른 레이어의 속성을 동시에 적용하기 위하여 만든 것이어서 다른 레이어의 Parent로 설정해 주어야 합니다. 2번 레이어인 left 레이어의 Parent 패널 좌측에 있는 @ 아이콘을 클릭하고 Null 1 레이어로 드래그합니다.

7 같은 방법으로 나머지 3번, 4번 레이어도 모두 Null Object 레이어를 Parent 레이어로 설정합니다. @ 아이콘을 드래그하지 않고 Parent 패널의 메뉴 버튼을 클릭하여 Parent로 설정할 Null Object 레이어를 선택해도 됩니다.

메뉴에서 레이어 선택

3, 4번 레이어도 Parent 레이어 설정

8) Null Object 레이어를 선택한 다음, S 키를 눌러 Scale 속성을 열고 속성값을 40%로 설정합니다. 컴포지션 패널을 통해 나비의 크기가 줄어든 것을 볼 수 있습니다.

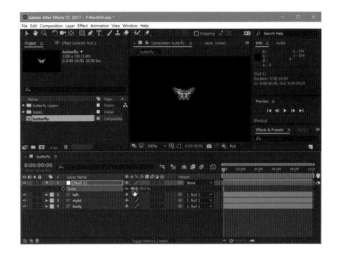

참고하세요!

나비 레이어를 Parent로 설정한 이유

Null Object 레이어를 만들어 나비를 이루고 있는 레이어들을 Parent로 설정하지 않았을 경우에는 어떤 결과가 나타날까요? 다음과 같이 나비의 세 레이어를 전부 선택하고 Scale 속성값을 모두 40%로 설정해 보았습니다.

각 레이어의 크기가 줄어들어 레이어 사이에 간격이 발생하는 것을 볼 수 있습니다.

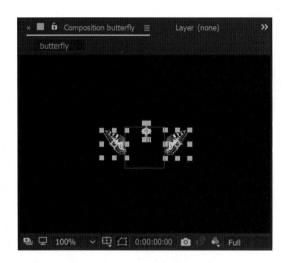

이것은 각 레이어들이 자신의 앵커 포인트를 중심으로 크기가 변하기 때문입니다. 하지만 이들을 자식으로 갖는 Parent 레이어에서 크기를 조절하면 Parent 레이어의 앵커 포인트가 이들 모두의 중심점이 되기 때문에 간격이 변하는 현상이 발생하지 않습니다.

9) 툴 패널에서 Pan Behind 툴을 선택하고 나비를 이루고 있는 2, 3, 4레이어를 차례로 선택해 가면서 앵커 포인트를 각각 다음과 같이 설정합니다. 즉, 나비 몸통은 중심점을 몸통의 가운데로, 양쪽 날개는 모두 몸통과 닿는 부분으로 앵커 포인트를 위치시킵니다.

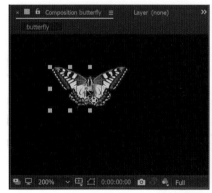
left 레이어 – 나비의 왼쪽 날개

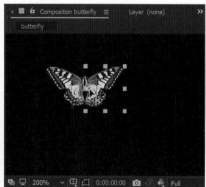
right 레이어 – 나비의 오른쪽 날개

body 레이어 – 나비 몸통

10 나비가 날개를 펄럭이는 것처럼 보이게 하려면 레이어를 3D로 전환해야 합니다. 나비를 이루고 있는 세 레이어의 3D Layer 스위치를 모두 켜 줍니다.

11 left와 right 레이어의 속성을 열고 Y Rotation 속성 좌측에 있는 스톱워치를 클릭하여 키 프레임을 생성합니다. 이때 인디케이터는 시작 지점에 두어야 합니다.

12 left 레이어의 Y Rotation 값을 '-70'으로 설정합니다.

13 컴포지션 패널을 보면 왼쪽 날개의 Y축이 회전되어 접혀져 나타납니다. 인디케이터를 10프레임 위치에 두고 Left 레이어의 Y Rotation 값을 '70'으로 설정합니다.

14) 인디케이터를 20 프레임 지점에 두고 다시 left 레이어의 Y Rotation 값을 '−70'으로 설정합니다. 재생해 보면 왼쪽 날개가 펄럭이는 것을 볼 수 있습니다. 부드러운 움직임을 위해 첫 번째와 두 번째 키프레임을 함께 선택하고 단축 메뉴에서 Keyframe Assistant > Easy Ease In을 선택합니다.

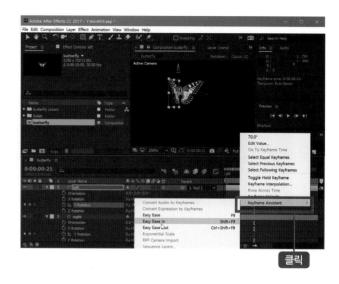

15) left 레이어의 Y Rotation 속성을 선택하고 Animation > Add Expression을 선택하여 익스프레션을 적용한 다음, Expression language menu에서 Property > loopOut Duration(type = "cycle", duration=0)을 선택합니다.

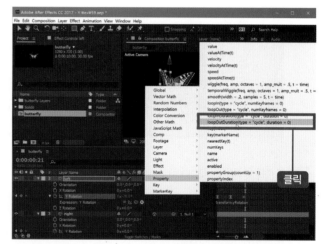

16) 선택한 메뉴에 표시된 익스프레션 구문이 타임라인에 입력되어 나타납니다. 이로써 왼쪽 날개는 컴포지션의 길이만큼 반복해서 날갯짓하게 됩니다.

17) 오른쪽 날개에 대해서도 애니메이션을 적용합니다. right 레이어의 Y Rotation 속성을 선택한 다음 Animation > Add Expression을 선택합니다. 물론 Alt 키를 누른 상태에서 속성의 스톱워치 버튼을 클릭해도 됩니다.

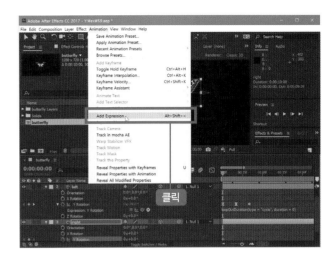

18) 추가된 익스프레션의 Expression pick whip 버튼을 클릭하고 left 레이어의 Y Rotation 속성으로 드래그합니다.

19) 속성 우측에 Expression 구문이 나타나면 클릭하여 편집 상태로 전환하고, 맨 앞에 '360−'를 입력합니다. 왼쪽 날개와 대칭이 되어 움직이도록 하려는 것입니다.

20) Null 레이어인 1번 레이어도 3D 버튼을 눌러 3D 레이어로 만듭니다. 나비의 움직임을 좀 더 자연스럽게 만들어 보겠습니다. 1번 레이어의 Position 속성을 열어 선택한 상태에서 Animation > Add Expression을 선택하여 익스프레션을 적용하고 타임라인에 wiggle(5,10)이라는 구문을 입력합니다.

참고하세요!

wiggle 구문

wiggle은 랜덤값을 부여하는 구문으로서, 초당 프레임 수와 증감되는 값을 지정합니다. 즉, (5,10)은 초당 5프레임 간격으로 10만큼의 값이 변하도록 하는 것입니다.

21) 프리뷰해 보면 나비가 자연스럽게 이동하는 것을 볼 수 있습니다. 또 다른 나비를 추가하려면 모든 레이어를 선택하고 Layer > Pre-compose를 선택하여 대화상자가 나타나면 디폴트 값으로 OK 버튼을 클릭합니다.

클릭

22] 타임라인 패널에 생성된 Pre-comp 1 레이어를 선택하고 Ctrl+D 키를 눌러 레이어를 복제합니다.

23] 복제된 새 레이어의 Position 속성을 열고 적절히 값을 변경하여 다른 위치에 나타나도록 합니다. 프리뷰해 보면 나비 두 마리가 날갯짓하며 이동하는 것을 볼 수 있습니다.

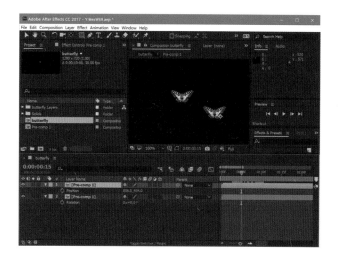

Chapter 60

예제파일
[Example₩60.mp4]

변화하는 특정 영역을
다른 사진이나 동영상으로 바꾸기

특정 영역을 다른 동영상이나 이미지 등으로 교체하는 것은 간단하지만 그 영역이 연속적으로 이동되거나 크기가 변하는 경우 프레임 단위로 수정해 주어야 하는 작업이 뒤따르게 되어 많은 시간과 노력이 필요합니다. 하지만 모카(Mocha)를 사용하면 자동으로 해당 영역을 추적하고, 이에 대한 정보를 애프터 이펙트에서 그대로 사용할 수 있어 빠르고 편리하게 원하는 결과를 얻을 수 있습니다.

1) 새 프로젝트를 시작하고 Composition > New Composition을 선택하여 컴포지션 설정 대화상자가 나타나면 1280, 720 해상도에 30프레임, 7초로 각각 설정하고 OK 버튼을 클릭합니다.

2️⃣ 부록의 [Source] 폴더에서 '30.mp4' 파일을 불러와 타임라인에 레이어로 등록하고 등록된 레이어가 선택된 상태에서 Animation > Track in mocha AE를 선택합니다.

3️⃣ 모카가 실행되면서 New Project 대화상자가 나타나면 OK 버튼을 클릭합니다.

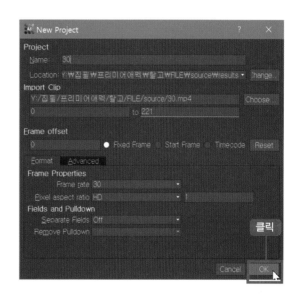

4️⃣ mocha AE CC의 상단에 있는 툴 박스에서 Create X-Spline Layer Tool을 클릭합니다.

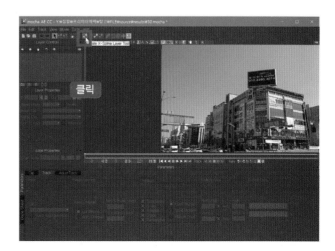

5) 화면에 포인터가 나타납니다. 건물 위의 광고판 영역을 클릭하여 선택합니다. 선택을 마쳤다면 마우스 우측 버튼을 클릭하여 해제합니다.

6) 툴 박스에서 Show planar surface를 클릭합니다.

7) 파란색 사각형이 나타납니다. 네 모서리를 앞에서 설정해 둔 영역에 맞게 드래그하여 맞추어 줍니다. 드래그할 때 확대해서 보여주므로 정확히 맞출 수 있을 것입니다.

8] 설정을 마쳤다면 타임라인 아래에 있는 Track Forwards 버튼을 클릭합니다.

9] 트래킹이 시작됩니다. 완료된 후 Play forwards 버튼을 클릭하여 재생해 보고 지정된 영역이 어긋나지 않고 잘 유지되는지 확인합니다. 어긋나는 부분이 있다면 인디케이터를 해당 지점에 두고 사각형 영역을 수정한 다음 다시 트래킹을 시도합니다.

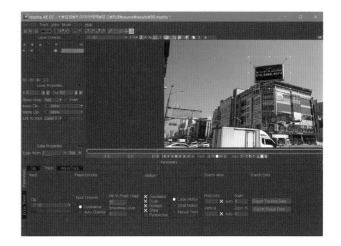

10] 트래킹이 완료되었다면 아래 영역에서 Export Tracking Data 버튼을 클릭합니다.

10 Export Tracking Data 대화상자가 나타나면 Format 메뉴를 열고 두 번째의 After Effects Corner Pin [supports motion blur]를 선택합니다.

12 선택을 마쳤다면 Copy to Clipboard를 클릭합니다.

13 애프터 이펙트로 돌아와서 사진이나 동영상을 불러와 적용해 보도록 하겠습니다. 부록의 [Source] 폴더에서 '23.mp4' 파일을 불러와 타임라인의 첫 번째 레이어로 등록합니다.

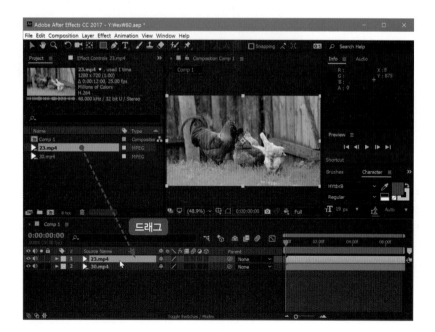

14) 인디케이터를 시작 지점에 두고 새로 등록한 레이어가 선택된 상태에서 Ctrl+V를 누르면 레이어가 모카에서 지정한 영역인 광고판 안으로 들어가게 되어 해당 레이어 영상이 재생되는 것을 볼 수 있습니다.

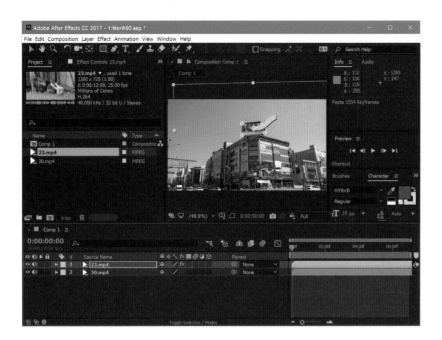

영상 편집의 기본부터 실전 모션 그래픽까지

Premiere Pro CC
After Effects

영상 편집의 기본부터 실전 모션 그래픽까지

Premiere Pro CC
After Effects